U0513872

钟泰
著作集

春秋通义

上海古籍出版社　　　钟泰／著　　钟斌　张毅／整理

图书在版编目(CIP)数据

春秋通义 / 钟泰著；钟斌，张毅整理. -- 上海：
上海古籍出版社，2025.5. -- ISBN 978-7-5732-1267-2

Ⅰ. K225.04

中国国家版本馆 CIP 数据核字第 20259737NK 号

春秋通义

钟　泰　著

钟　斌　张　毅　整理

出版发行　上海古籍出版社
地　　址　上海市闵行区号景路 159 弄 1－5 号 A 座 5F
邮政编码　201101
网　　址　www.guji.com.cn
E-mail　guji1@guji.com.cn
印　　刷　启东市人民印刷有限公司印刷
开　　本　787×1092　1/32
印　　张　10
插　　页　3
字　　数　176,000
版　　次　2025 年 5 月第 1 版　2025 年 5 月第 1 次印刷
印　　数　1—1,500
书　　号　ISBN 978-7-5732-1267-2/B・1465
定　　价　56.00 元

如有质量问题，请与承印公司联系

整 理 说 明

　　《春秋通义》原为钟泰先生的手稿,最初由钟斌录入为电子版。今次整理,由张毅在该电子版的基础上,依照钟泰先生手稿的书影校订全文,并加以标点。

　　体例说明:

　　本书为抄撮七部宋代春秋学著作而成,包括:孙觉《春秋经解》、胡安国《春秋胡氏传》、叶梦得《叶氏春秋传》、吕本中《春秋集解》、陈傅良《春秋后传》、黄仲炎《春秋通说》、吕大圭《春秋或问》。

　　全书以《春秋》经为纲,按时间先后,将上述诸书相关条目附于每条经文之后。上起鲁隐公,下迄鲁成公。

　　书中间有钟泰先生的按语,多书于稿纸的天头空白处,以"案"发之,今以楷体标明。(其中,关于各条经义的按语,附于该条之最末;关于所抄某书观点之按语,附于该所抄内容之后。)

　　标点和校改:

今次整理,全部抄撮文字均据所引诸书的通行或常见版本进行了校订。参校诸书版本如下:

孙觉《春秋经解》丛书集成初编本;

胡安国《春秋胡氏传》整理本(浙江古籍 2010);

叶梦得《叶氏春秋传》影印四库全书荟要本(吉林出版集团 2005);

吕本中《春秋集解》影印四库全书荟要本(吉林出版集团 2005);

陈傅良《春秋后传》影印四库全书荟要本(吉林出版集团 2005);

黄仲炎《春秋通说》影印四库全书荟要本(吉林出版集团 2005);

吕大圭《春秋或问》"泉州文库"整理本(商务印书馆 2017)。

标点及校改原则:

钟先生原书凡抄撮诸书之处,首次均出著者、书名,数见之后,渐用省称,如"孙觉《春秋经解》"称"孙《解》"、"叶梦得《叶氏春秋传》"称"叶《传》"、"吕本中《春秋集解》"称"吕本中《集解》"或"吕《集解》"等,或详或略,间有参差,今一仍其旧。偶有著者、书名遗漏处,则依其习惯补以省称。

凡抄撮诸书之处,均以双引号("")标出。先生抄撮中往往有所删略,或概括大旨,或前后句颠倒重组,整理中一仍其旧,不复指出,于所删略处亦不加删节号。

抄撮之中,概括或转述与通行版本意思有明显出入,辄以脚注注明。

所抄诸书间有讹误,为先生所改正,辄以脚注注明。

手稿中引用《春秋》经文和诸书时偶有笔误,则从经文或参校诸书径改,不出校记。

目　　录

隐　　公

隐元年

三月，公及邾仪父盟于蔑。

孙觉《春秋经解》："仪父，名也。其不书爵者，附庸之君，未爵命，例以名通。若庄五年'郳犁来来朝'之类是也。盟者，不信而后为之也，重而书之，所以谨不信也。虽然，当是之时，强侵弱，众暴寡，小凌大，天下皆是矣。苟小不事大，弱不服强，寡不从众，则无以苟一时之安，通之以一时之宜，可也。故其间事有浅深，辞有轻重，有志在天下而为之者，有志在一国而为之者，虽不信之辞同，而善恶之大小轻重亦以异矣。齐小白之葵邱、晋文公之践土，可谓有志于天下而苟安于一时也。隐公之艾、庄公之柯，可谓有志于一国而委身于强大也。然而仪父之盟，以小事大，以弱服强，亦春秋之常也。以弱较鲁，则鲁强；以大论邾，则邾小。与之

1

盟,则身安而国存;不与之盟,则身危而国削。此所以为一时之宜也。然质之以圣人之志、王者之法,则皆为不信而为之也。赵子曰:'三传以仪父为字,不知仪父亦名耳。鲁季孙行父、晋荀林父,亦以父为名。缘未得王命,止是附庸之君,故不书卒、不书葬。至庄十六年,邾子克卒,即其嗣君自以王命为子,故书卒耳。'赵子之说得之矣。若为始与公盟,则桓十七年书'公会邾仪父盟于趡',彼非始与公盟也。且二百四十二年,与公盟者众矣,何独邾仪父两与盟而两褒之哉?"

秋七月,天王使宰咺来归惠公仲子之赗。

吕大圭《春秋或问》:"以《春秋》考之,周大夫不名,爵,从其爵,单伯、刘子之类是也;未爵称字,家父、荣叔之类是也;必微者而后名之,宰咺之类是也;卒,名之,王子虎、刘卷之类是也。舍是,无名道矣。是故经书'宰'有三:是年'宰咺'书名而不氏者,士也;桓四年'宰渠伯纠'书氏及字者,命大夫也;僖公九年'宰周公'书官而不名氏者,三公也。始使士,继使大夫,终使三公,天子日微,诸侯日强矣。"

九月,及宋人盟于宿。

孙觉《春秋经解》:"经言及而不言公与大夫者,盖外微者则称人,内微者不可言'人及宋人'也,故但言及,则内微者可知矣。《公》、《穀》之说皆得之。"

冬十有二月,祭伯来。

叶梦得《春秋传》:"吾观于《诗》、《书》以参《春秋》,凡王之公卿大夫士有称爵与邑，如周公、召公、毛伯、芮伯者；有称氏与爵，如刘子、单子者；有称氏与字，如南仲、仍叔者；有称氏与名，如刘夏、石尚者；有去氏称名，如寀者；有名氏俱不称，称人者。然后知《诗》、《书》之所见，其制名者甚备；《春秋》之所书，其正名者甚严也。凡王之公卿，皆大夫也。有上大夫，有中大夫，有下大夫。古者二十冠而字，至五十为大夫，则有爵矣，又敬其字，系以氏而不名。以是差而上之，大夫始爵，以字系氏而不名，则南仲、仍叔之类，皆下大夫也；字进则爵，下大夫以字系氏，中大夫宜以氏系爵，则刘子、单子之类，皆中大夫也；爵进则邑，中大夫以氏系爵，上大夫宜以爵系邑，则周公、召公、毛伯、芮伯之类，皆上大夫也。由字而上，则爵而已，卿可以兼公，皆上大夫，故爵邑不嫌同辞。下大夫不可兼中大夫之职，故以氏与爵为辨。此仕于王朝者也。其封于寰内，三公之田视公侯，故公食于邑亦称公，州公之类是也；卿视伯，故卿食于邑亦称伯，祭伯之类是也。以是差而下之，下大夫以字系氏，上士宜以氏系名，则刘夏、石尚皆上士也。上士以氏系名，中士宜去氏称名，则寀中士也。中士去氏称名，下士微矣，名氏俱不足称而称人，则王人皆下士也。自人为名，自名为氏，自氏为字，自字为爵，自爵为邑，其等以是为差，莫不有命数焉。即其命数以推于诸侯之卿大夫士，有大国，有次国，有小国。大国公也，次国侯伯也，小国子男也。王之上士三命，以名氏

3

见;大国、次国之卿亦三命,亦当以名氏见,则宁俞、华元之类皆卿也。王之中士再命,以名见;大国、次国之大夫,小国之卿,亦再命,亦当以名见,则郑宛、莒庆之类皆大夫与卿也。王之下士一命,以人见;则大国、次国之上士,小国之大夫,亦一命,亦当以人见,而大国、次国之中士、下士与小国之士,其辞穷矣,皆当以人见,则宋人、邾人之类皆士也。故诸侯之臣,非尝入而为王卿士者,皆无得以氏字见诸侯,无四命之大夫也。王之所以为王者,以有礼也;礼之所以为有礼者,以有名分也。王政不作而礼废,礼废而天下之名分乱矣。举先王之典而申之,示天下为复有王者,必《春秋》而后能正也。"

二 年

夏五月,莒人入向。

黄仲炎《春秋通说》:"入者,以兵据其国都也。《左氏》载定四年'吴入郢',吴子'以班处宫',是以兵据其国都也。"

无骇帅师入极。

孙觉《春秋经解》:"赵子曰:非大夫例不书氏,隐为桓摄,不命大夫,故终隐之世大夫无氏也,此自不命耳,非贬也。赵氏之说是也。"

郑人伐卫。

叶梦得《春秋传》曰："声其罪而讨曰伐，伐备钟鼓。宋人杀昭公，晋赵盾请师以伐宋。发令于大庙，召军吏而戒乐正，曰：'三军之钟鼓必备焉。'赵同有疑，盾曰：'大罪伐之，小罪惮之。袭侵之事，陵也。是故伐备钟鼓，声其罪也；战以镈于、丁宁，儆其民也；袭侵密声，为暂事也。'乃使旁告于诸侯，治兵振旅，鸣钟鼓以至于宋，犹行先王之事也。春秋之世，征伐自诸侯出，虽无适而不为僭，然其名则窃取之矣。"

三　年

八月庚辰，宋公和卒。

孙觉《春秋经解》："《左氏》记楚公子围已弑，而使赴于郑，伍举问应为后之辞焉，对曰：'寡大夫围。'伍举更之，曰：'共王之子围为长。'是当君卒而赴诸侯，则已言嗣君之名矣。故凡往来之国，皆得记其名也。《春秋》记外诸侯之卒，一百三十有三，而无名者十，或即位之初，不以名赴；或史失之，未可知也。必若以盟会求之，则未尝与者五十二，而不名者九耳，未可通也。"叶梦得《春秋传》："古者制名，上可以兼下，下不可以兼上。诸侯曰薨，而天子亦有言'君薨，听于冢宰'者；士曰不禄，而诸侯之赴亦有言'寡君不禄'者。故外诸侯卒，不嫌与大夫同辞，以上兼下也。"

冬十有二月，齐侯、郑伯盟于石门。

吕大圭《春秋或问》："读隐、桓之《春秋》，则知伯图未兴，而诸侯之莫相统一也；读庄、闵、僖、文、宣、成之《春秋》，则知伯图迭兴，而诸侯尚犹有所统摄也；读襄、昭、定、哀之《春秋》，则知伯图浸衰，而中国诸侯莫适为主也。虽然，隐、桓之际，伯图未兴，而齐侯、郑伯特雄长于其间，谓之东周之小伯。自石门之盟而齐、郑始合，相为党与以求伯诸侯，于是齐、郑为一党，鲁、宋、卫、陈、蔡为一党，二党分而天下始多故矣。是故鲁、邾之盟不足道也，莒、纪之盟亦不足道也，彼其所以为盟者，特欲通好以求安耳，未有雄长诸侯之心也。石门之盟，齐侯、郑伯之心，岂复鲁、邾、莒、纪之心哉？盖北杏、鄄、幽之兆自是始矣。虽然，齐、郑智谋勇力未能相下也，则伯之权不能专；鲁、宋、卫、陈、蔡亦未肯下也，则伯之权不能执，齐桓出而后专执之矣。故曰：此伯图之肇也。陈氏曰：'书齐、郑盟于石门，以志诸侯之合；书齐、郑盟于咸定七年秋，以志诸侯之散，是《春秋》之始终也。'"陈傅良《春秋后传》："齐、郑合也。外特相盟不书，必关于天下之大故也而后书。莒、纪无足道也，齐、郑合，天下始多故矣。天下之无王，郑为之也。天下之无伯，齐为之也。是故书齐郑盟于石门以志春侯之合，书齐郑盟于咸以志诸侯之散，是《春秋》之终始也。夫子之作《春秋》,于隐、桓、庄之际,唯郑多特笔焉;于襄、昭、定、哀之际,唯齐多特笔焉。"

四　年

四年春王二月,莒人伐杞,取牟娄。

孙觉《春秋经解》:"《左氏》曰:凡克邑,不用师曰取。'莒人伐杞,取牟娄',伐而后取,安得曰不用师徒哉?又曰:书取,易也。《穀梁》曰:取,易辞也。案取之为义,罪其不当取,何论难易哉?若以为易,则先伐后取,亦不易也。"案:《左氏》、《穀梁》之说未为非,笔者特未解其义耳。用师在伐不在取,易在取不在伐,因伐国而割邑以解,战国时犹多有之,以此推春秋可知已。桓二年取郜大鼎于宋,彼取岂用师徒哉?陈傅良《春秋后传》:"外取邑不书,从《公》、《穀》例,自隐(案:当作桓)以前则书之。曷为自隐以前则书之?春秋之初,犹以取邑为重也。据传,自桓十四年宋以诸侯伐郑取牛首而后皆不书。"吕大圭《或问》曰:"有言伐而不言取者,伐之而不取也,如郑人伐齐之类是也;有言取而不言伐者,取之非以其伐之也,取济西田、汶阳田是也;有先书伐、书围而后书取者,伐之、围之而后取之也,宋人伐郑围长葛,而后书宋人取长葛是也。然春秋之初,外之取邑,如取牟娄、取长葛,则书之,自隐以后,则外取邑不书矣。盖春秋之初,犹以取邑为重,于后则不胜书矣。子产曰:'天子之地一圻,列国一同,今大国已数圻矣,若非侵小,何以至焉?'由此言之,则春秋之际,其取人邑多矣,圣人安能尽书之耶? 盖亦有书之者矣,非有故不书。"

戊申,卫州吁弑其君完。

吕本中《集解》:"伊川先生解:自古篡弑多公族,盖自谓先君子孙可以为君,国人亦以为然而奉之。《春秋》于此明大义以示万世,故春秋之初,弑君者多不称公子、公孙,盖身为大恶,自绝于先君矣,岂复得为先君子孙也? 古者公族,刑死则无服,况弑君乎? 大义既明于初矣,其后弑立者则皆以属称,或见其以亲而宠之太过、任之太重以至于乱,或见其天属之亲而反为寇仇,立义各不同也。《春秋》大率所书事同则辞同,后人因谓之例,然有事同而辞异者,盖各有义,非可例拘也。"陈傅良《后传》:"公子州吁,则曷为但称州吁? 隐、桓、庄之《春秋》,凡贼皆名之。于是公子初弑君,卫人为之变,《终风》、《日月》之诗作于宫中,《击鼓》作于国中也,不逾年讨之。是故州吁不称公子,而石碏得书人。东迁之初,国犹有臣子矣,合五国之众,不能定州吁,而杀于濮。'于濮',言未得国也,见卫之有臣子也。"吕大圭《或问》:"春秋之初,凡贼皆名之。卫州吁、宋督、齐无知、宋万皆不以氏见,自晋里克,而大夫以氏见矣。凡贼皆名之,正也。书氏,时之变也。故尝谓春秋之初,内大夫皆书名,惟卒则称公子,于后则皆称公子者矣;外大夫亦书名,于后则外大夫皆书公子及氏矣;弑君之贼皆书名,于后则皆以氏见矣,是春秋之变也。且独不见《春秋》之书吴、楚乎?始书荆,继书楚,于后则书楚子;始书吴,于后则书吴子。非时之变乎?若非时之变,则是《春秋》自为异同而已矣。"

夏,公及宋公遇于清。

吕本中《集解》:"陆氏《纂例》:啖子曰:时虽非相遇,而从省易以遇礼相见者,故书曰'遇'。赵简子曰:'简礼而会曰遇。'又襄陵许氏翰曰:隐、庄之间,凡六书遇,以其去古未远也;自闵而后,有会无遇,忠益不足而文有余矣。"叶梦得《传》:"诸侯相遇,亦有为之礼者欤?曰:'未有两君相见而不为礼者也。昭公孙于野井,齐侯来唁,公既哭,以人为菑,以幦为席,以鞍为几,曰以遇礼相见,则诸侯之遇,固有礼矣。'然则季姬及鄫子遇于防,亦礼欤?曰:'非此之谓也。桃丘之会,卫侯不至,书公弗遇,此不以礼言也。季姬非所见,故假遇以为辞,使若适相值然,固不嫌与诸侯之遇同辞也。'"

宋公、陈侯、蔡人、卫人伐郑。

孙觉《经解》:"《春秋》之法,弑君之贼未及讨,则于经不复重出,其意犹曰'弑君之贼,而使得偷生于一日之间,是国中之臣子亦复忘其君父而同恶相济矣'。不复重出,圣人所

以罪其臣子讨贼之缓,且不忍以大恶者之名再见于《春秋》
也。州吁弑君未讨,而桓公未葬,则伐郑之卫人乃州吁也。
圣人不忍重出其名,故贬之曰人耳。"案:州吁,卫人未尝以
为君也。卫人未尝以为君,鲁国不得以友邦之君目之也。
书卫侯不可,书州吁亦不可,则亦人之而已。苹老之说,于
义或有之,而不知无卫侯之实,于文自不得书卫侯也。

秋,翚帅师会宋公、陈侯、蔡人、卫人伐郑。

胡安国《传》:"《春秋》立义至精,词极简严而不赘也。
若曰'翚帅师会伐郑',岂不白乎? 再序四国,何其词费不惮
烦也? 言之重、词之复,其中必有大美恶焉。四国合党,翚
复会师,同伐无罪之邦,欲定弑君之贼,恶之极也。言之不
足,而再言,圣人之情见矣。"案:《左氏传》"卫州吁立,将修
先君之怨于郑",杜注谓二年郑人伐卫之怨。修怨固非,而
谓郑无罪,则亦不得也,此康侯失检之词也。陈傅良《后
传》:"《春秋》之达例三:有同号者焉,有同辞者焉,有同文
者焉。号不足以尽意,而后见于辞;辞不足以尽意,而后见
于文;以同文为犹未也,而至于变文,则特书也。于是州吁
初弑君,卫人为之变,不逾年能讨之,卫犹有臣子也。而五
国之君、大夫,伐郑以定州吁。弑君,天下之元恶也。五国
之君、大夫有人心焉,不若是甚矣。书曰:'宋公、陈侯、蔡
人、卫人伐郑。''秋,翚帅师会宋公、陈侯、蔡人、卫人伐郑。'
书之复书之,终《春秋》才一再见焉,特书之法严矣。则君、

大夫各从其恒称,是达例而已尔。"吕大圭《或问》:"《春秋》之法,恶党恶,故书'翚帅师'而再叙四国。"

冬十有二月,卫人立晋。

孙觉《经解》:"晋以国人众立,疑其有得立之理,圣人特于疑似之间而发明不当得立之义,犹曰:'诸侯之立,当待天子之命,苟无王命,则虽国人众立之,而犹不可也,况自立乎?'故葵丘之会,以安中国,而其辞无褒;践土之盟,实尊王室,而贬其召王。《春秋》于疑似之间,众人以为功,一时以为善者,圣人必立大中以正之,所以明示皇极之道,而较著一王之法也。"叶梦得《传》:"立者,不宜立也。以其不宜立也,故特书立焉,以见义之得与其立也。晋则何以谓之得与其立? 以弟继兄,谓之不宜立,不可也。致万民而询立君,周道也。众以为可立而立之,谓之不宜立,不可也。卫人立晋而不得立,则卫安得有君乎? 此《春秋》所以与晋也。故因晋一见法焉,以为异乎尹氏立王子朝也。"

五　年

五年春,公矢鱼于棠。

叶梦得《传》:"当从《左氏》。矢,射也。古者天子、诸侯将祭,必亲射牲,因而获禽,亦以共祭。春,献鱼之节也。公将以盘游,盖托射牲以祭焉。以公为荒矣,于是公子驱谏,曰:'鸟兽之肉,不登于俎,皮革、齿牙、骨角、毛羽,不登于器,则公不射。'非其矢也。"黄仲炎《通说》:"后世如秦始皇幸琅琊,候大鱼出而射之;汉武帝自寻阳,亲射蛟江中,皆鲁隐之为也。"

夏四月,葬卫桓公。

叶梦得《传》:"卫,侯爵也。桓公何以亦称公? 主人之辞也。古者五等诸侯,有别而称之者,有合而称之者。别而称之者,实之所在,不可得而越者也。故诸公之仪,不可为侯伯;侯伯之仪,不可为子男。合而称之者,名之所在,可得而通者也。故五服之别,概曰侯服;五等之名,概曰诸侯。举其中以包上下也。诸侯即位逾年,于其国中得称公。公之为言,上以别乎王,下以别乎大夫者也。故有言'后王君公'者矣,有言'坐而论道谓之王公'者矣。子曰公子,孙曰公孙,非特许其臣下也,虽王亦假之矣。是以鲁侯爵,而诸公皆书公;诸国之葬,皆称公;寰内诸侯葬,亦称公也。以为贬其僭者,误也。"吕大圭《或问》:"经之文曰'葬某国某公',不曰'某国葬某君',然则葬之者,主我会而言也,非主彼国之葬不葬言之也。夫被弑之君不书葬,鲁自不往会尔。其书葬者,鲁自往会尔。何与于贼讨与不讨耶? 然自春秋之初,君弑而贼不讨,则我皆不往会,是鲁犹有羞恶之心也。春秋之后,君弑而贼不讨,则鲁亦有往会者矣,是独不可于世变而三叹耶！"

秋，卫师入郕。

孙《解》："春秋之时，更相侵伐，更相仇怨，书之所以见一时之乱而生民之无辜也。"胡《传》："称师者，纪其用众，而立义不同：有矜其盛而称师者，如齐师、宋师、曹师城邢之类是也；有著其暴而称师者，楚灭陈、蔡，公子弃疾主兵而曰'楚师'之类是也；有恶其无名不义而称师者，次于郎以俟陈、蔡，及齐围郕之类是也。卫宣继州吁暴乱之后，不施德政，固本恤民，而毒众临戎，入人之国，失君道矣。书'卫师入郕'，著其暴也。"吕氏《或问》略同。

九月，考仲子之宫。初献六羽。

黄仲炎《通说》："《春秋》妾母之称夫人者，自成风始，盖上僭也。仲子未尝称夫人也。仲子之不称夫人者，是隐公犹不敢以夫人称妾母也。隐公不敢以夫人称妾母，而亦不敢以妾母祔姑，于是别宫以祭之，自以为得礼矣。不知妾母之子为君，则得立别庙，子祭孙止。仲子虽桓公之母，然在隐公时，桓未为君，岂得筑宫以祀之？今隐公考仲子之宫，而用备乐焉，是犹僭夫人也。"

邾人、郑人伐宋。

孙《解》："《春秋》之义，事之善恶，皆主其造谋者为首事。善则首事之善重，恶则首事之恶重，不以国之小大、师之众寡也。以邾较郑，则郑大而邾小，而邾序郑上者，首谋伐宋,系之上,以重其恶也。"陈《后传》:"先邾,主兵也。唯主兵,虽小国,叙大国之上。据桓十三年及齐侯、宋公,僖二年虞师、晋师之类。非主兵也,而小国叙大国之上,则伯者为之也。据庄十六年许男、滑伯,文十四年许男、曹伯,文十五年邾子、杞伯之类。世子长于小国之君,甚矣。据襄十年齐世子光、滕子、薛伯、杞伯、小邾子。"案:《左氏传》"宋人取邾田",邾人告于郑曰:"请君释憾于宋,敝邑为道。"此所以首邾也。然邾,鲁之附庸也。邾不请于鲁,而请于郑,鲁方党于宋也。鲁不能保其附庸,而听其托于他之大国,则鲁为不鲁矣。故首郑,人则疑于郑结邾,首邾,则知邾托于郑。邾托于郑,而鲁之为鲁可见矣。不独责邾,亦责鲁矣。

螟。

孙《解》:"《穀梁》曰:甚,则月;不甚,则时。此说非也。《春秋》日、月之志,一日之间者则日,日食、星变是也;一月之间者则月,陨霜杀菽、雨木冰是也;一时之间者则时,大水、大旱是也;一年之间者则年,有年、大有年是也。灾甚而逾月,则月不足以尽之,不甚则已,又安俟于时也?《穀梁》失之矣。"

宋人伐郑,围长葛。

陈《后传》:"宋、郑交怨也。伐国不言围邑,从《穀梁》例。自僖以前则书之。曷为自僖以前则书之?春秋之初,犹以围邑为重也。据传,自僖十八年'邢、狄围卫菟圃'不书,至二十六年书

14

'楚人伐宋围缗'之后,皆不书矣。"

六　年

六年春,郑人来输平。《左传》作渝,盖假借字。

孙《解》:"杜预曰:'和而不盟曰平。'此例于《春秋》为通。《春秋》书平者六,未有书国君及使者。郑人输平,不书郑伯之使;宋及楚平,亦但书人;暨齐平、及郑平,亦言国。圣人之意,以为二国不和,必至侵伐,以一人之私忿而元元无辜血肉原野,故凡侵伐围入,皆书其君及大夫,以重其罪,至其和而不盟,相与平定,则是举国之人皆愿欲之。圣人欲少进不盟而平者,以深罪侵伐相加之国,故凡平皆不言使,不目其君。我与外平,则但书暨、及,以明一国之人皆共平也。"胡《传》:"平者,解怨释仇,固所善也。输平者,以利相结,则贬矣。曷为知其相结之以利也?后此郑伯使宛来归祊,而鲁入其地;会郑人伐宋,得郜及防,而鲁又取其二邑,是知输平者,以利相结,乃贬之也。"叶《传》:"输,犹输粟然,有物以将之也。来,外辞也。何以不言'及郑平'?方请未平也。夫平则平矣,故《春秋》有书及平者矣,有书暨平者矣,未有先请而后遽书也。是必有义重于已平者,而后书以见讥焉。其重者何?归祊是也。"陈《后传》:"平不书,据传,

15

明年宋及郑平、宣七年郑及晋平之类。《穀梁》'外平不道',非独外也,文十六年及齐平、襄二十年及莒平、哀八年及齐平,皆不书。必关于天下之故而后书。书郑渝平,以志诸侯之合。书及郑平,以志诸侯之散。是《春秋》之所以终始也。"

冬,宋人取长葛。

吕氏《或问》:"书'围'者,以见郑之有城守也。书'围'而后言'取'者,以见宋之志于必得也。"

七 年

七年春王三月,叔姬归于纪。

叶《传》:"伯姬归于纪矣,叔姬何以复言归?归纪季也。内女嫁为夫人则书,不为夫人则不书。叔姬非夫人也,何以得书?将以起纪季之以酅入于齐也。酅,纪季之邑也,纪季以酅入于齐,非以存酅,以存纪也。言归纪季,则不得书;言归于纪,则得书。君子悯纪之亡而欲存之,纪季不得以侯书,故假叔姬以夫人之辞,成纪季以为侯,而后纪可见者,《春秋》之义也。叶子曰:叔姬归于纪,《左氏》、《公羊》皆无传,而说者以为伯姬之媵,而待年者也。礼,诸侯一娶九女,盖以广继嗣之道,而绝妒忌之行。为之媵者,必与之俱行,《诗》曰:'韩侯娶妻,诸娣从之。'待年于室,于礼未之闻也。

且媵，小事不书。宋共姬之媵，有为言之也。使叔姬以纪故而录，自当正名。曰'媵'，亦安得以夫人之辞同书曰'归'？《穀梁》独以为逆之道微，故不言逆。媵固不得言逆，以为大夫妻乎？则不当书归。以为纪侯妻乎？则既有伯姬矣。吾不知其说。则曰纪季为妻者，义当然也。"吕氏《或问》："叔姬，媵也，何以书？曰：石氏曰：'媵之为言送也。郯伯姬之归，不言，以其媵也。此叔姬亦伯姬之媵尔，其书为"归于鄑"起也。'甚矣，《春秋》录纪事之详也！圣人岂无微意哉？隐二年书'纪裂繻来逆女'，又书'伯姬归于纪'，此年又书'叔姬归于纪'，桓五年书'齐侯、郑伯如纪'，六年书'公会纪侯于成'，冬又书'纪侯来朝'，八年书'祭公来，遂逆王后于纪'，九年书'纪季姜归于京师'，十七年'公会纪侯于黄'，庄元年'齐师迁纪三邑'，三年'纪季以酅入于齐'，四年'三月，纪伯姬卒'、'夏五月，纪侯大去其国'、'六月，齐侯葬纪伯姬'、'十二月，纪叔姬归于酅'，庄二十九年'纪叔姬卒'、'八月，葬纪叔姬'，圣人录纪事之详也，岂无微意哉？纪，微国也。介于齐、郑之间，二国谋之久矣。其始也，齐侯、郑伯如纪，以谋袭之，故书'齐、郑如纪'，恶之也。郑不能袭，而齐志于灭之。前年会于黄，次年迁其三邑，故庄元年书'齐师迁纪邢、鄑、郚'，甚之也。纪终不能以自固也，其弟先以酅入于齐，四年而书'纪侯大去其国'，闵之也。然鲁之于纪，婚姻之国也，伯姬、叔姬皆鲁女也；天王之于纪，后戚之国也,桓后季姜,纪出也。齐侯恃其强暴,以谋并纪,非一日也。纪侯度其微弱,以求援助,非一朝也。六年书'公会纪侯于成',冬又书'纪侯来朝',庶乎鲁之能救也;八年书'逆王后于纪',九年书'季姜归于京师',庶乎天王之足依也。已而鲁不能救,天王不足依,齐襄所以得伸其志,而无忌惮也。圣人录纪事之详者,意或在此,而言《春秋》者,未尝及之,故次而论焉。"

滕侯卒。

胡《传》:"滕侯书卒,何以不葬?怠于礼、弱其君而不葬者,滕侯、宿男之类是已。古者邦交有常制,不以国之强弱而有谨慢也,不以情之疏密而有厚薄也。春秋之时,则异于是。晋,北国也;楚,南邦也。地非同盟,而亲往俟其葬。滕,邻境也;宿,同盟也。讣告虽及,而鲁不之恤。岂非以其壤地褊小乎?怠于礼而不往,弱其君而不会,无其事而阙其文,此鲁史之旧也,圣人无加损焉。存其卒,阙其葬,义自见矣。卒自外录,不卒非外也;葬自内录,不葬非内也。"黄氏仲炎《通说》:"赵子曰:'凡诸侯同盟,名于策书;朝会,名于要约;聘告,名于简牍,故于卒赴,可得而纪。'考《春秋》,凡十人卒不书名,皆当时并无朝会聘告事迹,所以不知其名尔。余皆有往来事迹,则知而名之。然亦不必同盟,但尝往来,亦书名也。或曰:成二年,公及秦人盟,而十四年秦伯卒,不名;十三年,公会滕人伐秦,而十六年滕子卒,不名,何也?

曰：是与其大夫会盟耳，非其君也；非其君，犹不知其名也。”

夏，城中丘。

叶氏《传》："其役长者，志以时；其役短者，志以月。"黄氏《通说》："《易》称'设险守国'，而城中丘何以书？盖城郭沟池，虽有国者所必有，而非古人所恃以为固者也。楚子囊城郢，沈尹戌曰：'子常必亡郢。苟不能卫，城无益也。古者天子守在四夷，天子卑，守在诸侯。诸侯守在四邻，诸侯卑，守在四竟。谨其四竟，结其四援，民狎其野，三务成功。民无内忧，又无外惧，国焉用城？'北魏朝群臣请增京城，世祖曰：'古人有言，在德不在险。屈丐蒸土筑长城，而朕灭之，岂在城也？今天下未平，方须民力，土功之事，朕所不为。'故楚不以城郢而安，魏不以城小而危，是知春秋诸侯不修德政以为结人心之本，而区区倚城郭沟池为固，轻用民力者，皆非也。穀梁子曰：'凡城之志皆讥。'此说得之矣。"案：杜注："中丘在琅琊临沂县东北。"盖鲁之边邑，与楚之郢、魏之京城不同。若曰"谨其四竟"，则城中丘正谨其四竟也。故黄氏之说，于理则不可易，于事则未切也。

齐侯使其弟年来聘。

吕《集解》："常山刘氏絇曰：'《周礼·大行人》："凡诸侯之邦交，岁相问也，殷相聘也，世相朝也。"先王制礼，所以尽人之情。诸侯之于邻国，壤地相接，苟无礼以相与，则何足以讲信修睦哉？王室不纲，典制大坏，无礼义之交，而唯强弱之视。故小国则朝之、聘之,大国则聘而不朝。故来朝于鲁,非邾、郳、纪、薛,则郜、杞、曹、滕,皆小国也。鲁侯之所如者,唯齐、晋、楚三大国。而聘于鲁者,则齐、晋、宋、卫、陈、郑、秦、楚之邦。鲁臣之所如者,则亦惟大国,而鲜及于小国者矣。'"黄氏《通说》:"齐使其弟年来聘,何以书?《左氏》云:'结艾之盟也。'盖为郑人植党以仇宋也。"

冬,天王使凡伯来聘。

孙《解》:"《周礼》天子'时聘以结诸侯之好',是天王之聘,固礼之常也。《春秋》常事不书,而天王之聘鲁者八,皆书于经,此圣人之意也。《春秋》书公如京师者一,而如诸侯者三十七;臣如京师者七,而如诸侯之国七十二。朝事天子之礼,则数百年间,其行者一,而天王来聘者八,所以见天下无王,而王室衰替也。天子则不事,而强大之国则事之;京师则不如,而强大之国则如之。圣人一志之,以明天子不臣而大国是畏也。夫以鲁之弱小,最亲于周,案:鲁当春秋之初,非弱小也,其后虽寝弱,谓之小亦未可。然且偃蹇不朝,而望天王之姑息,则如晋、如齐、如秦、如楚,又可知也。"叶《传》:"存、頫、省、聘、问五者,君之事也。《春秋》何以独书聘?吾考于礼,天子之抚邦国者,一岁徧存,三岁徧頫,五岁徧省,而无聘问。至时聘以结诸侯之好,殷頫以除邦国之慝,间问以喻诸侯之志,则存省不与。盖存、頫、省,常也,犹臣之有朝、觐、宗、遇也;聘、问,非常也,犹臣之有会、同也。

聘与问，一事也，大曰聘，小曰问，则问亦聘矣。而殷覜亦与常覜异，特见于除慝，二者时举而用之，故典瑞有殷聘之玉，无存、省之玉，盖非常则用玉，常事则不用玉。春秋之世，邦国之慝，无岁无有，王之所以不暇覜，亦非王之所得除也。则非常而见者，惟聘而已，此聘所以独见也。”吕氏《或问》："《春秋》自宣十年定王使王季子来聘之后，鲁历五公，周更四王，皆无来聘之文。盖文、宣以前，周固微弱，然王命犹足以为重。文、宣以后，周室之衰尤甚于前，盖亦不足以为轻重矣。是以《春秋》之书'来聘'者八，则止于宣公；书'来求'者三，则止于文公；书'来锡命'者三，则止于成公。'来聘'则止于宣者，自宣以后，虽有礼文，不足以结诸侯也。'来求'则止于文者，自文以后，天王虽求之，诸侯亦不与也。'锡命'则止于成公者，自成以后，虽有爵命，不足以宠诸侯也。案：此论周之日衰也，而鲁之衰亦即此可见。三家分晋，犹必请知于周。周之爵命，未尝不足重也。其聘命不及于鲁。鲁固无周，周亦无鲁矣。乌乎！是可不为世道慨叹哉！"

戎伐凡伯于楚丘以归。

胡《传》："周之秩官，敌国宾至，关尹以告，候人为导，司徒具徒，司寇诘奸，偏人积薪，火师监燎；其贵国之宾至，则以班加一等，益虔；至于王吏，则皆官正莅事。今凡伯承王命以为过宾于卫，而戎得伐之以归，是蔑先王之官而无君父也，故《旄丘》录于《国风》，见卫不能修方伯之职也。'戎伐凡伯于楚丘以归’，见卫不能救王臣之患也。”

八　年

三月，郑伯使宛来归祊。《公》、《穀》作邴。

庚寅，我入祊。吕氏《集解》："刘氏敞《传》：未有言‘我入’者，其曰‘我入祊’何？祊非我有也。何言乎祊非我有？王者制诸侯之地有常，郑不得与诸人，鲁不得取诸人。"叶《传》："凡内邑归，言取不言入，我所有也。归外邑，言入不言取，非我所有也。入，逆辞也，非我所有，外虽归之，其道犹为逆云尔。"陈氏《后传》："田、邑皆书取，据防、郜。此郑邑也，则曷为谓之来归？于是桓王即位四年矣，而庄公始朝，王不礼焉。郑有志于叛王，而合诸侯，渝平归祊，皆逊辞也，纠合之道也。"黄氏《通说》："春秋诸侯相伐取地者多有之矣，未有捐地以与人者也。盖郑方有宋之争，而求得志焉。顾己力之不能逞也，则资鲁以助之。惧鲁之不尽力也，则归祊以饵之。鲁受今日之饵，则他日为己役者宜不得辞焉。此其用术，殆与晋献公以璧、马赂虞而假道伐虢者不异也。然晋之力足以亡虢而取虞，郑之力不足以亡宋而取鲁。又，非其所有而取之，非义已；受人饵已，而不知人之将役己，非智已。‘庚寅，我入祊’，岂复有羞恶是非之心也？"吕氏《或问》："以经考之,见有'来归祊'之文矣,未见有易许田之事也。桓公即位而后,郑伯以璧假许田,《左氏》以其事比而言之,而谓之'易',非经意也。盖郑将以结鲁,而非鲁将以结郑也。故前年来输平,则约之以言;今年来归祊,则啖之以利。彼岂真以祊为远于郑而无用,故归于鲁以为好哉? 致惠以结鲁之好,以为纠合诸侯之地尔。虽然,方其归祊也,彼其心固已有觊觎许田之念矣。特以吾方求结于鲁,故姑缓之,以为纠合诸侯之地。若其威势渐张,则许田之地,一言而鲁亦归之于郑矣。既而桓公篡立,郑伯于是要其许田之地,设为之辞,而曰'璧假',郑于是始有以取偿于鲁矣。后之人见祊近于鲁而入于鲁,许田近郑而入于郑,遂以为两下相易,则失之矣。"

秋七月庚午,宋公、齐侯、卫侯盟于瓦屋。

胡《传》："大道隐而家天下,然后有诰誓。忠信薄而人心疑,然后有诅盟。诅盟烦而约剂乱,然后有交质子。至是,倾危之俗成,民不立矣。《春秋》革薄从忠,于参盟书日,谨其始也。《周官》设司盟,掌盟载之法,凡邦国有疑,则请盟于会同,听命于天子,亦圣人待衰世之意耳。德又下衰,诸侯放恣,其屡盟也,不待会同;其私约也,不繇天子。口血未干而渝盟者有矣,其末至于交质子犹有不信者焉。《春秋》谨参盟,善胥命,美萧鱼之会,以信待人而不疑也,盖有志于天下为公之世。凡此类,亦变周制矣。"陈氏《后传》:

"春秋之初,宋、鲁、卫、陈、蔡一党也,齐、郑一党也。郑有志于叛王,而合诸侯,于是渝平于鲁。齐亦为艾之盟以平鲁,为瓦屋之盟以平宋、卫,所谓'成三国'也。东诸侯之交盛矣。"

冬十有二月,无骇卒。

吕氏《或问》:"无骇何以不氏? 或曰未命也,或曰未赐族也,宜孰从? 曰:所谓未命者,谓其未命于天子也。春秋之际,大夫皆命于其君矣,固未闻有天子之命卿也,何独无骇、挟为然哉? 所谓未赐族者,盖出于《左氏》羽父请族之说,然以宋万、宋督之不氏,《左氏》固以为华督、南宫万矣,则是未尝无族也。然则大夫不氏,正也。其氏者,《春秋》之变文也。春秋之初,大夫皆书名,内之无骇、翚、挟、柔、溺皆名,外之郑宛、詹、纪裂繻皆名,未闻以氏称也。自僖公以后,而内之大夫未有不书氏者,若臧孙、叔孙、季孙、仲孙之类是也,其甚则有生而以字书者,季友、仲遂之类是也;外之大夫无有不氏者,盟书齐高傒、晋赵盾、卫宁速、宋华孙,比比而是矣,征伐书晋阳处父、宋华元、卫孙良夫,往往而见矣。此时之变也,非圣人之私也。春秋之初,惟内大夫卒而书公子者二,公子益师、公子彄是也,盖以贵书、以重书也。是二公子者,隐之叔父也,故以贵重书之。非公子之贵也,则亦名之而已矣,故无骇、挟皆不氏也。然无骇、挟之不氏,则又异于翚、柔、溺之不卒矣,盖无骇、挟,世禄也;翚、柔、溺,非世禄也。非世禄,则亦不卒之矣。"

24

九　年

夏，城郎。

吕氏《集解》："襄陵许氏曰：七年书'城中丘'而后伐邾，九年书'城郎'而后伐宋，皆讥公不务崇德修政以戒萧墙，而念外人之有非，干时动众，恃城保国，亦已末矣。"案：桓十年，"齐侯、卫侯、郑伯来战于郎"，则郎固鲁之边邑，而又要塞也，故城之。

冬，公会齐侯于防。

孙《解》："'会'有两义，如书会、书及以别内外之志，则下皆系事，或盟、或伐、或救也；下不系事，而但书会某于某者，即是以会礼相见者也。《穀梁》曰'会外为主'，以一例通之，非也。"

十　年

十年春王二月，公会齐侯、郑伯于中丘。夏，翚帅师会齐人、郑人伐宋。

吕氏《或问》："将以伐宋者，郑伯也，而中丘之会序齐为首,何也?曰:齐僖、郑庄之图为伯也久矣,盖自石门之盟始。自是而后,齐、郑为一党,鲁、宋、卫、陈、蔡为一党,而宋、卫则其首也。自郑人来输平以离鲁、宋之党,而又纳祊以结之,齐亦为艾之盟,又使其弟年来聘鲁,于是背宋而从齐、郑。齐、郑既得鲁矣,又欲平宋、卫以伯诸侯,于是为瓦屋之盟,则未知宋、卫之能俯首于齐、郑也。宋、卫之未能俯首以从齐、郑也,则又会于防、会于中丘以伐宋。然则,伐宋之师,是齐、郑之相为谋也,非独郑伯之罪也。以国之大小言之,则齐为先矣。"

夏,翚帅师会齐人、郑人伐宋。

吕氏《集解》:"刘氏敞《意林》:伐宋、败宋,取郜、取防、滕侯、薛侯来朝、入许,隐公之所以弑也。德薄而多大功,虑浅而数得意也。备其四竟,祸反在内,可不哀欤?孔子曰'人无远虑,必有近忧',不在颛臾而在萧墙也。"陈氏《后传》:"此中丘诸侯也,曷为会称君、伐称人?略之也。《春秋》举重,一役而再有事,不书。据襄十八年,会于鲁济同围齐,不书会;昭三十二年,盟于狄泉城成周,不书盟之类。苟再见,必前目而后凡也,一役而再见,但人之者,略之也。"

六月壬戌,公败宋师于菅。

吕氏《或问》:"帅师者翚,而败宋师称公,何也?曰:翚帅师会伐,正兵也。公之败宋师,是奇道之兵也。齐、郑方求与宋战，宋方备齐、郑之不暇，是以公幸而成功尔。"

辛未，取郜。辛巳，取防。

胡《传》："内大恶，其词婉；小恶，直书而不讳。夫诸侯分邑，非其有而取之，盗也，曷不隐乎？于取之中，犹有重焉者，若成公取郓、襄公取郜、昭公取鄪，皆覆人之邦而绝其嗣，亦书曰'取'，所谓犹有重焉者，此也。故取郜、取防，直书而不隐也。其不言战而言败，败之者为主，彼与战而此败之也。"黄氏《通说》："《左氏》工于载事，而谬于释经。其叙'庚午，郑师入郜。辛未，归于我。庚辰，郑师入防。辛巳，归于我'，未为不得其实。至谓郑庄公以王命讨不庭，不贪其土，以劳王爵，为得正之体，何其无识之甚哉！郑庄者，当时诸侯之至奸黠者也。为王卿士，而际王室之衰，遍视侯国，如齐、鲁、宋、卫之君，皆庸琐不足以有为也，于是奋其诈力，阴有霸诸侯之志。方宋人伐郑，围长葛而取之，郑庄乃待之以不校，岂真不校也哉？正兵法所谓鸷鸟将击，必敛其翼。当不校之时，莫非深为计之日也。故其始以祊田饵鲁，而鲁辄附之；因鲁连齐，而后用师于宋，以泄己忿焉。于王命乎何有？既败宋师，而求逞其所大欲者未已也。于是又取宋二邑以与鲁，掩人之有而为己惠，既以报鲁，又将以终役鲁尔。其与晋文公分曹、卫之田以赐宋人，使之纳赂于齐、秦，而借以济城濮之师者，同一诡道也。《春秋》方恶其谲,而《左氏》乃以'正之体'称之,岂不悖哉!然《春秋》不书郑归鲁郜、防,而以鲁自取为文者,明鲁隐之贪也。贪得于外,而不知丧身之祸伏于萧墙也。"

宋人、蔡人、卫人伐戴。郑伯伐取之。

叶《传》:"郑伯伐者何?伐宋、蔡、卫三师也。郑伯取者何?取宋、蔡、卫三师也。何以不言师?师少也。《春秋》有言'宋皇瑗取郑师于雍丘'矣,有言'郑罕达取宋师于喦'矣,取者,覆而败之,不遗一人之辞也。何以不言'郑伯取宋人、蔡人、卫人于戴'?戴不见伐,无以著三师玩兵而可取也。"吕氏《或问》:"或疑三师非郑之所能取,谓郑取戴,非也。《春秋》书'取'者有三:凡邑田曰取,若'莒伐取牟娄'是也;师曰取,'郑罕达取宋师于喦'是也;内大恶讳,凡灭国不曰'灭'而曰'取',若'取郓'、'取邿'、'取鄫'是也。惟灭项则言'灭',公不在国故也,是以不讳。未有外伐国而言'取'也。且三国方伐戴,而郑伯取戴,亦无此理。郑之患三国,无以异戴,以患则均所仇,以恶则均所疾,郑庄虽未近古,讵肯弃所疾而利所危乎?"

冬十月壬午,齐人、郑人入郕。

吕氏《或问》:"往年卫师入郕,盖自是郕从卫矣。齐、郑入郕,其所以孤卫之党欤?"

十有一年

秋七月壬午，公及齐侯、郑伯入许。

陈氏《后传》："入虽君将，贬人之。唯吾君会焉，则君将称君。许庄公奔卫，不书，非其罪也。凡奔，非其罪不书。奔非其罪，莫甚于被兵者也，是故许男奔卫不书，须句子奔鲁不书。事在僖二十二年。"孙《解》："二国皆君自行，举其重也，故不言帅师也。《左氏》以为郑庄公有礼，赵子非之，曰：'入人之国，其罪已大，又使大夫守之，不容于诛矣。而以礼许之，是长乱阶也。'此说是也。"

冬十有一月壬辰，公薨。

黄氏《通说》："不书葬者，《公》、《穀》谓君弑贼不讨，不书葬，非也。蔡景、许悼弑，而贼未讨，皆书葬也。盖不书葬有二，或仇人当国或国内乱不以礼葬之，与在外之国方有变，虽葬而不暇赴，故不书尔。隐之不书葬，仇人当国、不以礼葬之也，是皆摭其实而已矣。"案：此即《左氏》不成丧之说也。

桓　　公

桓元年

三月，公会郑伯于垂。

叶《传》："公何以会郑伯？求免于郑也。叶子曰：垂之会，三传皆不著其说，吾何以知其为求免于郑欤？放弑其君，则残之周公之刑也。周衰，王政不行于天下，列国有弑其君者，非特天子不能讨，方伯不能正，而又幸而求免焉。卫州吁弑桓公而自立，未能和其民。厚问定君于石碏，碏曰：'王觐为可。'于是教之使朝陈而请觐。曹负刍杀宣公之子而自立，诸侯与会于戚而执之，曹人请于晋曰：'若有罪，则君列诸会矣。'乱臣贼子之所惧者，天子与侯伯尔。天子而与之觐，诸侯而与之会，是既许之为君矣，后虽有欲讨者，无所加兵焉，此周之末造也。宣公弑子赤而会齐侯于平州，《左氏》以为定公位，齐人于是取济西田以为赂。桓之会郑，

非齐之与宣会欤？郑伯以璧假许田，则济西之赂也。盖自
隐公初，齐、晋犹未强，郑庄公独雄诸侯。及使宛来归邴之
后，隐遂舍宋而事郑。伐宋、入许，无不与之同者，此桓之所
畏也。是其首求于郑者欤？郑既得赂，然后始固好而为越
之盟，故称'及'焉。'及'者，内为志也。三传惟蔽于易邴之
言，不知许田之为赂，是以并垂之事而失之。《春秋》有属辞
比事而可见者，吾故以负刍之讨、平州之役而知其然也。"

郑伯以璧假许田。

陈氏《后传》："取许田则曷为谓之'以璧假'？郑伯之辞
也。公羊氏曰'为恭也'。春秋之初，诸侯之为恶，必有辞焉
以自文。'郑伯以璧假许田'，'齐侯、郑伯如纪'，'单伯送王
姬'，'筑王姬之馆于外'，皆善辞也。夫子伤周之敝，曰'利
而巧，文而不惭'，于《春秋》著其事，所以见王化衰，风俗日
趋于变，且以发明郑庄之欺也。爱段之辞、立许叔之辞、劳
王问左右之辞，足以祸五世矣。"

夏四月丁未，公及郑伯盟于越。

胡《传》："垂之会，郑为主也，故称'会'。越之盟，鲁志
也，故称'及'。郑人欲得许田以自广，是以为垂之会。桓公
欲结郑好以自安，是以为越之盟。"吕氏《或问》："始而公会
郑伯于垂，则志为此会者，郑也。已而及郑伯盟于越，则志
为此盟者，鲁也。郑伯何为志为此会哉？将以要其许田而
为此会也。鲁何为志为此盟也？将以借郑之力以求安其位

也。春秋之时,篡弑之君,苟列于会,则天子不之讨,诸侯不之问,此郑庄之所以逆其意而与之会也,此鲁桓之所以因其会而遂假之以许田也。会犹未足,继而盟焉,则愈固矣。是举也,于以见郑伯之巧于要鲁也,于以见鲁桓之急于倚郑也,于以见弑君之贼诸侯不惟不加讨,而又因之以利也,于以见世衰道微,虽罪大恶极之人,而往往得以自安于其位,而无复惧也。"

秋,大水。

叶《传》:"凡大水,以时书者,皆志夏、秋;以月书者,皆志七月、八月。志以时者,其灾长;志以月者,其灾短。七月、八月,尤麦苗之时也。不为灾,则不书。"

二 年

二年春王正月戊申,宋督弑其君与夷及其大夫孔父。

吕氏《集解》:"刘氏传:《春秋》贤者不名,孔父者,所贤也,则其名之何? 父前子名,君前臣名。"陈氏《后传》:"《春秋》贵死节,虽太子不书。据《传》,卫宁喜杀太子角、楚比杀太子禄。必大臣也,然后书。大臣谊与其君存亡者也。虽大臣也,苟不能与其君存亡,则亦不书。是故晋栾书、中行偃先杀胥童,而后弑君,不言及;楚商人先杀斗勃子上,而后弑君,不言

32

及。死节,人臣之极致,《春秋》重以予人也。"吕氏《或问》:
"《春秋》弑君而书及者三,其贤之乎,罪之乎? 曰:《春秋》
据事直书,而义自见,其所以书'及'者,正以其与君存亡者
尔。春秋之弑君者多矣,由是而并杀其大夫者,亦为不少,
而独于孔父、仇牧、荀息得书此,必与君存亡者也。书弑其
君而曰'及',不曰'杀'而蒙弑文,非能与君存亡者,何以加
此? 盖孔父未死,则与夷不可得而徒弑也;仇牧未死,则捷
不可得而徒弑也;荀息未死,则卓不可得而徒弑也。既弑其
君,而必及其所忌,则孔父、仇牧、荀息之事亦可知矣。其贤
之乎? 罪之乎? 学者观之而自得之矣。"

滕子来朝。

叶《传》:"滕侯国,何以称子? 时王贬之也。诸侯一不
朝,则贬其爵;宗庙有不顺,亦绌以爵焉,周道也。滕必居一
于此矣。叶子曰:王政不行于诸侯久矣,何以能加于滕欤?
春秋之初,小国犹有听命焉者也。故杞于桓,以侯见,至僖
而书'子';薛于隐,以侯见,至庄而书'伯'。与是为三,皆微
国也,大国则莫见焉。杞于僖,以子见,至文则复书'伯',亦
以是进之也。案:楚初书荆,继书楚,终书爵;吴初书人,继
书爵,以见夷狄之日强也。滕初侯而终子,杞亦然,薛初侯
而终伯,以见诸夏小邦之日削也。其出于时王之贬,抑自贬
之,可不论也。要之,《春秋》亦据其实而书之尔。自文以
后,虽三国亦莫行,则周益衰矣。或者以为进退皆《春秋》。

夫爵,王命也,可《春秋》而专之乎?以《春秋》为可专,则诸
侯之恶,有大于此三国者,何以不贬?或曰:小白伯而正王
爵。杞、薛盖终小白之世,未尝与齐通也。"黄氏《通说》:"先
儒论滕侯爵而书子,凡有数说。一曰,以其朝篡逆之鲁桓,
故贬而书子。不知《春秋》凡书外国来从鲁桓者,既明其党
恶之罪,不待降爵也。苟以降爵为贬,则凡不降爵者,皆无
贬乎?郑伯会桓而犹爵以伯也,杞侯朝桓而犹爵以侯也,何
滕之独见削哉?且滕终《春秋》称子,岂圣人因罪滕子之朝
桓,遂并及其子孙而不赦耶?一曰,去公侯之爵而从子男
者,杀贡赋也,如平丘之盟,郑子产争承曰:'郑伯,男也,而
从公侯之贡,惧不给也。'是亦不然。当时五等爵贡,在人耳
目者,实不可掩,如郑伯,男也,而从公侯之贡,亦其实不可
尔。岂得实为公侯之爵,而自贬以从伯子男之贡,其谁信
之?且晋以霸强诛于小国,故小国争承贡赋以求杀焉,固其
宜也。今滕于鲁,皆列国尔,虽滕小于鲁,畏而朝之,亦何至
争承贡赋如事霸国者,而自降其爵哉?辟此二说,则知杜预
云'侯降而子为时王所黜'者,盖得之矣。或谓:周室衰弱,
岂能黜陟诸侯?不知周之失政,正在此尔。王朝刑罚,不能
略施于强大之邦,而区区用于杞、滕之小国,故《春秋》从其实
而书之,以见吐刚而茹柔、畏强御而侮鳏寡者,非王政也。"

三月,公会齐侯、陈侯、郑伯于稷,以成宋乱。

孙《解》:"会而系事者三:薄之盟,释宋公;澶渊之会,

宋灾故。皆以其事至善，故特系事以美之。稷之会，以成乱，以其事至恶，故特系事以贬之。会于稷而无'暨'、'及'之文，是均其恶也。"吕氏《集解》："刘氏传：成之者何？平之也。平之，则曷为不言平之？保人之贼，私人之赂，制人之上下，谓之成乱则可，谓之平乱则不可。"叶《传》："成，平也。古者谓和为平，谓平为成。宋乱，则何以言成？取赂于华督而不能讨也。何以不言平？言成，则见其与乱和；言平，则疑有正其乱者焉。"陈氏《后传》："会未有言其所为者，其曰'成宋乱'，弑君之祸接迹于天下，于是焉始也。向也，合五国之君大夫以定州吁，而州吁迄于讨；今也，合四国之君以立华督，督遂相宋庄。弑君之祸接迹于天下，四君为之也。《春秋》之褒贬，至于变文，严矣。向也，五国之君大夫，书之复书之，终《春秋》仅一再见焉。以变文为犹未也，而直言其所为，舍此无复见者矣。"黄氏《通说》："公会郑伯于垂，盖郑成鲁乱也。而不书成乱，非讳之也。既书公会，即知其为成鲁乱矣。稷之会，宋不与焉，不特言成宋乱，则无以明其所为也。"吕氏《或问》："成之为言平也。督弑其君而逆子冯，一国之人，岂无有不顺督之所为者乎？四国会于稷以平之，而公子冯始安于位，督遂相宋公，所谓平宋乱也。稷之会，不书以成宋乱，则疑于谋讨督；澶渊之会，不书宋灾故，则疑于谋讨蔡。是以圣人直书其所为，而后是非善恶之实著矣。"案：宋之与郑不两立久矣，郑既结鲁与齐，于是有隐十年之伐宋,虽取部与防以与鲁,而宋、卫亦旋入于郑,郑未能尽快其意于宋也。今宋有弑君之乱,则郑有隙可乘矣。故稷之会,郑实主之。传曰"召庄公于郑而立之,以亲郑",其事不甚显明哉?郑、鲁、齐、陈始未尝不以讨贼为名也,以赂故,以讨贼始,乃以和贼终。故据其事而直书,曰"成宋乱",圣人非有加损焉。

夏四月,取部大鼎于宋。戊申,纳于太庙。

胡《传》:"取者,得非其有之称;纳者,不受而强致之谓。"叶《传》:"郑人以赂输平于我,而我从之,故书'郑伯使宛来归邴'。我责赂于宋,以成其乱,而宋与焉,故书'取部大鼎于宋',有所刺于后,必有所见于前。"

秋七月,杞侯来朝。《公》、《穀》作纪侯。

孙《解》:"《穀梁》曰:桓内弑君,外成人之乱,杞即是事而朝之,恶之也。《春秋》之义,责其所可责,不责其所不可责。圣人之意若曰:偃者不可责之恭,跛者不可责之踊,不强其所不能,不求其所无有。当是时,天子衰,不能讨桓公之乱;诸侯之强者,不能讨弑君之贼。杞侯弱小之国,逼畏于鲁,朝聘以时,恐其不保,能举大义而立王法乎?杞侯之朝,罪不在朝桓公也。"吕《集解》:"伊川先生曰:凡杞称侯者,皆当为纪。杞爵非侯,文误也。及纪侯大去其国之后,杞不复称侯矣。"

蔡侯、郑伯会于邓。

吕氏《或问》:"邓之会,《左氏》以为'始惧楚',何也?

曰：《左氏》以为楚卒灭邓、入蔡，而其后郑卒为楚服役，故其说云尔。然以经考之，则桓公以来，楚之滑夏未见于经也。况前乎是，蔡实从宋伐郑，又从宋伐戴，则蔡盖宋之党也。今也，宋、郑既合，则其通于蔡，理无可疑者。然后此五年，蔡、卫、陈之从王伐郑，则又托公义以释私憾者也。岂非郑虽求平于三国，而三国仇郑之心，至是犹未已耶？然则以会邓之书而究其终始，则诸侯离合之不常，亦可知矣。"

公及戎盟于唐。冬，公至自唐。

孙《解》："《春秋》以地至者四：此年，公至自唐；文十七年，公至自谷；定八年，公至自瓦；十年夏，公至自夹谷。赵子以为鲁地，则至自地。此说是也。"黄氏《通说》："隐盟戎不致，此何以致？《穀梁》曰：危之也。是不然，等盟戎尔，危桓而不危隐，其说不通矣。盖《春秋》之义，中国与戎盟，耻也。隐不致，隐犹有不得已之意焉。桓策勋于庙，是不耻其所耻，故即其实而致之也。此义明，则中国不得以和戎为功矣。凡公返行而策勋、饮至，则书；否，则不书。"叶《传》："国君，宗庙社稷之所系，安有出境而不致其反者乎？或书或不书，有史失之而不得书者，有君废之而不得书者。故自文而上六君，见出者九十九，致者十有八；自宣而下六君，见出者八十六，致者六十九。近详而远略，则史失之也；隐公不终于君，故终其世皆不致，则君废之也。"

三 年

三年春正月。

吕氏《或问》:"桓何以不书王? 阙文也。何以知其为阙
文也? 曰:《春秋》无事必书首月,首月必书王,此《春秋》书
法也,而桓公则十四年不书王。四时虽无事,首时过则书,
此《春秋》书法也,而桓公则二年不书秋、冬,吾以是知桓之
《春秋》于是多阙文矣。孔子之前,史有阙文;孔子之后,经
有阙文。孔子之作《春秋》也,授诸弟子,则其传之也,岂能
无脱文哉? 或曰:桓之无王,桓无王也,不书秋、冬,明天讨
之不加也。以经考之,桓、宣二公皆为篡弑之主,宣未尝无
王,而桓独无王,圣人用法何乃如是之异也? 至不书秋、冬,
则桓十七年五月《公羊》不书夏,昭十年十二月三传皆不书
冬,僖二十八年冬有日而无月,又将何说乎?"

公会齐侯于嬴。

黄氏《通说》:"桓公以篡逆得国,其初不能不惧天下之
讨也。窃计当时周室微弱,不足惧已,所可惧者,桀黠之郑、
强暴之戎、大国之齐、宋而已。于是元年会郑,而郑与鲁;二
年成宋乱,而宋与鲁;又于是年盟戎,而戎与鲁;至此又成婚
于齐,而为嬴之会。其自保之计,可谓至密,而不知上天之

网,终于不漏。故礼成不反之祸,萌于婚齐之日。观《春秋》书桓三年'公会齐侯于嬴',十八年'公薨于齐',则知世之恶人,焉可自恃其为计之密哉!"

夏,齐侯、卫侯胥命于蒲。

叶《传》:"胥命,相命为侯伯也。齐、卫之初,皆尝为伯矣。管仲曰'召康公赐我太公履,五侯九伯,皆得征之',则太公之为二伯而《周官》所谓'九命作伯'者也。《康诰》命康叔曰'孟侯',诗责卫伯'不能修方伯连帅之职',则康叔之为方伯而《周官》所谓'八命作牧'者也。桓王之时,周德衰而诸侯莫适为主,僖公、宣公因欲举其世职而更命以为侯伯,故曰胥命。"陈氏《后传》:"胥命者,交相命也。相命也者,相推长也。诸侯不禀于天子而私相命于是始。子颓之乱,虢公、郑伯胥命于弭。不书,以其谋王室也。非王事也,而胥命,是相推长而已矣。于是齐僖称小伯,黎之臣子亦以方伯责卫宣。桓、文之事,其所由来者渐矣。本薛氏。"吕氏《或问》说略同。

公子翚如齐逆女。九月,齐侯送姜氏于欢。公会齐侯于欢。夫人姜氏至自齐。

吕氏《集解》:"襄陵许氏曰:自嬴之会,至于仲年来聘,纪姜氏如此,谨昏义也。《春秋》反复,意有所致者,不可不察也,必有深诫其中。故志文姜悉者,闲其乱也;录伯姬详者,矜其节也。"

四　年

夏,天王使宰渠伯纠来聘。

黄氏《通说》:"时桓王有讨郑之志,故聘鲁以求助。不知宠篡逆以堕三纲,刑政亡矣,岂可复以讨诸侯哉?"吕氏《或问》:"宰渠伯纠,或以渠为氏、伯为爵、纠为名,或以渠伯为爵,宜孰从? 曰:渠其氏,伯纠其字,与南季一例尔,天子之大夫称字。"

无秋、冬二时。

孙《解》:"孔子曰:'吾犹见史之阙文也。'盖孔子修《春秋》,皆因旧史。旧史所载,不可以为劝惩,则孔子削之;旧史之所无,虽如日、月之可考知者,孔子亦不妄加也。如经所载首时,皆首时之下旧有事,孔子以其无事惩劝,略去其事,而独存其首时也。旧史一时或二时其下无事,则不书,孔子亦不加之,此年无秋、冬二时是也。亦有虽然首时而事适在于其月,孔子但去其事,亦不改为首时也,庄二十二年夏五月是也。推此以求之,足知孔子于《春秋》无虚加者,不惟阙所不知,亦以传信于万世也。"

五　年

五年春正月甲戌、己丑,陈侯鲍卒。

孙《解》:"明年之经,经书'蔡人杀陈佗',赵子以为甲戌之下,当记其事,而简编脱之。传者不见其事,故为此纷纷也。案:《春秋》之经,自相照验,未有始卒不相会者。若明年但书杀陈佗,而今年不载陈乱之迹,则陈佗者何人,而杀之又以何罪?本此而推,故甲戌之下载陈佗之事。赵子之说是也。《左氏》曰'再赴也',赵子非之,曰:岂有方当祸乱之时,而有暇来告赴乎?《公羊》曰:'甲戌之日亡,己丑之日得。'若孔子知其实死之日,必不以二日书也。《穀梁》曰'不知死之日'。案:不知者孔子皆阙之,未尝妄书,恐人之传疑也。若实不知,则阙疑、传疑可也,必不以二日而惑人矣,此亦非也。"叶《传》:"甲戌下无文,经成而亡之也。子曰:'吾犹及史之阙文也,有马者借人乘之,今亡矣夫。'史不及见其全文而与之正,犹无马不能借人而与之乘也,是以君子慎乎阙疑。乃《春秋》则非史也,将别嫌疑以为万世法,则何取于多闻哉?可及者及之,不可及者则去之而已。所以为《春秋》者,不在是也。故《春秋》无阙文,而先儒之说,乃以为信以传信、疑以传疑,纳北燕伯于阳,谓之公子阳生,曰我

41

知之而不革。夫如是,则《春秋》何以定天下善恶而示劝沮软？吾是以知凡《春秋》之阙文,非仲尼之阙疑,皆经成而后亡之者也。"吕氏《或问》:"《左氏》以为再赴,《公》、《榖》以为甲戌之日亡、己丑之日得,信乎？曰：否。甲戌之下,当别有字,而简编脱尔。"

夏,齐侯、郑伯如纪。

吕《集解》:"刘氏《意林》:齐侯、郑伯如纪,《春秋》恶其怀不义之心,虽卒不能害而疾之,与袭侵人之国无异。此圣人诛意之效也。故云'兵莫憯于志,莫邪为下'矣。"胡《传》:"此外相如尔,何以书？纪人主鲁,故来告其事,鲁史承告,故备书于策。夫子修经,存而不削者,以小国恃大国之安靖,已而乃包藏祸心以图之,亦异于'兴灭国,继绝世'之义矣。故存而不削,以著齐人灭纪之罪,明纪侯去国之由。刘敞《意林》所谓'圣人诛意之效'是也。"叶《传》:"外相如不书,此何以书？过我也。"

天王使仍叔之子来聘。

叶《传》:"不正其以子代父,爱人之子,而轻其大夫也。桓不足聘,名渠伯纠已一见贬矣,再不足贬也,贬其使仍叔之子而已。叶子曰:《春秋》之善善也,一善不再褒。因其可褒而褒之,而吾所与者自见矣。其恶之也,一贬不再贬,亦因其可贬而贬之,而吾所夺者自显矣。盖所以为褒贬者,著吾所与夺而已,何必致意而屡见哉？"黄氏《通说》:"求鲁而不见答,故复遣聘也。至于使仍叔之子,则又以见王朝用人之缪矣。"吕氏《或问》:"彼其曰'武氏子'者,父死而子世官之辞也;此其曰'仍叔之子'者,父在而子为官之辞也。"

秋,蔡人、卫人、陈人从王伐郑。

吕《集解》:"伊川先生《解》:王师于诸侯不书败,诸侯不可敌王也;于夷狄不言战,夷狄不能抗王也,此理也。其敌、其抗,王道之失也。"叶《传》:"何以不曰'天王伐郑',而举从者以为之辞? 不以郑伯敌天王也。三国何以皆称人? 诸侯无军,以卿帅其教卫之民以赞。元侯入天子之国曰'某氏',故以人见,周礼也。天王败绩于茅戎,书'败';郑伯大败王卒,不书'败'。戎,夷狄也;郑,中国也。夷狄,礼义所不加,败何耻焉? 中国而败王,则所以为王者,亡矣。不可以郑而亡王,是以不可见败也。"陈氏《后传》:"《春秋》之法,有天子在,则其诸侯称人;有诸侯在,则其大夫称人。据隐四年蔡卫、僖十八年卫郑之类。其曰'蔡人、卫人、陈人从王伐郑',尊王也。"孙《解》:"变文而书之曰'从王',以谓王者之尊,天下之民、天下之土,皆所自有,一令之出,则天下莫敢不从焉。"

大雩。

吕《集解》:"伊川先生《解》:大雩,雩于上帝,用盛乐也。故因其非时而书之。遇旱灾则非时而雩,书之所以见其非礼,且志旱也。郊禘亦因事而书。"

螽。《公羊》作蟓。

吕《集解》:"伊川先生《解》:螽,蝗也。既旱又蝗,饥不
待书也。"

六 年

六年春正月,寔来。

陈氏《后传》:"以为来朝,则非朝也;来奔,则非奔也。
但曰'州公来',则疑于祭伯,故书曰'州公如曹'。'春正月,
寔来',是不复其国之辞也。《春秋》之修辞谨矣。古者君去
其国,大宰取群庙之主以从,而托于诸侯,曰'寓公',先王所
以通不得已也。州公如曹寔来,纪侯大去其国,不书奔,通
不得已也。"

秋八月壬午,大阅。

吕《集解》:"襄陵许氏曰:桓盖闻齐图纪之谋,见周伐
郑之事,是以饬城守、阅武备。盖其谋国,知此而已。观其
用众之不时,知其志不在民矣。"

蔡人杀陈佗。

孙《解》:"《春秋》弑君之贼,或见讨于其臣,或见讨于其
国,或见讨于诸侯,或见讨于外裔,然而圣人书之,无异辞
焉,一志之以人。其义犹曰:人之为人者,以其有父子君臣

也。臣而弑君,子而弑父,灭人伦也,非人道也。灭人伦,非
人道,则凡为人者,皆得诛之,若诛异类尔。故无臣子、无国
人、无诸侯、无外裔,能讨之者,皆称之曰人,所以厚人伦、别
异类、广仁义之路也。"胡《传》:"佗杀太子而代其位,至是逾
年,不成之为君者,以贼讨也。言蔡人以善蔡,书陈佗以善
陈。善蔡者,以蔡人知佗之为贼;善陈者,以陈人不以佗为
君。知其为贼,故称人。称人,讨贼之词也。不以为君,故
称名。称名,当讨之贼也。鲁桓弑君,而郑伯与之盟;宋督
弑君,而四国纳其赂,则不知其为贼矣。齐商人,弑君者,及
其见杀,则称位;蔡般,弑父者,及其见杀,则称爵,是齐、蔡
国人皆以为君矣。圣人于此,抑扬与夺,遏人欲于横流,存
天理于将灭,可谓深切著明矣。"陈氏《后传》:"曰'蔡人杀陈
佗',是讨贼之辞也。佗之罪不著于《春秋》,曷为以讨辞书
之? 佗,杀太子免而自立者也。然则佗之罪,曷不著于《春
秋》? 陈侯鲍卒,公子与太子争立,犹两下相杀而已矣。两
下相杀不道。本榖梁例。两下相杀不道,则其讨之何? 以庶
孽乱正统,如之何勿讨也? 书'杀免',则疑于齐荼;不书'杀
佗',则疑于晋重耳。《春秋》之修辞,谨矣。是故佗尝逾年
矣,不成君;而蔡人虽微,得书人。"吕氏《或问》:"此盖卫人
杀州吁、齐人杀无知、楚人杀陈夏征舒之义也。佗之弑逆,
《春秋》不书,则史阙之耳。案经,诸侯虽篡弑,苟逾年,则皆
以成君称之。齐商人,弑君者,及其见杀,则称君;蔡般,弑

父者,及其见杀,则称侯。陈佗既逾年矣,而不称君,何也?齐无知亦逾年而不称君,盖当是时,一国之人犹知其为弑逆也,异邦之人犹知其为弑逆也,故皆以讨贼之词名之。若夫子之修经,则录其实而已矣。"

九月丁卯,子同生。

陈氏《后传》:"生子不书,据子般、子恶。此何以书?志庄公之不能为子也。桓公不良死于齐,而不怨;文姜之淫,诗人所为赋《敝笱》、《载驰》、《猗嗟》也,而不耻;生十有三年而立,三十有五年而文姜薨,制于其母;必齐女也,然后娶而不悔。庄公不足以为人子矣。故其年不可以不志也。"

七 年

七年春二月己亥,焚咸丘。

叶《传》:"咸丘,内邑也。古者以季春出火,季秋纳火,有田事则焚莱。凡国失火,野焚莱,则有刑罚。二月,建丑之月也。火未出而出,曰'焚咸丘',火失其禁,而遂以害其邑也。其失火欤?其焚莱欤?灾先言所,而后言所灾,天火也,见其火而已。焚先言焚,而后言所焚,人火者,有焚之者也。叶子曰:厩焚,孔子退朝,曰:'伤人乎?'不问马。乡人为火来者,拜之,以为相吊之道焉。咸丘焚,固《春秋》之所重也。"案：咸丘，《公》《穀》皆以为邾邑，而杜预以为鲁邑。
巨野县南有咸亭，邾之国实在鲁之南境，咸丘在南，则二传
谓之邾邑，是也。故孙莘老从二传为说。《左传》曰"鲁击柝
闻于邾"，言其相近之甚也。邾本鲁附庸之国，邾邑犹鲁邑
也，故不系邾。此莘老之说也。窃谓二传火攻之说，未为可
据。参之《左传》，要以火田近之。然火田常事，无为特书，
则合之叶氏之说，以焚莱而焚及邑，固事之所有者也。所谓
人火也，故不曰咸丘灾，而曰焚咸丘也，以著不慎之戒也。
抑其所以不慎者，毋亦以其为邾之邑而忽之欤？故自邾人
视之，以为是火攻而已矣。此二传火攻之说所由来也。一
事也，必考之各传，按之事理，而后庶几得之，于此见读《春
秋》之难已。

夏，穀伯绥来朝。邓侯吾离来朝。

吕氏《或问》："穀、邓何以书名？曰：或以为朝弑逆之
人，则贬而名之；或以为失地则名。夫桓，诚弑逆之人也，然
中国之诸侯既与之为会盟矣，何责于穀、邓之小国乎？若以
失地则名，不见其失地之由。据《左氏》，楚卒灭邓，在庄之
十六年，则穀、邓之灭于楚，当不在是时。且既谓之来朝，则
非失地之君矣。《春秋》夷狄之附庸皆书名，盖因夷狄附庸
之例也。曰穀伯、邓侯者，中国之爵也；名之者，夷狄附庸之
例也。存中国之爵，而以夷狄附庸之例名之，则卑而远故
也。以至卑至远而来朝，则罕见之事也，是以史官书之曰某

国君某来朝,所以志之,而夫子亦因之尔。然谷、邓自是不见于经,则其失爵而入于夷狄为附庸,亦可想见矣。然则谷、邓至远于鲁,何以来朝?曰:谷、邓迩楚之国,意者楚日浸强,将有吞并二国之心。而二国之君,以鲁为东方之望国,庶几其能安我,而来朝以求援耳,而不知鲁之不足恃也。弑逆之人得免于讨,幸矣,安能为人谋哉?于以见中国之不振旅,而小国不能以自存也;于以见夷狄浸强,而先王所封之爵,至是而渐为其所并也;于以见大义不明,而弑逆之人,天下不知其为贼,而小国犹欲朝之以为援也。"

八　年

秋,伐邾。

陈氏《后传》:"但曰'伐邾'何?桓师非君将,皆不言大夫。"

祭公来,遂逆王后于纪。

吕氏《或问》:"其逆王后于纪,何也?纪之于鲁,盖婚姻之国也。纪谋齐难于鲁,而王娶后于纪,则鲁实为之谋也。天子之娶女于诸侯也,使同姓之诸侯为之主,太上无敌也。故纪季姜之归于京师,鲁实主之。鲁急于固纪,是以因祭公之来,而使请于王以逆后尔。或以'遂'为专行之辞,以理度

之,岂有逆王后而不由天子之命乎?《春秋》书'遂',皆继事
之辞,非必专行也。僖四年'侵蔡,遂伐楚',是盖先侵蔡而
后伐楚也;僖三十年书'如京师,遂如晋',盖先如京师,而后
如晋也。此年'祭公来,遂逆王后于纪',盖先来鲁,而后遂
逆王后于纪也。故夫'遂'者,继事之辞也。"孙《解》:"《春
秋》之法,入国称夫人。当祭公之来,王后犹在纪也。然不
谓之逆女,而谓之王后者,天子之尊,天下皆其有也,诸侯之
尊,一国皆其有也。天王之后,苟逆于天下,则所在之国,
皆得以尊名称也。天子命之,则为王后矣。诸侯有一国,
境外之地,则非己有,故入国而后称夫人也。"案:吕氏以
为祭公来而后始有逆后之谋,故谓始来之初,非为逆后,
而卒以逆后归。恐天王娶后未有如是之草率者也,此则
吾所不取。

九　年

九年春,纪季姜归于京师。

孙《解》:"为天王后而谓之纪季姜者,伸父母之尊,不
得以王后称也。祭公之逆,则曰王后,天子命之为后,虽
在于纪,亦天子之天下也。自纪而归,则曰季姜,有父母
之尊,不敢以尊名称也。不曰'归于周',天下无往而不周

也。"吕《集解》："刘氏《意林》：逆也，称王后；归也，称季姜。此言礼之上下取与进退先后，各有所宜，而不相悖也。公卿谋之，诸侯主之，龟策诹之，天子命之，是王后矣。然而未见宗庙也，未觌君子也，未觌群臣也，则不敢居其位。其词顺以听，此正始之道、王化之本也。"叶《传》："称王后矣，何以复曰季姜？父母之辞也。虽贵以配天子，犹曰吾季姜云尔。故归仍称季姜。"陈氏《后传》："后归不书，据庄十八年陈妫传。此何以书？详纪事也。后妃母仪天下，以为天地社稷宗庙之主，俄而宗国亡焉，是不可不详也。"吕氏《或问》："《春秋》书逆王后者二，桓八年及襄十五年'刘夏逆王后于齐'是也。然惟季姜书'归于京师'，而刘夏之逆后不书归，则祭公之逆，以鲁为之主书之也。刘夏之逆，以其过鲁书之也。鲁为之主，故书归；不为之主，则亦不书归矣。"

冬，曹伯使其世子射姑来朝。

叶《传》："曹伯何以使世子来朝？摄也。礼，诸侯之嫡子，誓于天子，摄其君，则下其君之礼一等；未誓，则以皮帛继子男。朝天子之节也。朝天子有时，有故不能朝，则摄；诸侯无相朝之道，射姑而摄朝，是仇天子之礼于诸侯也。"案：诸侯间于王事，则相朝，不得谓无相朝之道，不过不必如是汲汲耳。

十　年

秋，公会卫侯于桃丘，弗遇。

吕《集解》："不者，正辞也；弗者，迁辞也。"叶《传》："会，两相期也。晋纳捷菑而中已，曰'弗克纳'。弗，彼可得而我不欲之辞也。宣公葬敬嬴而雨，曰'不克葬'。不，我欲之而彼不得之辞也。卫与我相期，外我而不至，我为耻矣，故书'弗遇'，若我不欲见然，杀耻也。沙随之会，晋以侨如愬，拒公而不见，非我所耻矣，故书'不见公'，正彼之不见不耻也。"吕氏《或问》："齐、郑之如纪，将以图纪也。而纪会公于成，又朝于我，纳后于周，又以鲁为主，皆将以固纪也。齐、郑急于图纪，故不得不急于谋鲁。伐郑之役，卫实从王，则郑与卫有隙矣。故鲁桓因而会之，将以为援也。然蒲之胥命，则齐与卫亦既修旧好矣。卫始以郑之怨，而约与鲁会，终以齐之故，背鲁而弗来。盖公之所以弗遇者，齐与郑实轧之也，是以有郎之战。书曰'弗遇'，罪不在鲁也。"

冬十有二月丙午，齐侯、卫侯、郑伯来战于郎。

孙《解》："《春秋》于内战亦多矣，未有曰'来战'者。书曰'来战'，内虽败矣，以来文加之，不宜来也。我无可伐之罪，彼无名而伐之，内虽败焉，彼亦不宜来也。"胡《传》："郑人主兵而首齐,犹卫州吁主兵而先宋。"吕《集解》:"刘氏《意林》:战者,仁人之所恶也,有不得已而应之者矣,未有得已而先之者也。"叶《传》:"来聘、来盟、来归、来奔,可矣;未有战而可来者,是以君子之恶战也。"案:齐谋纪,不得不先威鲁,此实齐主兵。胡《传》信《左氏》,尚未得其实,且齐饩诸侯,胡为先郑而后鲁? 毋亦特以结郑,而阴以讽鲁欤? 齐僖狡黠,固不在郑庄下也。

十有一年

十有一年春正月,齐人、卫人、郑人盟于恶曹。

孙《解》:"《左氏》曰:齐、卫、郑、宋盟于恶曹。案:三国之盟,但以新胜鲁而结好耳,谓之宋与盟,则于此九月必不执郑祭仲与有折之盟、夫钟之会也,《左氏》谬矣。"陈氏《后传》:"此郎之诸侯也,曷为战称君、盟称人? 凡一役而再见者,但人之,略之也。犹曰:'上无天子,下无方伯,莫适为主,则人自为盟而已矣。'郑败王师,齐灭后之母家,而卫亦抗子突以自立,其无王甚矣。自有参盟,莫甚于恶曹,故略之也。"吕氏《或问》:"此郎之诸侯也,曷为称人? 曰:《春秋》书法,凡一役而再见者,人之。隐十年'公会齐侯、郑伯于中丘,夏,翚帅师会齐人、郑人伐宋',此其例也。三国既

52

以不道兴师，而为郎之战，又结怨固党，以为恶曹之盟。使郑庄不死，则三国之党不分，而鲁之兵祸未有已也。书郎之战，而继以恶曹之盟，三国之恶稔矣。抑是盟也，又岂特以抗鲁而已哉？齐、郑自石门之盟，而有志于伯；齐、卫自蒲之胥命，而有志于伯。今也，三国合而为恶曹之盟，不特以抗鲁也，亦将以抗王也。郑既有败王师之罪矣，而其后齐亦灭后之母家，卫亦抗子突而自立。其无王甚矣。自有参盟，莫甚于恶曹，故《春秋》恶之。”

突归于郑，郑忽出奔卫。

吕《集解》：“刘氏《传》：突归于郑者，见突之挈乎祭仲者也。归者，顺辞也，有易辞焉，非所顺而书归，易也。入者，逆辞也，有难辞焉，非所逆而书入，难也。突之易，见祭仲之挈也。”胡《传》：“小白入于齐，则曰‘齐小白’，突归于郑，何以不曰‘郑突’乎？以小白系之齐者，明桓公之宜有齐也；不以突系之郑者，正厉公不当立也。”陈氏《后传》：“归未有不系国者，突，庄公子也，而弗系之郑，以为是篡郑也。据小白、阳生称齐，去疾、展舆称莒，皆争国也，唯突弗系之郑、赤弗系之曹，则篡辞也。”叶《传》：“凡君出奔者，皆书名，盖迫逐者，必有与之争国者也。内亦一君也，外亦一君也，不名，则无以为辨。故国灭而奔不名，谭子奔莒、弦子奔黄、温子奔卫是也；奔虽有君，不自居而摄，亦不名，卫侯出奔楚是也，皆内无君者也。然则，名固所以别二君也。”吕氏《或问》：“君在丧，未逾年,称子忽。立三月矣,何以不称子而称名?曰:'此争国之辞也。曹羁虽立,而未成君也;郑忽虽立,亦未成君也。未成君者,盖其国人亦未之君也。未之君,则其与突何异焉?忽之名,与突无异,而系忽于郑,则有异矣。'至于复归于郑,则称世子,何也?曰:'此正其为世子也。正其为世子,则突之不当立明矣。'"

柔会宋公、陈侯、蔡叔盟于折。

吕氏《或问》:"内大夫帅师自无骇始,内大夫与诸侯盟自柔始。折之盟,何也?曰:郑连齐、卫与鲁为仇,陈、蔡从王与郑为仇,久矣。今郑庄已死,而宋有立突之功,折之盟,其殆欲倚宋以平鲁、郑、陈、蔡,而将以定突之位乎?鲁桓以为郑突犹己匹也,是以汲汲而为此耳。蔡叔何以称字?曰:诸侯之母弟称字者,非大夫也。此年蔡叔、十五年许叔、十七年蔡季、庄四年纪季是也。其称名者,大夫也。"

十有二年

公会宋公于虚。冬十有一月,公会宋公于龟。

叶《传》:"公始以柔会宋,未几,复自会于夫钟、于阚、于谷丘。夫钟,郕地;阚,鲁地;谷丘,宋地也。公之求于宋,亟矣。及是,复会于虚、于龟。虚、龟皆宋地,而公即之,公之求于宋,益亟矣。盖自隐以来,我之相与为厚薄者,惟宋与郑。党郑则伐宋,善宋则伐郑。至郎之战,惧郑之谋己,故亟于求宋。宋得其情,而虚、龟之会,遂辞平。公无望于宋矣,则反而求郑以为武父之盟,而成伐宋之役。明年再会,又明年复会,其求于郑者,亦如是其亟。郑适有突之乱,知其不足恃,乃复从宋而伐之。孰有立国如是而可久者乎?暴戾则无亲,失道则寡援,君子是以知桓之不终也。叶子曰:是在《周易》,所谓'莫益之,或击之,立心勿恒,凶'者欤?"吕《集解》:"襄陵许氏曰:王迹既熄,霸统未兴,诸侯自擅,无所禀命。视隐十年,见兵革之乱也;桓十一年以来,见盟会之乱也。是以君子不得已于斯民,而以礼乐征伐实与桓、文,故霸统兴起,则无复此乱,诸侯有所一矣。"

丙戌,公会郑伯盟于武父。

吕氏《或问》:"突以弟篡兄,倚宋之力而得国。而突之赂于宋者,未满其欲也,是以责赂于郑。公于是四会、一盟以要之,而宋终不与之平也。然则宋之猜贰无厌可知,而鲁之强聒不舍,亦已甚矣。始也,为人谋事而欲解其仇;终也,怒其辞平而复党其恶,鲁之罪可知矣。受人之惠而忘其德,忿其小怨而至于用兵,郑之罪可知矣。执人之权臣而使之出其君,纳篡弑之人而多责其赂,宋之罪亦可知矣。皆罪也,而鲁尤甚。且不谋人之事则已,五反而不合,至于结党而交兵,谋人之事者固如是乎？或曰：突篡君也,武父之盟书曰‘郑伯’,何也？曰：诸侯虽以篡得国,苟其大臣君之,其国人君之,诸侯亦与之会盟,以为彼国之君也,圣人亦从而君之,从其实也,武父之‘郑伯’是也。苟其虽正嫡而未成君也,其大臣不之君,其国人不之君,列国之诸侯亦未以为彼国之君也,圣人亦从而名之,从其实也,曹羁、郑忽是也。圣人何加损焉?”

十有二月,及郑师伐宋。丁未,战于宋。

孙《解》:“若但言‘及郑师战于宋’,则是与郑战,故特变其文而书之,曰‘及郑师伐宋,丁未,战于宋’,所以见与郑同伐,而为宋所败也。《公羊》曰‘嫌与郑人战’,此说是也。”陈氏《后传》:“此公及郑伯也,曷为前称君、后称师？本杜误。略之也。二役而再见者,但人之。用众焉,称师。于是欲平宋、郑,期岁之间,会于折、于夫钟、于阚、于谷丘、于虚、于龟,而宋辞平,遂舍宋而会郑师以伐宋,战焉。战不言伐。公羊氏例。战而言伐,有不与战者也。据僖十八年宋、曹、卫、邾伐齐,宋及齐战,而曹、卫、邾不书。哀十一年公会吴伐齐,齐及吴战,而鲁不书。未始有不与战者,而亦言伐,则甚伐者也。曰‘战于宋’,薄宋之罪也。”案：胡《传》曰:“来战者,罪在彼,战于郎是也。往战者,罪在内,战于宋是也。”正陈氏之说所本。

十有三年

公会纪侯、郑伯。己巳，及齐侯、宋公、卫侯、燕人战。齐师、宋师、卫师、燕师败绩。

孙《解》："《春秋》战必书地，此不书地者，战于纪也。纪为齐侵削，志欲灭之，举宋、卫、燕三国之师往伐之。纪于是要鲁、郑之君以为之敌。经不书所战之地者，以纪侯主兵而与之战，则是其战在纪也。若书曰'公会郑伯及诸侯之师战于纪'，则是郑伯主兵，不见纪侯为主兵也，又不见齐侯率诸侯之师，至于纪之国都而志在灭纪之罪也，故必以纪主兵，序其上，而后见与诸侯之师战焉。《春秋》之法，内不言战，言战则败；败外诸侯者，直以败为文。而于此败诸侯之师，言战、言败，与例不同者，盖《春秋》之法，不以外敌内，会外诸侯则不嫌，敌者非一，其责不专在我也。《春秋》内败外师，书战、书败者，二而已，其一即纪之战，其一则成二年鞌之战也。盖皆会外诸侯焉，其责不专在我故也。齐、宋、卫三国称爵，君行，举重也。战则举重，败则称师，重众也。卫侯晋卒于去年之冬，于此才三月尔，犹未葬也，而卫之嗣君出会诸侯，而伐人之国，又自称其爵，不以丧礼自持，圣人据实而书之，以见其罪，且深疾之也。"陈氏《后传》："凡君在

57

丧，恒称子。据僖九年宋子、二十五年卫子、定四年陈子。卫宣公未葬，则其称卫侯何？不以居丧之礼出也。卫朔、宋固，成三年。陈溺，襄五年。犹逾年也；郑费，成三年。未逾年，亦曰郑伯，甚矣！《春秋》之法，苟在丧也，未逾年，不成君，是故卫戴公不书卒，郑忽、曹羁之奔也，但书名，此亦未逾年也。而自称卫侯，吾从而志之无改焉，何也？以其不成君，则《春秋》不可以弗辨；苟继世矣，则《春秋》弗辨也，从而志之，徒见其悖礼焉耳。故凡《春秋》辞从主人，皆实录而已，非修《春秋》之辞也。"

三月，葬卫宣公。

胡《传》："葬自内录也。既与卫人战，曷为葬宣公？怨不弃义，怒不废礼，是知古人以葬为重也。礼，丧在殡，孤无外事。卫宣未葬，朔乃即戎，已为失礼。又不称子，是以吉服从金革之事，其为恶大矣。凡此类，据事直书，年月具存，而恶自见也。"吕《集解》："常山刘氏曰：葬自内录也。君子怨不弃义，怒不废礼，恶不忘亲。"

十有四年

夏五。

吕《集解》："泰山孙氏曰：孔子作《春秋》，专其笔削，损之益之，以成大中之法，岂其日月旧史之有阙者，不随而刊正之哉？此云'夏五'，无'月'者，后人传之脱漏耳。"叶《传》："不书'月'，阙也。经成而后亡也。"黄氏《通说》："夏五阙'月'，当是传经之误，穀梁氏以为孔子传疑，非也。夫文不关于教戒，而遗无故之疑者，岂《春秋》意哉？"

郑伯使其弟御来盟。

孙《解》："《春秋》凡使自外而至，盟者，则曰来盟。不言其地，盟于我之国都也。"胡《传》："来盟称使，则前定之盟也。其不称使，如楚屈完、齐高子，则权在二子，盟不盟特未定也。"

乙亥，尝。

叶《传》："不书月，蒙上文。尝，秋事。建未之月尝，失时也。"黄氏《通说》："凡祭，散斋七日，致斋三日。尝于乙亥，则是壬申为致斋之初日也。御廪之灾，不于他时，而于尝祭致斋之日，其异甚矣。"吕氏《或问》："《春秋》书烝、尝者二，惟桓八年两书烝与此年一书尝而已。盖常祭不书，所以书者，为事起。夏五月而烝，秋八月而尝，皆黩祭也。"

宋人以齐人、蔡人、卫人、陈人伐郑。

叶《传》："伐何以言以？己不能敌，而假人以为用也。鲁有齐怨，而以楚师，先书公子遂乞师于楚，而鲁之师无见焉，己不能敌人也。蔡有楚怨，而以吴子，后书吴入郢，而蔡之入无闻焉，假人以为用也。此《春秋》之义也。"陈氏《后传》:"伐未有言以者,则其言以何?用诸侯之师,于是始也。东迁之后,诸侯虽会伐,非一国之志也。非一国之志也,则会者序爵而已矣。据隐四年伐郑、十年伐戴,桓十五年十六年伐郑、十七年伐邾,皆先宋。虽主兵也,而小国序大国之上,据隐五年邾、郑伐宋,庄五年齐、宋伐郑。亦非一国之志。以一国而用诸侯之师,于是始。上无天子,下无方伯,有以一国而用诸侯之师者矣,书以,此伯之所由兴。伯者之令行于天下,自是无书以者,书以者,必中国用夷狄者也。据僖二十六年公以楚师、定四年蔡侯以吴子。"案:《公羊》卫人在蔡人上,误也。五年秋蔡人、卫人、陈人从王伐郑,隐四年翚帅师会宋公、陈侯、蔡人、卫人伐郑,十年宋人、蔡人、卫人伐戴,蔡之先卫久矣。

十有五年

春二月,天王使家父来求车。

黄氏《通说》:"凡《春秋》书求赗、求车、求金者,皆以见王室之衰、诸侯之不臣焉。"

五月,郑伯突出奔蔡。郑世子忽复归于郑。

孙《解》:"犹曰'伯'者,所以见其尝有郑也。不书其爵,则无以别郑之臣也。"胡《传》:"忽尝嗣位君其国,归而称世子，则亡其君位明矣。其称复归者，谓既绝而复归也。然诸侯失国出奔，归而称复则可。大夫失位出奔，归而称复则不可。古者诸侯世国，大夫不世官。"叶《传》："忽何以称世子？言子，则丧已除；言爵，则虽逾年而不居位。与之以君存之称，所以别于突，而明正也。何以言复归？凡诸侯出奔言'复归'。诸侯，世国者也，虽失位而不可绝，归则复矣。大夫出奔言'归'。大夫，世官者也，出，位则绝也。故诸侯无归，大夫无复归。诸侯而言归者，不与其复而夺之也，'卫侯郑归于卫'是也。大夫而言复归者，有挟而复，不正其归也，'卫元咺自晋复归于卫'是也。叶子曰：世子，君在之称也。《春秋》有君薨而称世子者三：郑世子忽，正其为世也；卫世子蒯聩，辨其当世也；蔡世子有，与其能世也。天下莫大于名分，事在名则正名以定其实，事不在名则假名以正其实，《春秋》之义也。"吕氏《或问》："忽奔不书子，而突奔则书伯，突之君也久矣。忽之复归于郑称世子，何也？突虽君，而忽世子之位终不绝也。忽世子之位不绝，则突之不当君，明矣。忽之奔也名，以其未成君也；其复归也称世子，正其为世子也。《春秋》别嫌疑、明是非，若世子而不得正其名，则乱臣贼子得志于天下矣。"吕氏《集解》："刘氏《意林》：复归有君臣之异，言固不可概举也。以其世也，故可言复，可言复而不言复者，夺其国之意也。以其不世也，故不可言复，不可言复而言复者，致其窃取位之意也。"

许叔入于许。

孙《解》:"书其字曰'许叔',不书其爵者,未尝有爵也。不曰归者,有郑之难,不可以安而归也。纪季以酅入齐,则书季;许叔入许,则书叔,皆贤之也。陆淳论之曰:'入继之美者,莫过于纪季;兴复之善者,莫过于许叔。'此说是也。"叶《传》:"郑庄公入许,奉许叔居东偏,以其大夫公孙获居西偏。郑乱,许叔乘之,以复其国。幽之盟,许男遂见焉。许君失之,许叔复之,君子以是为贤也。何以不言许男?得国而未君也。蔡侯庐、陈侯吴得称爵,王命复之,则君也。许叔未受命,可以复许,未可以君许,必君命而后得爵也。何以言入?难也。国已分矣,乘人之乱而幸得焉,其复之道为难也。"

秋九月,郑伯突入于栎。

胡《传》:"经于厉公复国,削而不书,独书入于栎,何也?夫制邑之死虢君、共城之叛太叔,皆庄公所亲戒也,今城栎而置子元也,使昭公不立,何谋国之误也!卫有蒲、戚而出献公,楚有陈、蔡、不羹而叛弃疾,末大必折,有国之害也。于厉公复国削而不书者,若曰:既入于栎,则其国已复矣。于以明居重驭轻、强干弱枝、以身使臂之义,为天下与来世之鉴也。"

冬十有一月,公会宋公、卫侯、陈侯于袲,伐郑。《公羊》宋公上有齐侯,袲作侈。

胡《传》:"《穀梁》曰:'地而后伐,疑词,非其疑也。'所谓非其疑者,非其疑于为义而果于为不义,相与连兵动众纳篡国之公子也。"案:《左传》"会于袲谋伐郑,将纳厉公也",纳厉便纳厉矣,何取于会?又何取于谋?盖以要赂也。不特要赂也,且将视赂之轻重以为左右袒也。使昭公肯重赂此数国者,伐郑之师或转而伐栎矣。是《穀梁》之所谓疑也。疑者,疑于赂之大小、利之轻重,非疑于利、义之间也。当时鲁桓、宋庄之流,岂复有一念及于义不义哉!

十有六年

十有六年春正月,公会宋公、蔡侯、卫侯于曹。夏四月,公会宋公、卫侯、陈侯、蔡侯伐郑。

孙《解》:"自入春秋以来,蔡与中国会盟侵伐,未尝后陈、卫。自此伐郑之后,陈、卫常处其上,终于《春秋》,未尝一会辄先陈、卫也。盖蔡之国小而逼于楚,于是始服属于楚。既已去中国即外裔,故常惴惴惧中国之诸侯合而轧己也,始自请陈、卫居其上,而伪若谦处其下者。自庄十年献舞为荆所败以归,而庄十三年始与齐桓北杏之会,明年荆复入蔡,至僖公四年齐桓侵蔡遂伐楚,终齐桓之世不见于经。十七年,齐侯小白卒,遂与楚人盟于齐。由此观之,则蔡之服属于楚,盖自此始,又忧惧中国诸侯谋之,故谦以处陈、卫之下也。而杜预、范宁之徒皆以为蔡序陈、卫之下者,盖后至也,岂有蔡自伐郑之后,会、盟、侵、伐常后至乎?此说非也。"吕《集解》:"吕氏曰:会于曹,蔡先卫;伐郑,卫先蔡。盖当时诸侯皆以一切强弱目前利害为先后,不复用周班也。《春秋》因事纪实,以见当时之乱,无复礼文也。"案:此吕氏当系吕与叔,其云东莱吕氏者,则居仁也。吕氏《或问》:"《春秋》书会盟、会伐、会救,皆前定之辞也。未前定,则书会于某而后伐、会于某而后盟、会于某而后救。前定,同欲也;未前定,继事也。据伐郑二字言之,是时突在栎、忽在郑,则其为伐忽明矣。突之归于郑也,忽奔于卫,而袲之会,则卫与焉。忽之复归于郑,突之奔蔡,而曹之会,则蔡、卫与焉。春秋诸侯离合之不常,可胜辨哉!自是而后,忽之事,《春秋》不载,亦未尝称其为君,意者自伐郑之后,而突遂有郑国乎?其入也,称郑伯突;其卒也,称郑伯突。则夫其后与齐侯遇于垂、从齐桓会于鄄,所谓郑伯者,即突也。《左传》载忽立二年而高渠弥杀太子忽,于桓十七年而立子亹,十八年齐杀子亹而立子仪,至庄十四年傅瑕杀子仪而纳厉公,然皆不见于经,则未可尽信也。王氏曰:'突之未出也,宋方有所责,故尝伐之。突之既出也,宋惧无所得,故求纳之。始宋不和,而公以郑伐宋;及突已出,而公与宋伐郑。向也相戾之深,今也相周之固,岂无意而然哉?於戏,悲夫!春秋之世,弑逆公行,固有自而然邪!盖以正继正,礼之常

也，诸侯无所求；以乱易乱，国之衅也，诸侯有所责。故利其
乱则幸其危，贪其赂则党其邪。圣人观其聚散而求其情，书
其向背以见其故，故自突入栎，公及宋公三会诸侯而再伐
郑，无他，赂故也。'"叶《传》："郑忽自是不复见矣。忽弑与
子亹、子仪之弑，终于突复立，皆不见于经。而《出其东门》
国风独著之，或者以为《春秋》有所绝而不书，非也。《春秋》
据鲁史，郑乱不以告，则鲁不得书于策。鲁史所无有，则《春
秋》安得而见哉！《春秋》因人以见法，不求备于史而著其
人，故曰'其事则齐桓、晋文，其文则史'。而《左氏》间见经
所无之事者，非鲁史也，盖参取他国之史而传之。学者不
悟，因谓《春秋》有所择焉，而妄为之说者，《左氏》误之也。"
案：吕氏以《左氏》为不足信，固非；而叶氏谓郑乱不以告，
鲁史不书于策，疑亦未然。经书曰"郑伯突入于栎"，是入栎
之后，突虽不尽有郑，而诸侯固已认突为郑之君矣，观于再
伐郑可见也。一国无二君，安得复书子仪、子亹之事哉？
《春秋》因鲁史旧文，而亦观于百二十国宝书以为之损益，岂
《左氏》知之，孔子独不知乎？事实如此，亦据其实而著之，
为天下见治乱之迹，不为一国也。明乎此，则可以无疑矣。

秋七月，公至自伐郑。

吕《集解》："伊川先生解：不惟告庙，又以见勤劳于郑
突也。"陈氏《后传》："始至伐也。凡至，危之也。隐行不至，
桓至盟戎而已。庄之适齐皆至之。桓、文有诸侯之事，苟不

得意,则书至。桓至牡丘,文至围许。讫于断道而后,不至者鲜矣。成之琐泽、襄之郏、之戏之役,仅不至焉耳。昭、定之世,无不至者。哀或不至,至会吴伐齐,至黄池之会,皆危之也。是故,夫人不至,至出姜;大夫不至,至季孙意如、叔孙婼。"

十有一月,卫侯朔出奔齐。

吕氏《或问》:"奔君书名,以其尝失国也。失国而名之者,盖志其'某国君某'云尔。卫侯朔名、郑伯突名,宜也。而僖二十八年卫侯出奔楚,何以不名? 襄十四年卫侯衎出奔齐,又何以名? 曰:奔而名者,国非其国矣;奔而不名者,国犹其国也。郑伯突出,而世子忽入,国固忽之国也;卫侯朔出,而公子黔牟立,国非朔之国也。晋文有憾于卫侯,而立叔武。叔武辞立而他人立,则恐卫侯之不得反也,于是已立乎其位而反卫侯,是则国犹郑之国也,故其奔也不书名。卫侯衎出奔齐,而剽已立,则是国有二君也,故其出奔也名之,不然则无以别二君。郑之出也,而叔武立,其从会也,则称卫子,以见武之未尝为君也。武虽未君,而郑尝失国也,故其入于卫,书卫侯郑,以见其尝失国也。衎之出而剽立,其从会也,则称卫侯,以见剽之篡也。剽虽篡,而衎之位终未绝也,故其入于夷仪也,称卫侯,所以正其为君也。圣人书法之严如此哉! 若夫鲁昭在郓,内无篡立之君,则鲁昭之位未尝绝也。卫侯郑在楚,而叔武摄事,则卫侯郑之位亦未绝也。卫衎在夷仪,而剽犹在位,则衎之位犹未正也,故

剽之弑也称君,而经书衎复归于卫。郑伯突在栎,而忽浸
弱,则郑侯之位可以渐正也,故忽但称世子,而突称郑伯,其
复归于郑也不书。圣人之书此也,纪其实而已矣。"

十有七年

十有七年春正月丙辰,公会齐侯、纪侯盟于黄。

黄氏《通说》:"盟于黄,平齐、纪也。盖齐欲害纪,而鲁
平之,义也。何以书?曰:春正月及齐、纪盟,夏五月及齐
师战,见鲁桓反复不常,以误纪之托;纪侯不择所主,以自误
其国也。曾子曰'为人谋而不忠乎',鲁桓是已;《易》曰'比
之匪人,不亦伤乎',纪侯是已。"

二月丙午,公会邾仪父盟于趡。

孙《解》:"'会',二传皆作'及'。及者,内为志;会者,外为
主。邾,鲁附庸,非敢盟公,公欲与之盟尔。此当以及字为定。"

五月丙午,及齐师战于奚。

吕《集解》:"泰山孙氏曰:此公及齐师战也,不言公者,
讳之。庄九年及齐师战于乾时、僖三年及邾人战于升陉,皆
此义也。眉山苏氏曰:不书夏,阙文也。"孙《解》:"五月之
上,《左氏》、《公羊》皆无夏字,此盖阙文。'奚',《穀梁》作
'郎',此当从多者为定。"

秋八月,蔡季自陈归于蔡。

吕氏《或问》:"蔡季不名,何也？曰:突归于郑则名之,赤归于曹则名之,以其争国也。争国则名之,以别于二君也。蔡季归于蔡,则不名,以其非争国也。言不终于为君也。春秋之时,篡乱已甚,兄弟争国者有之,若突、忽之相攻,鲁桓之弑逆;父子之争国者有之,若卫辄之拒、商人之弑,人伦乱而礼义灭矣。蔡季之轻已出外,则不利之也;其归也,以国人之所嘉而已,亦无所利焉;卒之终不有其国。若季者,过人远矣。"何休曰:"蔡封人无子,蔡季当立。封人欲立献舞,而疾害季,季避而之陈。封人死,归反奔丧,思慕三年,卒无怨心,故贤而字之。"

癸巳,葬蔡桓侯。

孙《解》:"《春秋》之法,列国惟葬称公,不嫌敌内者,所以为臣子之辞,而广忠孝之心也。蔡侯封人之卒,于经但称桓侯,而啖、赵、陆氏以谓蔡季之贤,请谥于王,王之策书,谥曰某侯,夫子从而书之,以讥当时之僭称公者,且明蔡侯独存其礼也。若如其说,则是《春秋》所书公者,皆有罪尔。然请谥之迹,不见于传记,不知啖、赵之徒何从知之。又观古今谥议,但先叙其事,然后宜谥曰某,亦不曰某公、某侯也,盖其定称之爵,从可知故也。啖、赵之徒,尝贤蔡季之归为君,又推寻请谥以附会其说,蔡季之为君,固已无据,请谥之事,又不闻于传记,岂亦好立异取胜之弊欤？"黄氏《通说》:"桓侯者,桓公也,侯字误也。《春秋》之法,五等诸侯,殁皆称公，缘臣子之心而尊之也。故汉孔融为郑康成立乡曰‘昔太史公、廷尉吴公、谒者仆射邓公，皆汉之名臣。又四皓有园公、夏黄公，潜德隐耀，世嘉其善，皆悉称公。然则公者仁德之正号，不必三事大夫’，此即《春秋》书公之义也。”

及宋人、卫人伐邾。

吕《集解》：“襄陵许氏曰：正月与齐为黄之盟，而五月战焉；二月与邾为趡之盟，而八月伐之。《诗》曰‘君子屡盟，乱是用长’，岂不然哉？”叶《传》：“及不言主帅[1]，内之微者也，犹曰‘及江人、黄人伐陈’尔。然则非公欤？非也。公可及人以盟，不可及人以伐。盟，君事；伐，臣与将焉也。”

十月朔，日有食之。

吕《集解》：“赵子曰：凡不书日，或史官阙之，或年深写误，何关日官、日御乎？”陈氏《后传》：“自文以上，日食有不书日者；自文以下，皆书日。是故曰桓、庄之世多阙文。”

十有八年

十有八年春王正月，公会齐侯于泺。

孙《解》：“泺之会，夫人实与公偕行，然经但书公，而不

---

[1]　原作“及不主师”，四库本作“及不言主帅”，从四库本改。

言夫人,盖公与齐侯会尔,夫人未尝会也。孔子据实而书,夫人不会,则但言公也。"

公与夫人姜氏遂如齐。

胡《传》:"与者,许可之词。曰与者,罪在公也。按:齐诗恶鲁桓微弱,不能防闲文姜,使至淫乱,为二国患,其词曰:'敝笱在梁,其鱼唯唯。齐子归止,其从如水。'言公于齐姜,委曲从顺,若水从地,无所不可,故为乱者文姜,而《春秋》罪桓公,治其本也。"

丁酉,公之丧至自齐。

叶《传》:"公薨于齐,非正也,故辞间容之。之,缓辞也,不与其正之辞也。"

冬十有二月已丑,葬我君桓公。

叶《传》:"《春秋》有复仇、有讨弑,言仇则不为弑,言弑则不为仇,二名不可以相乱。桓公之死,则由夫人;桓公之弑,则非夫人。《春秋》正名定罪,不以疑用法,公子彭生之事,不得以夫人为与闻,可言齐侯杀桓公,不可言夫人弑桓公,虽欲加之辞,有不能焉,知是①而后鲁臣子之责与夫人之罪可言矣。"

---

① "知是",四库本作"如是"。

庄　　公

庄元年

三月，夫人孙于齐。

吕氏《或问》："此年'夫人孙于齐'，不书姜氏。而哀姜之孙于邾，则书姜氏。至于'夫人氏之丧至自齐'，则又不书姜。或者以为阙文，窃意此年'夫人孙于齐'不书姜氏者，盖前年书'公与夫人姜氏遂如齐'，则今年'孙于齐'者，即如齐之姜氏也。闵元年'夫人氏之丧至自齐'，盖前年书'夫人姜氏薨于夷'，则其所谓'夫人氏之丧至'者，即薨于夷之姜氏也。此盖蒙上文而书之。若夫夫人孙于邾，则上无所见，故不得不以姜氏称也。《春秋》书法，固有前目而后凡者，则其书夫人、书夫人氏者，亦此例耳。曰：然则文姜只书夫人，哀姜加之以氏，何也？曰：经书'夫人某氏'者，所以别其为某氏也，如书夫人氏，则犹母氏、伯氏、仲氏之谓尔，所谓夫人、所谓夫人氏者,固通称也,似不宜以此而别轻重也。桓虽见弑,而庄公之于母也,一以夫人之礼事之;闵虽见弑,而僖公之于哀姜也,一以小君之礼葬之。彼且以为夫人也,我可不谓之夫人乎? 彼且以为小君也,我可不谓之小君乎? 圣人书法,亦纪其实而已矣,至于事之得失是非,则世必有能辨之者。”

夏,单伯逆王姬。

孙《解》:“单伯于此见经之后,庄十四年书‘齐人、陈人、曹人伐宋’,‘单伯会伐’,冬,又会诸侯于鄄,《春秋》王臣而会诸侯,但序诸侯之上,不若内臣而书会也。惟内臣会诸侯,则曰会某,由此观之,则单伯内臣,非王臣也。”叶《传》:“单伯,吾附庸之君也。古者上公皆有孤一人,以其附庸之君为之,四命执皮帛,视小国之君,与王之大夫等,皆以字见。单,国也;伯,字也。故宋有萧叔,鲁有单伯。然则鲁何以得有孤? 鲁侯之赐也。”陈氏《后传》:“单伯者何? 天子之大夫也。曷为书之如吾大夫? 唯王人则以内辞书之,书会、书如、书至、书卒,十四年单伯会伐宋、文十四年单伯如齐、十五年单伯至自齐、文二年王子虎卒、定四年刘卷卒。一如吾大夫,内之也。”

秋,筑王姬之馆于外。

吕《集解》:“陆氏《微旨》:赵子曰:‘言筑之为宜,不若辞之为正也,故君子贵端本也。’”

庄　　公

王使荣叔来锡桓公命。

陈氏《后传》:"追命之也。桓公篡立,周人以为罪矣,而不能正。宰渠伯纠来,仍叔之子又来,将以怀柔鲁也。而终桓之身不请命,盖鲁无王历者十有五年,而家父之后,王聘亦不及鲁。于是末如之何矣,而追锡命,是故王不书天。贬必于其重者,莫重于追锡命,故于是焉贬也。本薛氏昭七年传,卫齐恶告丧于周,且请命,王使成简公如卫吊,且追命襄公。"黄氏《通说》:"啖助谓王不称天者,宠篡逆以黩三纲,不能法天立道,故去天以贬之。桓立四年,天王使宰渠伯纠来聘;五年,使仍叔之子来聘;八年,使家父来聘。此非宠篡逆以黩三纲、不能法天立道乎?而皆称天王也,何独于追锡桓公命而去天以示贬哉?盖《春秋》称王、称天王、称天子者,其义一尔。若夫书其事即见其罪,不以去天为贬也。朱子亦谓若称天王其罪自见。"吕氏《或问》:"荣叔归含且赗,与宰咺来归惠公仲子之赗一例耳,何以不去天而示贬乎?"

齐师迁纪郱、鄑、郚。

孙《解》:"三邑之见迁,书曰齐师,以见三邑之民无去纪之意,而齐以师强迁之也。郱、鄑、郚迁之于齐,则三邑为齐有也。《春秋》之例,夺取他国之邑者,谓之取。齐实夺纪三邑以为己有,然不曰取而曰迁者,取他国之邑,容有可取之罪,纪实无罪,而齐强取之,不与无道者取有道之邑,变其文,书曰迁。《春秋》于纪之亡也,见孔子之意,眷眷然不忍

73

也。自迁邑至于大去其国，孔子书其事而致意者三：齐实取纪三邑，而书之曰迁，盖不与三邑之入齐，而纪至于弱也；'纪季以酅入于齐'，不曰以叛而曰入，盖曰'齐为无道，安得有邑从之乎'；齐实灭纪而纪侯出奔，不曰出奔而曰大去，盖曰'齐安得逐有道之君，而使之出奔乎？纪侯大去其国耳'。孔子于纪之亡，三致其意，所以甚疾无道之齐，而深护有道之纪。齐灭人之国以自强，虽得志于一时，而孔子罪之，则其恶流于不泯。纪见绝于强齐，而无告于天下，然《春秋》善之，则其志伸于无穷。"胡《传》："邑不言迁，迁不言师。其以师迁之者，见纪民犹足与守，而齐人强暴，用大众以迫之为己属也。凡书迁者，自是而灭矣。《春秋》兴灭国、继绝世，则迁国邑者不再贬而罪已见矣。"叶《传》："移其人民、墟其城郭谓之迁。凡自迁者，己欲也，故曰某迁于某；人迁之者，非己欲也，故书曰某人迁某、某师迁某，以人迁者驱之，以师迁者胁之，凡迁之志皆恶也。"吕氏《或问》："书迁与书取异。取者，取其土地耳，未若迁其民之酷也。迁其民，则父子兄弟离散，而民失其常居矣。恃众以迁纪之民，圣人所以书师以深疾之。"吕《集解》："常山刘氏曰：迁者，迫逐而迁之，以为己属也。不曰灭者，时未灭也。凡书迁者，皆自是而灭矣。"

二　年

夏,公子庆父帅师伐于余丘。

孙《解》:"邾者,鲁附庸之国。于余丘,鲁附庸之邑。附庸我国,余丘我邑,何系于邾焉?'焚咸丘',咸丘,我附庸邾之邑,不得曰'焚邾咸丘'也;围宋彭城,不书宋,无以见彭城之属宋也。咸丘、于余丘,书曰邾,则无以见邾为我附庸,而二邑为我之邑。我附庸之邑叛,而至于大夫之尊、举国之重声其罪而伐之,则我之所以为国者,无乃有所不至而然乎?于余丘之不系于邾,所以责内尤深也。"吕《集解》:"东莱吕氏曰:于余丘,或曰邑,或曰国也,或曰附庸国,或曰夷也,以为夷国者似是。于,发语词,若'于越'然。"

秋七月,齐王姬卒。

孙《解》:"外女而为外夫人者,《春秋》皆不书卒,非与鲁事,且非惩劝所系,虽来告,亦不书。王姬而鲁主其婚者,则为之服,亦不书,以其常事,无所载也。《春秋》书王姬之归者,皆在于庄公之时,而其归又为齐夫人者,所以罪庄公忘君父之大仇,徇婚姻之常礼也。王姬之归者二,而书卒者一,盖其卒适在于庄公之时也。庄十一年归齐之王姬,其卒不在于庄公之时,则不书也。"胡《传》:"内女嫁为诸侯妻,则书卒。王姬何以书？比内女为之服也。故《檀弓》曰：齐告王姬之丧，鲁庄公为之大功。或曰：由鲁嫁，故为服姊妹之服。夫服，称情而为之节者也，庄公于齐王姬厚矣，如不共戴天之念何？此所谓'不能三年之丧，而缌、小功之察'也，特卒王姬以著其罪。"

三 年

三年春王正月，溺会齐师伐卫。

吕《集解》："泰山孙氏曰：溺，内大夫之未命者。卫侯朔在齐，故溺会齐师伐卫，谋纳朔也。"

五月，葬桓王。

陈氏《后传》："会葬不书其人，必有故也，而后书其人。文公使公子遂葬晋侯六年，叔孙得臣葬襄王九年，是均周、晋也；昭公使叔弓葬宋公十一年、滕侯三年，叔鞅葬景王二十二年，是均周、宋、滕也。均犹可也，晋景公卒，成公吊丧据《传》十年，晋侯卒，公如晋，晋人止公使送葬，诸侯莫在，鲁人辱之，故不书，讳之也。而定王不书葬。定王崩在五年。楚康王卒，襄公送葬，而灵王不书葬。据《传》，二十八年十一月，天王崩。十二月，公及诸侯如楚，及汉，康王卒。二十九年四月，葬楚康王，公及诸侯送葬，五月，公至自楚。葬灵王，郑上卿有事，子展使印段往，伯有曰："弱，不可。"子展曰："与其莫往，弱，不犹愈乎？"遂使印段如周①。杜氏："葬灵王不书，会不书。"
不臣于周而讪于晋、楚，《春秋》讳之，是故《春秋》不徒志葬
也。"吕氏《或问》同。

秋，纪季以酅入于齐。

吕《集解》："刘氏《传》：纪季者何？纪侯之弟也。何以
不曰纪侯之弟？言以酅为附庸于齐也。纪季曷为以酅为附
庸于齐？齐将灭纪，纪侯以道事之，则不得免焉，因不忍斗
其民也，逡巡有去志，纪季用是以酅入于齐，后五庙焉。然
则予之乎？予之也。何用见其予之也？其字而不名、入而
不畔，是予之也。予之则其言入何？难也。何难焉尔？
析地以去国，降志以事仇，是非季之心也，以宗国为
寄矣。"

冬，公次于滑。《公》、《穀》作郎。

胡《传》："《春秋》纪兵，伐而书次，以次为善；救而书次，
以次为讥。次于滑，讥之也。鲁、纪有婚姻之好，当恤其患；
于齐有父之仇，不共戴天。苟能救纪抑齐，一举而两善并
矣。见义不为，而有畏也，《春秋》之所恶，故书'公次于滑'
以讥之也。"吕氏《或问》："书次之法，有伐而书次者，有救而
书次者，有俟而书次者。伐而书次者，有整兵谨战之意，'遂
伐楚，次于陉'是也；救而书次者，有缓师畏敌之意，'次于

---

①　据《左传》乃"如周"，非"如楚"，四库本与钟抄俱误，据《左传》改。

匡，救徐'、'次于聂北，救邢'是也；侯而书次者，有无名妄动之意，'师次于郎，以俟陈蔡'者也。此年次于滑，而不言其所以，则其所以次者亦无谓矣。然公之于齐，有不共戴天之仇而不能报，尚安能谋既危之纪而存之乎？"

四 年

四年春王二月，夫人姜氏享齐侯于祝丘。

叶《传》："禚，齐地，言会则外为志焉。祝丘，鲁地，盖齐侯来而我享之，内为志也。以禚视祝丘，则地愈逼；以会视享，则礼愈厚。盖庄公不能制其母，而后夫人得以极其欲，庄公亦已病矣。"孙《解》："享齐侯，因会而后享也，经不言会而言享者，以享为重，故书享也。"

夏，齐侯、陈侯、郑伯遇于垂。

孙《解》："齐、陈、郑三国之遇，三传皆无事迹。今以经前后校之，当是之时，齐将灭纪，而畏陈、郑救之，故齐侯为主，求陈、郑为遇，以安二国也。所以知其必然者，郑于桓十三年尝与鲁助纪，及齐、宋、卫、燕战于纪，齐、宋败绩。陈又郑所与之国，故兼遇二国，结其欢心，而其下遂书'纪侯大去其国'也。"吕《集解》："襄陵许氏曰：齐与郑、陈遇垂，盖谋取纪，是以纪侯见难而去。"

纪侯大去其国。

叶《传》："大，犹尽也。尽无麦禾曰'大无麦禾'，尽去其国曰'大去其国'。齐将取纪，纪侯义不下齐，使纪季入齐以后纪，尽委众而去之。不残其民，不灭其国，不辱其身，君子以为轻其所争，守其所不争，则天下之争夺可息，故以纪侯一见之。纪侯视天下，犹纪也，故不言出；内不迫于国人，故不言奔；外不托于诸侯，故不言其所往国；虽去而犹存也，故不言灭；无君而莫之别也，故不言名。惟天生民有欲，无主乃乱，推纪侯之义，可使天下皆无欲，则虽无与为之主，而乱无自而萌，民使至于老死不相往来可也。"陈氏《后传》："诸侯去国恒书奔，此其不书奔何？不以奔罪加纪侯也。其不以奔罪加纪侯何？罪齐也。何以罪齐？书曰'纪侯大去其国'，未知纪之自亡与？人之亡之与？曰'齐侯葬伯姬'，则齐亡之也。"

六月乙丑，齐侯葬纪伯姬。

孙《解》："《春秋》之作，所以公万世之与夺，正一时之是非。齐侯之于伯姬，众人之所谓善，一时之所谓仁，然而孔子罪之。纪季之以酅入齐，众人之所谓恶，一时之所谓非，然而孔子与之。故心不纯道，则虽葬亡国之夫人，不得为仁；志存乎善，则虽叛其兄而出奔，是亦为义。赵盾反不讨贼，安知其弑不与谋，故书曰'赵盾弑其君'；楚子亦尝讨罪，然而遂欲县陈，故书曰'楚子入陈'。心则是而迹非，迹虽善

而情恶,一时所不能辨、众人所不能知者,《春秋》正之。齐
侯有虎狼之行,而为妇人之仁,葬百十夫人,不能偿灭国之
罪,乃欲葬一伯姬而掩覆其恶邪?"陈氏《后传》:"内女不葬,
必有故也而后书葬。纪伯姬特书葬,不以往会也。是故苟
宜书葬,虽不往会,书之,陈哀公在殡,楚师灭陈,舆檗袁克
葬之,书曰'葬陈哀公'。苟不宜书,虽往会,不书,楚葬康
王,襄公及陈侯、郑伯、许男送葬至于西门之外,不书也。达
例者足以观《春秋》矣。"胡《传》:"葬纪伯姬,不称齐人而目
其君者,见齐襄迫逐纪侯,使之去国,虽其夫人在殡,而不及
葬,然后襄公之罪著矣。灭其国而葬其小君,是犹加刀于
人,以手抚之也。"案:内女葬者三,皆不得其死者也。

冬,公及齐人狩于禚。

叶《传》:"齐人者何? 齐侯也。齐侯杀人之父而通其
子,庄公忘父之怨而与其仇,人齐侯,所以人公也。主王姬,
天子命之可也;会于禚、享于祝丘,夫人为之可也;狩于是,
则公无辞矣。凡诸侯与公并见而人者,公亦与人也。"

五 年

秋,郳黎来来朝。

孙《解》:"附庸之君,《春秋》例以名书,以其国附庸于大

国，而爵秩之高下裁能当大国之大夫。《春秋》大夫例书名，故附庸之君来，有爵命者亦书名。桓十七年'公及邾仪父盟于趡'是也。"胡《传》："中国附庸例书字，邾仪父、萧叔是也。夷狄附庸例书名，郳黎来、介葛庐是也。"

冬，公会齐人、宋人、陈人、蔡人伐卫。

陈氏《后传》："此纳卫侯朔也。则其不言纳何？据昭十二北燕伯。以朔入为重也。入不书纳，是故伐郑纳突、伐卫纳朔，书入而已矣。凡会伐，有诸侯在焉，则其大夫称人。有诸侯在焉，而大夫不称人，自齐国佐始。"孙《解》："圣人设礼：近尊者不得敌尊，敌尊则为僭，故为礼以疏之；远尊者不嫌其僭，愈疏则不亲，故为礼以亲之。《春秋》亦用是也。鲁公而同他国会盟侵伐，他国或使臣敌公，虽大夫不名。大夫之位逼于君，而使得与我公会盟侵伐，则是我公为彼僭矣。彼且僭之，则是鲁公之位与大夫等也，故类皆书人。若使微者从公，则不嫌抗公也。"

六　年

六年春王正月，王人子突救卫。

孙《解》："《王制》谓：天子之元士，视附庸。附庸之君，《春秋》书名，故王臣而士者，亦书名。书曰'王人'，则微者矣;又曰子突者,贵之也。于是之时,周衰如此,而天王能征朔之不义,而助黔牟之当国,使子突者将兵救之,盖善矣。然经不褒之,盖《春秋》之法,有褒则有贬,褒者,有贬之辞也,天王可褒,则亦可贬矣,故《春秋》之义,天王无褒。其善不可掩也,则褒其臣。"陈氏《后传》:"自伐郑以来,王师不书,其书救卫何?救卫无功也。救卫无功,而后王命益不行于天下,是故子突贵者也,而系诸人,人子突所以微王室也。本公羊。救不书,必救而无功,然后书,而书救自子突始。隐、桓之诸侯,会盟侵伐,徒以定篡弑也。卫州吁之乱,会者五国;宋督之乱,会者四国;袤之会,伐郑以立突;于是伐卫以立朔也。以王子将而救卫,救卫而克,则是天子犹足废置诸侯矣。昔者王尝以一军命曲沃伯为晋侯,诗人美之,而经不书,以为天子宜废置诸侯也。天子而犹得废置诸侯,《春秋》可以无作。而朔终以自立,故曰救卫无功,而后王命益不行于天下。"案:自子突救卫不成,征伐遂不复出于天子,书此以见霸之不得不兴也。霸不兴则篡弑纵横,弱小不足自存矣。

夏六月,卫侯朔入于卫。

吕氏《或问》:"卫侯朔尝有国矣,今其归不书复,直曰入而已。凡书归,皆易辞。凡书入,皆难辞。许叔入许,犹有郑难焉;郑突入栎,犹有忽在焉;卫侯入于卫,犹有黔牟在焉;卫侯入于夷仪,犹有剽在焉。不然,则直书归而已矣。

书入而不书复，以明朔之不当有国也。"陈氏《后传》："归国未有不言复者据僖二十八年卫侯郑、曹伯襄，襄二十六年卫侯衎，归不言复，公羊氏曰'篡辞也'。"叶《传》："不书复，不与其复也。不曰'自齐入于卫'，诸侯与有力也。"

冬，齐人来归卫宝。《左传》作俘。

孙《解》："不著齐人之归，则无以见齐主其略。"胡《传》："《商书》称'遂伐三朡，俘厥宝玉'，俘者，正文；宝者，释词也。书齐人归宝，然后知其有欲货之心而后动于恶。"叶《传》："郜鼎，我志也，则书取；卫俘，齐志也，则书归。"案：书曰"齐人来归卫俘"，以见鲁特沾溉齐之余润。鲁直服属于齐耳，《左传》有"姜氏请之"之文，使《左氏》可信也，鲁亦可哀矣哉。

七　年

夏四月辛卯，夜，恒星不见。夜中，星陨如雨。

胡《传》："汉成帝永始中，亦有星陨之异。"叶《传》："日之食也，非自食，有食之者而不可知也，故先言日而后言有食。星之孛也，初无是星，见其星而后知其孛也，故先言有星而后言孛。恒星不见、星陨如雨，其不见也，非有蔽之者也，其陨也，非有坠之者也，故直言不见与陨，而不言有。"黄氏《通说》："汉永始二年二月癸未夜，星陨如雨；隋大业五年，有流星数百，四散而下，亦雨之状也。"

秋，大水，无麦苗。

孙《解》："《春秋》之秋，夏时之夏。夏之时，麦已大成，而禾苗方盛。大水之灾，而麦也苗也皆无也，灾之甚者，故书之。二十八年，麦禾之无，经书之曰大。大者，非常之辞。麦苗之无，以水灾而无也。灾之所不及者，犹有存焉，不得曰大无也。麦禾之无，书之于一岁之卒，岁凶而至于冬，一国之内，举无收也，盖大无焉，不得但曰无也。故'无麦苗'志之于秋，见水灾也；'大无麦禾'志之于冬，见岁凶也。《春秋》一字，圣人必尽心，无苟然者。"

八 年

八年春王正月，师次于郎，以俟陈人、蔡人。

孙《解》："《穀梁》、赵子皆谓陈、蔡将来伐，故次于郎以俟之。按经前后，无与陈、蔡相违之迹，安得来伐之事乎？"
黄氏《通说》："以经考之，前年伐卫纳朔之事，鲁方与陈、蔡同役，而未有衅也，安得陈、蔡伐鲁哉？伐卫之事，主谋者齐，故陈、蔡为齐役也。伐郕之事，主谋者鲁，故陈、蔡不为鲁役也。"

夏，师及齐师围郕，郕降于齐师。

黄氏《通说》："其曰'师及齐师'者，言其俟陈、蔡不至，而后挟齐之力以压郕也。其不曰'齐师降郕'，而曰'郕降于齐师'者，见郕之自为决择也。盖鲁主围郕之谋，则郕之所怨在鲁；挟强齐之力，而郕之所畏在齐。此郕所以不降鲁而降齐也。"案：于是而言"及齐师"，则是欲用陈、蔡而不得，不得已而援齐以围郕，以求侥幸于一逞也。至郕不降鲁而降齐，公亦知其计之左，故曰"我实不德，齐师何罪"，非悔不当围郕，而悔不当用齐也。宋偕金灭辽，而辽并于金；偕元灭金，而金并于元，祸卒及己。鲁之得以师还，亦幸矣。此可为假人之力以图人者戒也。

秋，师还。

孙《解》："《春秋》之例，事毕而非其志者，书还；事未毕而遂反者，书复；事成而告之庙者，书至。书还者四：文十三年，公如晋，公还自晋，郑伯会公于棐，文公之还，所以见会郑于棐，未及告庙，不可书至，已盟晋侯，不可书复；宣十八年，公孙归父如晋，冬，归父还自晋，至笙，遂奔齐，聘事已毕，不可书复，反未告鲁，不可书至；襄十九年，晋士匄帅师侵齐，至榖，闻齐侯卒，乃还，亦侵事不成而反也。《春秋》书还者四，皆事毕而非其志也。庄公自今年之春，次于郎以俟陈、蔡，甲午治兵，夏及齐师围郕，郕降于齐师。郕为鲁同姓之国，庄公志欲灭之，陈、蔡不至，又治兵及齐师围之，其志在于得郕也。然郕畏齐之强,轻鲁之弱,卒自降于齐。庄公之师,自正月出于外,至秋始反,志在取郕,而郕不降于我,围事虽毕,而所志不就,故特曰师还。"胡《传》:"其次、其及、其还,皆不称公,重众也。《春秋》正例,君将不称帅师,则以君为重,今此不称公,又以为重众,何也?轻举大众,妄动久役,俟陈、蔡而陈、蔡不至,围郕而郕不服,历三时而后还,则无名黩武,无义害人,未有如此之甚也。至是,师为重矣,义系于师,故不书公,以著劳民毒众之罪,为后戒也。《春秋》于王道轻重之权衡,此类是矣。"陈氏《后传》:"师还不书,书还,危不得还也。"吕氏《或问》:"书次、书俟、书师还,何也?曰:《春秋》书用师多矣,未有如此之详者。与陈、蔡约,将有事于邻国,陈、蔡未有师期,而先出师,则轻举而妄动也。师次而俟外援,俟之而不至,而后治兵,则有畏也。至夏,而后及齐师围郕,则取必于郕也。齐、鲁同围郕,而郕不降鲁而降齐,则无义而不足以服人也。自正月出师,至秋而后师还,则淹时之久也。圣人备而书之,重用师之道。还者,自彼反此而未至之辞也。'秋,师还',言始班也,以见暴师于外,历时之久,无功而还也。"叶《传》:"师未有言还者,于是乎言还,危之也。还者,反乎彼之辞也。越三时而暴兵于外,始俟人而不至,终围人而不服,以我为危不得返也。君子以为郕之师,几郑之师。郑使高克将兵于河上以御狄,陈其师旅,翱翔而不召,众散而归,书曰'郑弃其师'。今郕降

86

而师不还，亦郑而已矣。"

九　年

九年春，齐人杀无知。

胡《传》："杀无知者，雍廪也。而曰'齐人'者，讨贼之词也。弑君之贼，人人之所恶，夫人之所得讨，故称'人'。人者，众词也。无知不称君，己不能君，齐人亦莫之君也。"陈氏《后传》："无知尝逾年，其曰'齐人杀无知'何？是不成君之辞也。"吕氏《或问》："逾年称君，无知弑君而自立，既逾年矣，而不以成君书之，何也？曰：正其为贼也。正其为贼者，明以贼讨之也，州吁、无知是也。弑君之贼，其见杀也，而称君、称爵者，不正其为贼也。不正其为贼者，明不以贼讨之也，齐商人、蔡般是也。弑君之贼，人人得而讨之，然而国人以贼名之，则《春秋》亦以贼名之；国人不以贼名之，则《春秋》亦不以贼名之。据事直书而褒贬之义见矣。蔡般之见杀也，而见爵，则楚子诱而杀之也，非以贼讨之也。商人之见杀也，而称君，则国人既安之以为君而又杀之也，亦非以贼讨之也。里克之见杀也，而亦称大夫，则晋人既视之犹大夫，而后杀之也，亦非以贼讨之也。讨之不以其贼，则圣人亦不以讨贼之辞加之，从其实而已矣。"

公及齐大夫盟于蔇。

胡《传》:"及者,内为志。大夫不名者,义系于齐,而不系于大夫之名氏也。"叶《传》:"盟,纳子纠也。公不及大夫,何以言'公及齐大夫盟'?以公为义可以纳子纠,则不耻大夫得敌公也。大夫何以不名?略之也。何以略之?欲纳子纠,而后不能也。叶子曰:吾何以知公之义将以纳子纠欤?齐鲁,不共戴天之仇也,使襄公在,公且不可与共戴天,况国乱而纳其子乎?《春秋》之义,因人以立法,不穷法以治其人,人一人也,罪一罪也,一见贬则不复再贬矣。庄公之罪,在于子纠来奔之初,凡诸侯及其大夫来奔于鲁,未有不书于策者,而子纠之奔独无见焉,非以其仇不当受,故深绝之而不书欤?则于是焉而正之者,特以子纠小白之辨而已。诸侯之嫡子,君在,称世子;君薨,称子某。子纠得以君薨之辞见,是世子也。受人之世子,国无君而不纳,则谁纳欤?故庄公之罪,已定于受子纠,则蔇之盟,不责其纳子纠也。"案:称子某者,新君在丧中之称。子纠未得为君,其事有别。似此子字,非新君称也。且《左传》称"乱作,管夷吾、召忽奉公子纠来奔"。来奔与盟,其期甚迩,后既言纳子纠,则来奔之事,不待书而可明,亦不得谓绝之而不书。叶说似未可用。

夏,公伐齐纳子纠。

孙《解》:"《公》、《穀》二传,皆作纳纠。据下文有'齐人取子纠杀之',此当以《左氏》为定。"吕氏《或问》:"公之伐齐纳纠也，虽欲纳之，而实未能纳也。夫纳者，虽内弗受，亦必志于克入而已，故虽未入国也，而至其国焉，则书国，如楚人'纳顿子于顿'、晋人'纳捷菑于邾'是也；虽未得国而入于邑焉，则书邑，如齐高偃'纳北燕伯于阳'、晋赵鞅'纳卫世子蒯聩于戚'是也。今公之纳纠也，以国则小白已君，以邑则纠不能入，所以只言'公伐齐纳纠'而已。以伐则见败，以纳则见杀，公之耻深矣。"

齐小白入于齐。

叶《传》："入，逆辞也，以夺子纠之国而先之也。小白何以氏齐？ 齐未有君也。叶子曰：突归于郑，不得氏郑，有忽在焉，则郑非突之所得有也；赤归于曹，不得氏曹，有羁在焉，则曹非赤之所得有也。襄公死而子纠在外，齐虽非小白所得有，齐未有君而小白入焉，则小白亦固齐之君也。然则'齐阳生入于齐'，内既有荼，则阳生安得亦氏齐乎？ 阳生正，荼不正也，有阳生而后可以不君荼。子纠正而在外，小白虽不正，而齐无与争君者，正与不正，于书'入'焉见之矣。则小白所以氏齐者，曰'是齐之君'而已。"

八月庚申，及齐师战于乾时，我师败绩。

叶《传》："内未有言败绩者，此何以言败绩？ 贬不能纳纠而自取败也。凡内战不言败，不使我受责而外得加乎我，以杀耻，君子辞也。庄公之于纠，既已忘父之仇而受人之托矣，大夫以春盟，齐未有君，可纳而不纳。至夏，师图之，遂使小白得以先入。若知其不可争而姑保之,纠犹未必死也。不量力而再伐,卒不能纳,徒以自丧其师,耻孰甚焉? 非人之加乎? 君子虽欲使我不受责,而无以为之辞,故于是一见之也。"

九月,齐人取子纠杀之。

叶《传》:"子纠,在我者也,齐人何以言取? 乘乾时之败,胁我而取之也。孰取之? 齐侯也。齐侯则何以言齐人? 贬也。十室之邑,可以逃难;百室之邑,可以隐死。我以千乘之国,不能纳子纠,又使人得以取焉。必有与之,然后取之,病在我也。必有得之,然后取之,病在齐也。既两见之矣。然实杀之者,齐也,故归恶于齐而人齐侯焉。叶子曰:此子贡所谓桓公杀公子纠者钦? 凡义所得杀者,杀在上,'齐人杀无知'、'卫人杀州吁'是也;义所不得杀者,杀在下,'蔡公孙姓以沈子嘉归,杀之'、'楚子诱蔡侯般,杀之'是也。"

十 年

二月,公侵宋。

黄氏《通说》:"夫奉辞称罪而讨敌者,敌必请服;不请服,则必出师以御之。是以经书伐者,多至于战,如齐伐卫,

'卫及齐战'，宋伐齐，'齐及宋战'之类是也。不奉辞称罪，而但侵扰其疆场，故敌国不暇请服，而亦不及御之，是以经书侵者，未尝至于战，如'齐人侵我西鄙，公追齐师，至酅，弗及'，盖疆场之事，知之后时，追之已去矣，故曰'称罪而讨其国曰伐'，'不称罪而掠其境曰侵'。"

三月，宋人迁宿。

孙《解》："宿近于宋，宋大而宿弱，迁宿而为其附庸，故曰迁。宗祀不亡，不可曰灭；国不复见，不可曰取。凡迁者，皆两罪之也。"吕氏《集解》："陆氏《纂例》啖子曰：凡言迁者有二义，如'宋人迁宿'、'齐人迁阳'，是移其国于国中而为附庸也；如'邢迁于夷仪'、'卫迁于帝丘'之类，或自请迁，或见强迁，皆犹为列国，故不言某人迁之，但言所迁之地，言移国都而已，非为附庸也。又襄陵许氏曰：迁之使未失其国家以往，其义犹有所难，则是王泽之未尽亡也。至僖、文以后，则有灭国无迁国矣。"

夏六月，齐师、宋师次于郎，公败宋师于乘丘。

孙《解》："不书侵、伐，方次而侵、伐未成也。"吕《集解》："襄陵许氏曰：齐桓始入，未抚其民而轻用之，是以再不得志于鲁。晋文之入，五年而后用其民，盖监此也。"陈氏《后传》："其言'次'何？以桓公之图伯而未集也。外师未有书次者。据僖二十五年晋次阳樊、宣十五年秦次辅氏之类。桓公所甚汲汲者，鲁也。苟不得鲁，不可以合诸侯，宿师于郎，将以诎鲁尔。而北杏之会不至，鄄会不至，则犹未得志于鲁也。于是书'次'，见桓之未得志于诸侯也。是故书'齐师、宋师次于郎'，以志齐伯之难；书'楚子、蔡侯次于厥貉'，以志楚伯之难。于此焉可以知人心矣：不苟于从齐，是人心犹有周也；不苟于从楚，是人心犹有晋也。有王者作，天下归往之矣。'齐一变至于鲁，鲁一变至于道'，孔子所以有志于鲁也。"

秋九月，荆败蔡师于莘，以蔡侯献舞归。

孙《解》："《春秋》之于楚也，见圣人之深意焉。于其始也，以蛮服处之，若曰：楚蛮服尔，安得使之至乎？其至也，必深备之。至其侵陵之甚，主盟中国而虐害诸侯也，则书人、书爵，与中国等矣，若曰：中国而至于是者，中国无人焉尔；中国而无人，则中国亦楚尔，于楚又何外之？故楚之所以得称人、称爵者，非进楚也，罪中国也。一时之中国，不深罪之，则无以惩后世也。故楚之始称荆，非斥之也，未改号也。无人、无爵，非外楚也，欲中国早为之防也。称人、称爵，非进楚也，罪中国皆蛮服也。"陈氏《后传》："夷狄交相败不书，据襄十三年楚败吴师、十四年吴败楚师之类。中国败夷狄不书，据僖二年虢公败戎于桑田、僖八年晋败狄于采桑之类。必败中国也而后书。《春秋》为夷夏而作也。荆败蔡师于莘，是猾夏之始也；吴败顿、胡、沈、蔡、陈、许之师于鸡父，则诸夏之不亡者，寡矣。是故书荆自此始，而《春秋》以吴终焉，圣人之所甚惧也。"

冬十月，齐师灭谭。谭子奔莒。

陈氏《后传》："书灭始于此。纪侯大去其国、宋人迁宿，未可以言灭。必若齐桓，而后可以言灭矣。然则灭国自齐桓乎？前乎此矣。前乎此，则曷为以首灭罪齐？微桓公，则灭国之祸不接迹于天下，春秋之际，灭国三十六，五伯为之也。"

十有一年

秋，宋大水。

胡《传》："凡外灾，告则书。诸侯于四邻，有恤病救急之义，则告为得礼，而不可以不吊。故四国同灾，许人不吊，君子是以知许之先亡也。"黄氏《通说》："外灾必书者，均其忧也。均其忧，则均其爱矣。《春秋》之教，分殊而理一者也。其不尽书者，鲁不吊则史不书尔。宋大水，公使吊焉，因鲁史书此，故述之也。"

十有二年

十有二年春王三月，纪叔姬归于酅。

陈氏《后传》："纪亡矣，曷为谓之纪叔姬？存纪也。国灭而复见者,善辞也。据昭八年楚灭陈,十一年灭蔡,十三年蔡侯庐、陈侯吴归陈、蔡。未始复也,而再见,《春秋》所以录灭国也,是故纪亡矣,书纪叔姬;陈亡矣,书陈灾。"

秋八月甲午,宋万弑其君捷及其大夫仇牧。

吕《集解》:"襄陵许氏曰:《春秋》之法,与时偕行,庄公以前,自卫州吁至于宋万,弑君之贼,皆贬其氏。盖是时大夫有氏、有不氏也,故贬其氏,不与其贵也。自霸统变正,大夫无不氏者,则氏轻,轻则去之不足以残元恶,虽弑君之贼,亦以氏书矣。"

冬十月,宋万出奔陈。

吕《集解》:"泰山孙氏曰:弑君之贼,当急讨之,万八月弑闵公,十月出奔陈,宋之臣子缓不讨贼若此。"陈氏《后传》:"向也合四国之君,而后华督免于讨。今万得奔陈,自是无讨贼者矣。"

十有三年

十有三年春,齐侯、《穀梁》作人。**宋人、陈人、蔡人、邾人会于北杏。**

陈氏《后传》:"《春秋》非主兵皆序爵也,据宋、齐、卫盟瓦屋,宋、陈、蔡盟折之类。于是序齐于宋之上,而独爵齐,将予齐以伯也。晋文公之简曰：晋侯、齐师、宋师、秦师，据传，宋公在师。皆始伯之辞也。自是无特相会者矣。"黄氏《通说》："会于北杏，齐始求霸也。霸，伯也。古者王命作伯，分统诸侯，故齐桓窃是名以为诸侯主，盖以伯自命而非王命也。虽然，自天下有霸而诸侯之散离者合矣，中国有霸而夷狄之侵陵者惧矣，民其少康乎？而《春秋》何以书曰'非'①？王者之道，治世之事也，礼乐征伐，虽不散出于诸侯，而卒出于诸侯也。开功利之门，废正大之理，使后世智力用事，指王道为迂阔，国无善治，民不见德者，自齐桓始。故孟子曰：'五霸者，三王之罪人也。'"吕氏《或问》："北杏以前，诸侯之盟、会皆序爵；北杏以后，则诸侯之盟、会序伯主为首。北杏以前，诸侯有特相会者；北杏以后，则诸侯非伯主不会矣。北杏之会，其至者宋、陈、蔡、邾之大夫耳；至幽之盟，则宋、陈、卫、郑、许、滑、滕之君也；又至葵丘之会，则宰周公在会矣。然犹未也，至于温之会，则天王实狩焉，其盛极矣。有北杏之会，则有幽之盟；有幽之盟，则有葵丘之盟；有葵丘之盟，则有温之会矣。方伯图之未兴也，列国诸侯更相吞噬，间有若郑庄、齐僖之流，虽能雄长于一时，而终未能执伯主之柄，天下纷纷莫之统一，亦可叹矣。虽然，人心犹知有周也。及

---

　　① 此处所谓《春秋》何以书'非'"者，疑用《穀梁》义："是齐侯、宋公也，其曰'人'，何也？始疑之。何疑焉？桓非受命之伯也，将以事授之者也。曰可矣乎？未乎？举人，众之辞也。"

伯图之既兴也，列国诸侯，向之纷纷而无统者，今则翕然惟伯主之为听，下以号令于诸侯，上以致天王之狩，一时气势声焰赫奕，中国赖以少事，然自是王命浸微矣。圣人之于《春秋》也，固未尝不与伯主之功，而亦未尝喜伯主之盛，据事直书，而善恶自见矣。"

夏六月，齐人灭遂。

孙《解》："齐桓自灭遂之后，历庄、闵二十年，伐宋、伐郯、伐郑、伐卫、伐我西鄙、伐徐、伐卫、救郑、降鄣、伐山戎、救邢、迁阳，皆称人；救邢、城邢，但称师；至僖四年，'侵蔡，遂伐楚'，始书曰'齐侯'。此孔子微意也。夫春秋之时，王室衰，中国弱，诸侯无道，外裔侵陵，于是之际，能帅诸侯以尊天王、攘外裔以强中国者，惟齐桓公。而桓公又以其私而报平生之仇，夺诸侯之土，行师二十余年，始伐楚以责苞茅之不入而强中国之威。故伐楚之前，悉贬曰人、曰师。至伐楚之后，遂以爵称之，谓其一匡天下也。春秋诸侯无道而行师者多矣，而经未尝去爵以贬之，至桓公之盛，而圣人罪之尤深，责其可责者也。《春秋》之义，可责者责之。"黄氏《通说》："北杏之会，鲁、遂皆不至也，齐于鲁又有纳纠之憾、有败师之怨，比于遂之可疾，轻重较然矣。然齐桓能忍于鲁而会盟之，不能忍于遂而殄灭之，何欤？盖遂，小国也，利其易虐，则借以立威；鲁，望国也，知其难图，则结以为助。凡其恩威异用，大率听于力、放于利而已矣，非能壹以礼义为节也，故曰'五霸者，三王之罪人也'。"

十有四年

十有四年春，齐人、陈人、曹人伐宋。

胡《传》："宋人背北杏之盟，诸侯伐宋。其称人者，将卑师少也。齐自管仲得政灭谭之后，二十年间，未尝遣大夫为主将，亦未尝动大众出侵伐，盖以制用兵而赋于民者薄矣。故能南摧强楚，西抑秦、晋，天下莫能与之争也。或以为贬齐称人，误也。"

秋七月，荆入蔡。

吕氏《或问》："荆楚方强，而蔡首被其祸。齐桓称伯，蔡仅一从北杏之会，自是而后，伐宋、伐郑、两会于鄄、两盟于幽、会于柽，蔡皆不与，盖自是折而入楚矣。至城濮之役，楚既大创，蔡始改图。践土之盟，书曰'晋重耳、蔡甲午'。温之会、翟泉之盟，犹前志也。晋文既没，而中国之盟会，蔡复不与。晋悼没，而楚之役蔡常从之。襄二十四年楚伐郑，则书曰'楚子、蔡侯'；二十六年楚伐郑，又书曰'楚子、蔡侯'；二十七年宋之会、昭元年虢之会，蔡公孙归生实序于列国大夫之上；四年申之会，书曰'楚子、蔡侯'；其再伐吴也，又书曰'楚子、蔡侯'。是中国诸侯其折而从楚者，莫如蔡之先也；其坚于事楚者,莫如蔡之甚也。蔡之五祸,皆楚为之。楚文之执献舞,蔡十年无君,则蔡之祸一也;楚灵之杀蔡般,蔡祀将绝,则蔡之祸二也;楚费无极逐蔡侯朱,则蔡之祸三也;楚子常拘蔡昭于南郢,则蔡之祸四也;楚昭迁蔡于江、汝,则蔡之祸五也。凡此,皆楚为之。其从楚最先,其事楚最厚,而蒙楚之祸最甚。蔡之始受祸于楚也,其见于经,则曰:'荆败蔡师,以献舞归。'蔡之终受祸于楚也,其见于经,则曰:'楚子、陈侯、随侯、许男围蔡,蔡迁于州来。'观蔡人之祸福,而中国、夷狄之盛衰可见矣。"

十有五年

秋,宋人、齐人、邾人伐郳。

胡《传》:"伯者之先诸侯,专征也;非伯者而先诸侯,主兵也。此齐桓之师何以序宋下?犹未成乎伯也。二十七年同盟于幽,天下与之,然后成乎伯矣。"

十有六年

夏,宋人、齐人、卫人伐郑。

吕《集解》:"襄陵许氏曰:中国诸侯宋为大。既为之服郎,又为之报郑,宋盖自是与齐为一,宋亲而中国诸侯以定。"吕氏《或问》:"北杏之会,先书齐,而此年伐郑与伐郎,则先宋,何也? 曰:伐郎、伐郑,凡以为宋也。石氏曰:'《春秋》之法,会盟先主会,征伐先主兵。此年先宋,与伐郎之义同。'杜预于此特发例曰:'班序上下,以国大小为次。'范宁同之。盖《春秋》会盟,有以侯而先公者,有以男而先伯者。卫居陈上,而齐桓既伯,则后陈、蔡,居陈下;而昭公以前,则先卫。郑,大国也,而后纪;滑,小国也,而先滕。考斯志也,岂特以国之小大为之次哉? 亦以见周衰,礼籍之亡,诸侯皆以强弱相制,班爵上下,不以先王之旧法,而先后进退,皆出于主会之临时。隐公之初,滕、薛争长,鲁长滕。黄池之会,吴、晋争先,诸侯先晋。皋鼬之会,子鱼一言,卫复蔡上。澶渊之会,良宵先至,郑处宋先。如此之类,皆非周旧,圣人一切因其实而书之,以见诸侯之纵恣,而王制之败坏也。夫岂纯在于国之大小哉? 乃若虞、晋灭下阳,先书虞;于宋之会,先书晋,又皆以示义也。"

秋,荆伐郑。

孙《解》:"前年荆尝入蔡,于是又伐郑焉,所以见荆蛮之强而中国之衰也,不早备之,将横行于天下。故二十三年来聘,遂称荆人;僖元年伐郑,遂称楚人也。于此书荆蛮之强,言其尚可御也。"吕《集解》:"襄陵许氏曰:三书荆入蔡、伐郑,将以崇桓之责;三书楚人伐郑、侵郑,将以大桓之功。于是召陵之美深长矣。"

冬十有二月，会齐侯、宋公、陈侯、卫侯、郑伯、许男、滑伯、滕子同盟于幽。

孙《解》："陈入春秋会盟皆在卫下，于是齐桓主盟，以其三恪之国，进而在卫之上。又其近楚之国，恐其叛去，亦稍怀来之尔。"黄氏《通说》："同盟于幽，齐霸始盛也。《公羊传》经曰'公会'，而正经无'公'字，盖阙文尔。说《春秋》者一曰'不言公，微者也'，不知鲁自盟柯，已从齐矣；单伯会伐宋矣，又会于鄄矣，至此大盟会，不应鲁以微者往也。一曰'以诸侯私相推戴齐侯，故去公以示贬也'，不知《春秋》书其事即见其罪焉尔，不以去公为贬也，若以去公为贬，则从幽之盟者八国，何独贬公哉？一曰'不言公，明罪不在鲁也'，不知鲁自盟柯以后，已不免于从齐矣，乌得无罪乎？若夫盟而加'同'者，录载书之辞尔。蔡丘盟曰'凡我同盟之人'，盖同盟之辞在当时有之，非孔子新笔也。即是以知，凡载书曰'同盟于某'，故孔子修之，亦曰'同盟'，无此字则不书也。说《春秋》者多谓诸侯同欲，则书'同盟'，谬矣。同盟于清丘而卫将叛盟，同盟于断道而鲁不肯盟，同盟于平丘而齐不受盟，岂同欲也哉？"吕氏《或问》："案经书'盟'者一百十二，而书'同盟'者十有六：庄十六年幽、二十七年幽，文十四年新城，宣十二年清丘、十七年断道，成五年虫牢、七年马陵、九年蒲、十五年戚、十七年柯陵、十八年虚朾，襄三年鸡泽、九

庄 公

年戏、十一年亳城北、二十五年重丘，昭十三年平丘是也。《公羊》曰：'同盟者何？同欲也。'《穀梁》曰：'同外楚也。'愚尝以意推之，窃谓盟而书同，固出于诸侯之同欲，无可疑者。以经考之，齐桓之盟，惟再盟于幽皆书'同'，若葵丘、牡丘之会，则不书'同'；晋文践土、翟泉之盟，则不书'同'；至于赵盾新城之盟，而后书'同'，自是而后，不书'同'者寡矣。盖齐桓为幽之盟，实在荆入蔡伐郑之后，中国诸侯同于惧楚，倚桓以为重，故两盟于幽皆书'同'焉。若葵丘、践土之盟，则桓、文之盛也，主是盟者盖出于桓、文之意，而诸侯从之，故不书'同'。晋文卒而楚益强，新城之盟同于惧楚。自是而后，楚日以强，中国之伯业日以不振，故凡诸侯之相与盟会者，皆倚晋以为重，凡皆诸侯之所同欲也。惟澶渊之盟不书'同'，则平齐、晋；皋鼬之盟不书'同'，则刘子不与盟也。故有以主是盟，则不书'同'，是桓、文主伯之盛也。二幽之盟而书'同'，则桓公伯业未盛之时。新城以后皆书'同'，则晋伯业渐衰之际。凡书同者，众欲之也。众欲，则犹未纯乎专主盟也。说者以为必尝有异而后书同，如《左氏》所谓'郑成'、'陈郑服'之类是也。然两会于鄄，亦服异也，而何以不书'同'邪？或谓'殷见曰同'，盖天子之礼而齐桓窃之，故书曰'同'。然以新城之盟，赵盾实主之，则以大夫而僭天子之礼，疑亦未至是也。吾故曰：'同盟者，同欲也。'虽然，初盟于幽，不书'公'，再盟而后书'公'，何也？

101

曰：是《春秋》之变文也。举天下而听命于一邦，古未有是也，而齐首为之，鲁君为是迟迟而不以往。北杏之会，鲁不之从，齐为是盟于柯以怀鲁。伐宋之师，王臣实来，而鲁不之会。再会于鄄，宋、卫、陈、郑皆至，而鲁不之会。鲁，东方之望国，而周公之祚胤也。齐不得鲁，终不可以合诸侯。而鲁之君臣，犹守先王礼文之旧，以为古未有是也，是以迟迟焉而不往。至于幽之盟，则诸侯皆来，而鲁亦不得以不往矣。虽然，犹有讳也。至于再会于幽，则亦不之讳矣。荆楚戎狄肆行而莫之制，不有齐桓倡义以为诸侯主，其谁能治之？鲁之君臣虽欲勿从，焉得而勿从之哉？是故挟天子以令诸侯，桓、文之义，《春秋》之所不予也。主夏盟以制夷狄，桓、文之功，《春秋》之所不弃也。"

邾子克卒。

孙《解》："克者，仪父之嗣君也。仪父之卒不见于经者，附庸之君，未有爵命，略而不书也。至是称子者，盖自齐桓称伯之后，尝从会盟侵伐，故进之为子爵也。"

十有七年

十有七年春，齐人执郑詹。

吕《集解》："襄陵许氏曰：宋大郑小，齐桓盖怀宋以示德,而威郑以正法。文王之兴,大邦畏其力,小邦怀其德,而桓公反之,是以为霸道也。至于宋襄执鄫之虐,则桓不为矣。"叶《传》:"郑伯与宋公会于鄟,则同好矣。未几而郑侵宋,故宋复主兵而齐、卫共伐之。至同盟于幽而郑服,故以詹为说而执焉。郑非詹之所得任,则执之非其罪者也。"

夏,齐人歼于遂。

吕《集解》:"陆氏《纂例》:啖子曰:歼者,自歼之义也。不言遂人歼之,言齐人自取其歼也。又襄陵许氏曰:齐师灭谭,谭子奔莒,著其君不绌也;齐人灭遂,齐人歼于遂,著其民不归也。孟子以为霸者'以力服人,非心服也,力不赡也',观桓之兴如此,则所谓以力服人者,非耶?荀子曰:'桓诈邾袭莒,并国三十五。'如卿之言,则所灭盖不尽书,书灭谭、灭遂,上下一见之也。"

秋,郑詹自齐逃来。

叶《传》:"奔以适我为志,故曰'来奔';逃以舍彼为志,故曰'逃来'。"陈氏《后传》:"外逃不书,据宣十七年高固逃归、襄十六年高厚逃归。逃来则书之。书逃来,讥与之接也。苟不接,虽莒仆来奔,宣公命与之邑,季文子使司寇出诸竟,则不书。苟接之矣,介葛庐来,僖公在会,馈之刍米,则书。"

十有八年

十有八年春王三月，日有食之。

孙《解》："《春秋》日食之例，有书日书朔者，有书日而不书朔者，有日与朔皆不书者。书日书朔，日食正朔，旧史之详备，孔子因之，以传信也。日而不朔者，食不在朔，或在晦，或二日，孔子以历者之失，因而略之，以正后世之历也。日朔皆不书者，旧史所无，孔子阙之，以传疑也。春秋之间，日食不书朔与日者，惟二而已，亦足以知旧史所阙者亦少也。"

夏，公追戎于济西。

孙《解》："《春秋》书'追'者，皆寇已去而追之也。'齐人侵我西鄙，公追齐师，至酅，不及'，先言侵而后言追，盖侵事已成，既去而追之。'公追戎于济西'，不言戎之侵我，但曰追者，盖戎来为寇，以我备之而遁去。兵无所加，但追之而已。"陈氏《后传》："不言其来，举重也。举重之文约，是故书'公追戎于济西'，则戎来侵可知已；书'公会晋师于瓦'，则晋来救可知已。事在定八年。春秋无费辞，费辞者必言故也。公子结媵陈人之妇于鄄，为盟齐、宋书；有事于太庙，为卒仲遂书。虽常事，以其故不可不志也。"

秋，有蜮。

黄氏《通说》："或谓：'短狐之蜮，盖出炎荒江海中，非鲁地所有，盖文误尔，蜮当作蚅。'是不然。经书有者，不常有也。蜮非鲁地所有，故以有为异也。《尔雅》'虫食叶曰蚅'，若使是蚅，当从书螟之例，不曰有也。"

十有九年

秋，公子结媵陈人之妇于鄄，遂及齐侯、宋公盟。

叶《传》："陈人，陈侯也。何以言人？妇非陈侯之所得，名曰人云尔，别外之辞也。古者诸侯娶一国，则二国媵之，必以大夫送焉，谓之媵臣。凡媵不书，此何以书？将以见其遂也。鲁以女媵陈人之妇，而结送之。齐与宋将有不可于鲁，而遇诸鄄，结因与之盟而和焉，故言'遂'，善之也。叶子曰：吾何以知结之遂为善欤？《春秋》言'遂'二，有君遂、有臣遂。君者，命之所从出，无所往而不可遂，故诸侯而言'遂'，继事之辞也。大夫受命于君，有不可得而遂，故大夫之言'遂'，生事之辞也。大夫言生事，则有可得而遂者，有不可得而遂者。在国中，则不可遂，所谓'大夫无遂事'也；在国外，则可遂，所谓'大夫出疆，有可以安社稷、利国家，则专之'者也。而《春秋》之辞一施之，以为各于其事，观焉则审矣。盟者,所以谋不协也,而非大夫之事。然大夫与国同体,君不在焉,而事有不可者,不为之所则亦不忠而已矣,吾是以知君子之与结也。"

冬,齐人、宋人、陈人伐我西鄙。

吕《集解》:"襄陵许氏曰:公之事齐,后于诸侯,又受郑詹未讨,齐、宋在郓,将以陈人伐我,而结知之,故权国重而与之盟,示先下之以礼。齐、宋以公子之盟未足以结成也,故卒来伐而取服焉,则鲁之被兵也轻,此公子遂事之谋也。齐桓于鲁,盖养之以恩而收之以威,此鲁所以怀服而不贰也欤?"叶《传》:"郊外曰都,都外曰鄙。凡伐,皆先鸣钟鼓以问罪。服而行成,则见伐不见战;不服而战,则见战不见伐。内伐言鄙,详内也。有伐而围邑,然后言围;有伐而至城下,然后言我。我,内辞也。"

二十年

夏,齐大灾。

吕《集解》:"刘氏《传》:灾则其言'大'何?非一也。宗庙厩库尽矣,此齐大灾也。何以书吊焉尔?吊人者,哀其祸而救其乏。"叶《传》:"有大荒、有大札、有大灾。大荒,饥也;大札,疾也;大灾,水火之变也。凡内灾,必目其所。宋、陈灾,不目其所,略之也。齐大灾然后书,曰:宫室厩库廛市皆尽焉尔。古者国有大灾,类宗庙社稷,以是故重之也。"

冬,齐人伐戎。

吕《集解》:"襄陵许氏曰:戎自春秋之初即见,荆后起。是故攘中国之患,莫宜戎先。齐桓既霸七年,诸侯略定,盖是时始伐戎。"吕氏《或问》:"齐桓之入,至此十年,伐郑、伐宋、灭谭、灭遂,其恃威力以加于中国者若此,圣人皆详录之。而于此始一见其伐戎又称人,以微之者,凡以著其自为封植,而缓于攘却四夷也,信乎?曰:不然。戎之为中国患久矣,齐桓之伯,岂无意于攘之哉?盖缓以图之,而未尝急也;渐以处之,而未尝遽也。中国诸侯有一焉之不安于我,则固不可以从事于夷狄,故其汲汲焉以会盟中国之诸侯者,所以治其内也。十年之久,而后有伐戎之举。不用大兵,不动大众,而声罪致讨之义严焉,则其规模之素定故也。故此年伐戎书人,三十年伐山戎亦书人,则其不用大兵、不动大众,亦可知矣。一捷之后,而戎始不能为中国患。戎不能为中国患,而后齐得以专意于楚。此管仲之规模也。读《春秋》至庄、僖之编,当知圣人有惓惓桓公、管仲之意,毋徒概以伯图而绝之可也。虽然,齐桓未伯之初,灭谭、灭遂,犹恃力以逞。自盟柯之后,而《春秋》书齐之事,与灭谭、灭遂者异矣。意者管仲得志,当在盟柯以后乎?"

107

二十有一年

夏五月辛酉，郑伯突卒。

胡《传》："杜预称'庄公四年，郑伯遇于垂者，乃子仪也'，而以为厉公者，案《春秋》'突归于郑'之后，其出奔蔡、入于栎，皆以名书，犹系于爵，虽篡而实君，虽君而实篡，不没其实。忽虽世子，其出奔犹不得称'子'，其复归犹不得称'伯'，以其实不能君也。而况子仪，虽乘间得立，其为君微矣，岂敢轻去国都与诸侯会于外乎？故知遇于垂者，乃厉公也。其始终书爵，不没其实也。亦可以为居正而不能保者之戒矣。"

二十有二年

二十有二年春王正月，肆大眚。

叶《传》："何以书？以文姜也。有眚，有大眚，诸侯不得专杀，则亦不得专生。肆眚，诸侯之事也；肆大眚，天子之事也。鲁得肆大眚，虽周公之赐，文姜之罪，天子不讨，而得葬，故庄公因推以及其国人，非所肆而肆也。叶子曰：吾何

108

以知肆大眚为天子之事欤？周人告其臣曰：'乃有大罪，非终，乃惟眚灾，适尔，既道极厥辜，时乃不可杀。'有大眚而肆之可也，然驭福以生，驭过以诛，盖王之八柄，岂诸侯而得为乎？"

癸丑，葬我小君文姜。

黄氏《通说》："书文姜，明夫人不当谥也。晋胡讷云：'礼，夫人生以夫爵，死以夫谥。'夫人有谥，不复依礼尔。此说得之。而曹耽以为夫妇行不必同，不得以夫谥谥妇者，岂《春秋》之意哉？"

陈人杀其公子御寇。

孙《解》："《春秋》之法，诸侯之国杀大夫，其君杀之，则称国；其国人杀之，则称人。盖古者诸侯贡士于天子，天子以为贤，则命之归国为大夫。故其为诸侯之大夫，则一国之贤也；为天子之大夫，则天下之贤也。故为贤者，则不苟进其身矣。天子命之，则无不肖也。故王道之行，则列国之大夫莫不皆贤，而诸侯遇之莫不有礼。故其为臣之道，谏行言听，则膏泽其民；谏不行，言不听，则违而去之，以自免于祸。其为大夫者，不苟于其君，君无礼则去。为诸侯者，不敢不尽礼于其臣。一朝无礼，则贤者去；贤者去，则谁与治其国家？故君臣相须，而天下常治也。至周之衰，诸侯之臣，或不命于天子；而当时之大夫，或苟禄以活其身。不命于天子，则未必皆贤；苟禄以全其身，则不能使其君遇之以礼。

以不贤之大夫、无礼之诸侯,故君臣失道,而至于君杀臣、臣弑君也。《春秋》书弑君三十六,以见为君者不近贤臣而自取于祸;杀大夫者三十八,以见为臣者不自重其身,苟禄于无礼之诸侯,而终见杀也。"胡《传》:"杀而或称君、或称国、或称'人',何也? 称君者,独出于其君之意,而大夫、国人有不与焉,如晋侯杀其世子申生之类是也。称国者,国君、大夫与闻其事,而不请于天子,如郑杀其大夫申侯之类是也。称'人'者有二义,其一国乱无政,众人擅杀,而不出于其君,则称'人',如陈人杀其公子御寇之类是也;其一弑君之贼,人人所得讨,背叛之臣,国人之所同恶,则称'人',如卫人杀州吁、郑人杀良霄之类是也。考于传之所载,以观经之所断,则罪之轻重见矣。"

夏五月。

吕《集解》:"泰山孙氏曰:盖五月之下有脱事尔。"

冬,公如齐纳币。

吕《集解》:"伊川先生解:齐疑婚议,故公自行纳币。后二年方逆,齐难之也。"吕氏《或问》:"古者男子二十而冠,三十而娶;女二十而嫁。过与不及,非礼也。天子、诸侯十五而冠者,以娶必先冠,亦欲国嗣之早定也。庄公生于桓六年,至是三十有五岁。以世嫡之正、诸侯之贵,而无内主,盖为文姜所制,使必娶于母家,而齐女待年未及,故自今年之纳币,越明年而如齐观社,又遇于穀、盟于扈,皆为婚姻而

往。夫娶夫人，奉祭祀以为宗庙主，不以大义裁之，而母言
是听，其逾时失礼，一至于此。圣人一一书之，所以垂戒后
世也远矣。"案：此论本胡《传》，见"公会齐侯盟于扈"下。

二十有三年

祭叔来聘。

陈氏《后传》："聘未有不称使者，其不称使何？私相为
好也。自桓之伯也，王室无聘鲁者，于是祭叔私相为好也。
自桓之中年，则王室曷为无聘鲁者？王命不行于天下。庄、
僖崩、葬，盖不见于经矣。是故春秋之初，亟书王人、书来
求，则犹有治不修贡之事焉；书来锡命，则犹有治不禀命之
事焉。于是祭公私相为好，君子盖有感于此，而非徒以为讥
也。庄、僖之际，诸侯来聘乎盟主矣。"吕氏《或问》："此自与
武氏子来求赗、毛伯来求金为一例尔。盖非王命而来求赗，
故武氏子不言使；非王命而来求金，故毛伯不言使；非王命
而来聘，故祭叔不言使。方武氏子之来也，嗣王方在丧，事
无以给，周之大臣自以其意来求赗于鲁耳。方毛伯之来
也，襄王尚未葬，而未有以葬也，周之大臣自以其意来求
金于鲁耳。方祭叔之来也，则以庄十九年，五大夫作乱，
立子颓，王出奔温，至二十一年郑、虢纳之，乃克归周。当

是时,王之命令不能以自执,而威柄之夺于臣也久矣。故祭叔之来聘,亦当时大臣自以其意行,而不出于王命耳,岂必其私来哉?"

夏,公如齐观社。

吕《集解》:"伊川先生解:婚议尚疑,故公以观社为名,再往请议。后一年方逆,盖齐难之。"

荆人来聘。

孙《解》:"荆者,楚未改号之称也。曰'人',其臣也。不言其名,微之也。荆蛮之国,至于强盛而来聘,诸侯中国不早备之,将乘中国之衰而侵陵诸夏矣。略之曰荆人,犹言其微,尚可制也。至文九年,使椒来聘,其国已盛,而交通诸夏,诸夏与之等矣。《春秋》不复外之,用见荆蛮之盛,中国不能外之,而中国皆荆蛮也。"陈氏《后传》:"隐、桓之《春秋》,舍王室若姻邻,无聘鲁者矣。经止书天王、齐。舍王室若姻邻未有聘鲁者,而荆人先诸夏修聘于上国,进之也。进之也者,忧之也。"

秋,丹桓宫楹。

孙《解》:"桓之于庄,父也。不曰新宫,而谓之桓宫。公薨至是二十余年,亦已久矣。成公、哀公皆三年之丧新毕,而其宫见灾,伤痛之深,特曰新宫也。"

十有二月甲寅,公会齐侯盟于扈。

孙《解》:"与齐盟者,盖庄公娶于齐,齐遂欲率鲁以从己,故会公而盟于扈。"叶《传》:"离盟也。小白已霸矣,公复为离盟,则非诸侯之政也,以图婚于我而固其好焉尔。故前高傒为防之盟,而后公如齐纳币。今齐侯为扈盟,而后公如齐逆女。见公之迫于齐而不敢不从也。"

二十有四年

夏,公如齐逆女。

吕《集解》:"泰山孙氏曰:案桓六年九月,子同生,公十四年即位,此年如齐逆女,公即位二十四年,年三十七岁矣,始得成婚于齐者,文姜制之,不得以时而婚尔。故其母丧未终,如齐纳币,图婚之速也。"

戊寅,大夫宗妇觌用币。

孙《解》:"《春秋》之法,不与妇人专行。夫人之至,必书其以,侨如、公子遂是也。归赗、归襚,必著其夫与其子之号,惠公仲子、僖公成风是也。盖妇人无专行之道,必有所系而后行,所以深防祸乱,而远为之嫌也。大夫宗妇,则是大夫之家宗妇尔,盖以宗妇系之大夫,不与之专行也。故《左氏》但曰'宗妇觌用币'而不言大夫是也,安得谓大夫与其妻同赘皆见乎?"

二十有五年

二十有五年春，陈侯使女叔来聘。

陈氏《后传》："诸侯初交聘也。前乎此，非王室若姻邻，无聘者矣。案：是交聘齐桓公为之也。自女叔之后，诸侯之会数，而朝聘皆之乎盟主矣。是故吾君、大夫如齐，自僖之初年始。春秋之初，吾君、大夫适他邦，必有故也。据公如齐观社、公如齐纳币、公如齐逆女、公子翚如齐逆女、公子友如陈葬原仲、公子结媵陈人之妇于鄄，皆非朝聘。有故而后行，犹私相为好而非定制也。王室衰，诸侯私相为好而无定制，是谓乱初生也。由僖而下，朝聘皆之乎盟主，'天王狩于河阳'、'公朝于王所'、'天王使宰周公来聘'、'公子遂如京师，遂如晋'，吾未知其所终矣，《春秋》所以作也。"

六月辛未朔，日有食之。鼓，用牲于社。

孙《解》："伐鼓者，求以胜阴。用牲，则是祈请之也。将胜之，而又祈之，非礼也。"

二十有六年

二十有六年春，公伐戎。夏，公至自伐戎。

吕《集解》："襄陵许氏曰：以伐戎致，大伐戎也，齐、鲁伐戎而中国崇也。隐、桓以来，世有戎盟。至于庄公，戎始变渝，我是以有济西之役。于此伐戎，义已胜矣。"吕氏《或问》："公伐戎，何也？曰：戎在隐、桓之世，尝与会盟。三十年间，亦未尝侵伐诸侯者。至庄十八年，'公追戎于济西'，必以其乘间而侵我也。二十年而齐人伐之，必以其奸纪而为暴也。今又侵曹以出羁，因乱以纳赤，其势浸盛矣。庄公念宿怨而伐之，逾时而反，盖亦危矣。"

曹杀其大夫。

胡《传》："称国以杀，国君、大夫与谋其事，不请于天子而擅杀之也。义系于杀，则止书其官，曹杀其大夫、宋人杀其大夫是也；义系于人，则兼书其名氏，楚杀其大夫得臣、陈杀其大夫泄治之类是也。然杀大夫而曰大夫与谋其事，何也？与谋其事者，用事之大夫也；见杀者，不得于君之大夫也。所谓义系于杀者，罪在于专杀，而见杀者之是非有不足纪也。凡诸侯之大夫，方其交政中华，会盟征伐，虽齐、晋上卿，止录其名氏；至于见杀，虽曹、莒小国，亦书其官。或抑或扬，或夺或与，圣人之大用也，明此然后可以司赏罚之权矣。"陈氏《后传》："凡杀大夫，恒名之，此其不名何？恶君也。庄公卒有戎难，羁出奔陈，赤于是篡曹。篡而杀其大夫，则必不义其君者也。宋杵臼之弑也，始不书贼，而曰'宋人'，以是为君无道也。无道而杀大夫，则亦不义其君者也。是故曹僖公之大夫不名，宋昭公之大夫不名。僖二十五年宋成公杀其大夫，无传。"吕氏《或问》："杀其大夫，而不书其名氏，何也？曰：《春秋》称国以杀而不名氏其大夫者，此年与僖二十五年'宋杀其大夫'是也；称人以杀，而不举其官者，'晋人杀栾盈'是也；或称国、或称人，而既书其官又书其名氏者，'郑杀其大夫申侯'、'陈人杀其大夫公子过'之类是也。以意度之，则不书大夫之名氏者，是大夫之无罪者也；特书其名氏，而不书其大夫，以众人杀之耳，是有罪者也；既书大夫，又书名氏者，是大夫之与其国君分其罪者也。"

秋，公会宋人、卫人伐徐。

胡《传》："案《书》伯禽尝征徐戎，则戎在徐州之域，为鲁患旧矣。是年春，公伐戎，秋又伐徐者，必戎与徐合，表里为鲁国之患也。故虽齐、宋将卑师少，而公独亲行。其不致者，役不淹时，而齐、宋同会，则无危殆之忧也。"

二十有七年

夏六月，公会齐侯、宋公、陈侯、郑伯同盟于幽。

叶《传》："再见'同盟'，距前十二年矣，天子殷国之节
也。同盟非齐侯之所得已，诸侯信而霸业成，则吾所以尊天
子者亦已终，故自是不复盟。天子于是使召伯廖来赐公命，
则加命以赏之也。"

秋，公子友如陈葬原仲。

吕《集解》："陆子《微旨》：唊子曰：凡大夫既没则不名，
原仲所以书字也。"叶《传》："原，氏也。仲，字也。大夫则何
以得字见？主人之辞也。此何以书？为其将以图国也。何
以得言？如使若以君命出然。将出而不以名，则惧疑而不
得去。鲁之安危，季子所自任也，则托原仲之葬请于公，而
求援于陈。季子盖有以图之矣。"

莒庆来逆叔姬。

叶《传》："不曰'逆女'，大夫之辞也。天子逆后称'王
后'，已成妇之辞也；诸侯逆夫人称'女'，未成妇之辞也；大
夫逆妻称字姓，听于父母之辞也。"陈氏《后传》："外逆女不
书，据宋荡伯姬。此何以书？公自主之也。《穀梁》'接内'是。诸
侯嫁女乎大夫，必使大夫同姓者主之，曷为公亲焉？则莒庆

伉也。莒无大夫，于是书莒庆。隐、桓、庄之际，莒尝为强国，入向、取杞牟娄、纳公子庆父。吾君特会外大夫，自浮来之盟始，以是知庆之敢伉也。公羊氏传'大夫越竟逆女非礼也'，则荡氏宜书，今不取。"

杞伯来朝。

孙《解》："杞自入春秋常称侯，至是降而称伯。僖二十三年书'杞子卒'，二十七年书'杞子来朝'，文十二年书'杞伯来朝'，陆淳之徒以为当时主盟列国会诸侯，以国大小为次，故国小而爵尊者降爵，爵卑而国大者进之，或升或降，从一时之便，故杞之爵或侯或伯或子也。于是来朝称伯者，盖齐桓兴霸，降爵从伯。此说是也。"吕《集解》："襄陵许氏曰：齐桓之令行乎天下，为幽之盟而《春秋》授之诸侯。考庄二十七年所书如此，则诸侯之风和平可知。虽云未尽合乎先王之礼，盖易约也。桓之功美，有孚于幽，而盛于首止，相为终始也。宣王《大雅》言韩侯出祖，盛显父、侯氏之燕胥，言韩侯娶妻，懿韩姞诸妇之光宠者，使人用是以观中兴之风。故《春秋》每书列国之事，以昭霸者之勋，乐人之远于祸乱，而嘉其熏熏往来。如齐桓、晋文之兴，庶几乎大雅之美矣。是以知凡志天下祸乱之变，皆咎王霸之失道也。"

二十有八年

二十有八年春王三月甲寅,齐人伐卫。卫人及齐人战。卫人败绩。

胡《传》:"战不言伐,伐不言日,而书日者,战之日也,见齐人奉词伐罪,方以是日至,卫人不请其故,直以是日与之战,所以深疾之也,而圣人之情见矣。"吕《集解》:"泰山孙氏曰:《春秋》之义,伐者为客,受伐者为主,故曰'卫人及齐人战'。不地者,战于卫也。"黄氏《通说》:"幽之再盟,卫侯不至,盖夺于丧制之故,或可情恕也。而齐遽伐之,是齐之兵不度义而动也。《左氏》以为齐侯奉王命讨子颓之乱,非也。卫朔、子颓之事十年矣,齐霸已久矣,不应至今方讨之也。且卫朔已死,何乃讨其子乎?"

冬,筑郿。

孙《解》:"筑郿者,新城郿而为邑也。不曰新,无旧也。不曰城,无所因也。"黄氏《通说》:"《春秋》凡书宫室园囿之役曰'筑',为筑王姬之馆、筑台、筑囿是也。郿,邑也,非宫室园囿而筑之,何也? 穀梁子曰:虞之也。古者山林薮泽之利,所以与民共也,虞之非正也,犹北魏甄琛所谓'县官障护河东盐池,而收其利'是也。古者有道,泽梁无禁,天地之藏,所以资养万人也。今障护而专其利,使民不得共之,岂为民父母之意哉?"吕氏《或问》:"是年书'大无麦禾',又书'臧孙辰告籴于齐',而是年'筑郿',明年'新延厩',冬又'城邑'者二,比事书之,而鲁庄之罪见矣。三十一年又书'三筑台',三十二年又'城小榖',鲁庄之罪益著矣。鲁十二公,台池苑囿之役,莫甚于庄。其不城一邑、不筑一囿,爱民力而重农事者,惟僖一人而已。观之《春秋》所书,则可见矣。"

大无麦禾。

胡《传》:"麦熟于夏,禾成在秋,而书于冬者,庄公惟宫室台榭是崇是饰,费用浸广,调度不充,有司会计岁入之多寡虚实,然后知仓廪之竭也,故于岁杪而书曰'大无麦禾'。大无者,仓廪皆竭之词也。古者三年耕,余一年之食;九年耕,余三年之食。今庄公享国二十八年,当有九年之积,而虚竭如此,所谓寄生之君也。民事古人所急,食者养民之本,不敦其本,而肆侈心,何以为国? 故下书'臧孙告籴'以病公,而戒来世为国之不知务也。"案:"古者"以下至"寄生之君"一段,盖本刘氏《意林》。

臧孙辰告籴于齐。

吕《集解》:"武夷胡氏《传》:刘氏《意林》:不言'如齐告籴',而曰'告籴于齐'者,言如齐则其词缓,言告籴于齐则其情急,此言大臣任国事治名而不治实之弊也。务农重榖,节用而爱人,则仓廪实。不知为此,事至而忧之,何其末与!鲁人悦其名,而以急病让夷为功;君子责其实,而以不能节用为罪。此王政之务本也。"

二十有九年

夏,郑人侵许。

吕《集解》:"襄陵许氏曰:许以近楚,自齐之霸,未会诸侯。故郑侵之,以求好焉。盖自是而后,许从中国矣。"吕氏《或问》:"桓公修伯业,将以安中国,而郑犹侵许,何也?曰:以见桓之伯业犹未甚盛,而诸侯犹有侵小之事。盖至桓公伯业既盛之时,而预盟会之诸侯始无疆场之事矣。"案:十六年幽之会,许尝列于盟矣,此自郑背盟而侵许以为利耳,许说非也。

冬十有二月,纪叔姬卒。

叶《传》:"此酅叔姬也。何以系于纪而得卒?成纪季之后也。"

城诸及防。

吕《集解》:"《辨疑》赵子曰:此但依先后次第,或甚者先之。"

三十年

夏,次于成。《公》、《穀》有"师"字。

陈氏《后传》:"次于滑也。书公于郎,贬师之。此其但书次何?以是为不足书也。本《穀梁》。甚矣,庄之不竞于齐也!君父死焉,不能讨;谋纪而齐灭纪;及齐围郕,而郕降于齐。于是次成,齐人降鄣。《穀梁》:鄣,纪之遗邑。是《左传》有'纪鄣'。虽罪齐桓也,讫庄公之身,不可以不贬也。"

秋七月,齐人降鄣。

孙《解》:"鄣入于齐,不曰'灭鄣'者,鄣,附庸之国,降齐而为附庸,国无以灭也;不曰'取鄣'者,齐之师无所加,胁之以声威,而鄣已降矣;不曰'迁鄣'者,鄣不去其土地,就其国服为附庸,齐无所迁也。"胡《传》:"降者,胁服之词。"

八月癸亥,葬纪叔姬。

叶《传》:"伯姬卒,书葬;叔姬卒,又书葬,存纪也。叶子曰:《春秋》于纪,何其致意之深也!自纪季以酅入于齐,不以为叛;纪侯大去其国,不以为奔。终始二十余年,常欲纪之屡见。至叔姬葬,而纪绝矣。盖王政不作,诸侯以力相并者,不可尽诛也。故于纪一见之,以谓虽齐之强,有终不可以灭纪;虽纪之弱,有终不可以服齐者。则国固非人之所可

灭,而人亦不得灭人之国,而天下之争夺息矣。故曰:兴灭
国、继绝世而天下之民归心焉,孔子之志也。"

冬,公及齐侯遇于鲁济。

吕《集解》:"襄陵许氏曰:齐桓伐郯、伐郑、伐徐,皆以宋
人主兵。而与公会于城濮,而后伐卫;与公遇于鲁济,而后伐
戎。以是知桓公之霸,不自恃也。用人之能以为能,集人之
功以为功,故其用兵行师,每资武于宋桓,而取策于鲁庄;其
治国也,一则仲父,二则仲父,遂能力正天下、泽济生民。"

三十有一年

六月,齐侯来献戎捷。

叶《传》:"捷者何? 军获也。下奉上曰献。齐霸主,则
何以献获于我? 威我也。始,小白伐山戎,请兵于我。不
从,怒,将攻之。管仲曰:'不可。我已刑北方诸侯矣,今又
攻鲁,鲁必即楚。'小白乃止。故其归也,夸之以示我。《春
秋》从而书之,挈齐侯若奉我然,欲求名而不得也。凡蛮夷
戎狄,有干王命,方伯征之,则献其功于王,王以警于夷。诸
侯不相遗俘。"案:末数语用《左氏传》。

冬不雨。

吕氏《或问》:"'不雨'之书见经者七。僖二年冬十月不

雨、三年春正月不雨、夏四月不雨,历三时皆一书之。文二年自十二月不雨至于秋七月,十年自正月不雨至于秋七月,十三年自正月不雨至于秋七月,或历三时而后书,或历四时而后书。盖历时不雨,所以重也。此年冬不雨,才一时不雨耳。春秋二百四十二年,一时不雨者,岂止一年而已? 此何以书? 曰:所以不书者,灾小而略之也。独此年一时不雨而书者,盖前年'大无麦禾',去年'有螽',今冬又'不雨',而筑邑者一,筑台者三,新厩者一,明年春又城小穀,书之于经,以见其无恤民之心如此也。"吕《集解》:"伊川先生解:一岁三筑台,明年春城小穀,故冬书不雨,闵之深也。"

三十有二年

夏,宋公、齐侯遇于梁丘。

叶《传》:"梁丘,宋地。齐侯,霸也,宋何以先齐? 地主也。"孙《解》:"宋公序齐侯上者,宋为之志也。"

秋七月癸未,公子牙卒。

陈氏《后传》:"季友以君命酖牙也,则其书'卒'何? 丧以大夫之礼也。牙将与庆父、夫人为乱,虽酖之,而立叔孙氏,使若死于位然,是丧以大夫之礼也。《春秋》之法,苟有诛意于其臣,虽自杀也,亦书'杀'。此杀也,吾从而'卒'之,则何以传信于万世？不'卒'之，则无以察鲁人之心也。缘君臣之谊，不得私其亲；缘亲亲之恩，不与国人虑兄弟也。立叔孙氏，使之若死于位然，则淫人何惧焉？史著其迹，《春秋》察其心，后世有惧焉者矣。"

冬十月己未，《公》《穀》作乙未。**子般卒。**

叶《传》："此弑也，何以不书弑？内辞也。不书则何以知其为弑？不地，则知其为弑也。未逾年之君，未葬称子。书名，未成其为君也。古者天子在丧，称予小子；未逾年而死，则曰小子。王生名之，死亦名之，诸侯则否。故诸侯未逾年，有子则庙，庙则书葬；无子不庙，不庙则不书葬。"

公子庆父如齐。

吕《集解》："刘氏《权衡》曰：庆父虽杀子般，未敢便取其国，利闵公之幼而立焉。其如齐者，直告立君也。"叶《传》："闵公者，夫人之娣叔姜之子，于时八岁。僖公贤而长，庆父不立僖公，而立闵公，假夫人之故，以说于齐，少缓鲁人之怨，而申其志于后云尔。"

狄伐邢。

孙《解》："春秋之时，中国衰，外裔凭陵中国，而侵伐诸侯。书之所以见中国之无人，而外裔之盛强也。为中国者有罪尔，外裔又何责之哉？"吕《集解》："襄陵许氏曰：《春秋》戎先见，荆次之，狄次之。而荆暴于戎，狄又暴于荆。当惠王世，戎、狄、荆楚交伐诸夏，使无齐桓攘服定之，岂复有中国哉？"

闵　　公

闵元年

秋八月，公及齐侯盟于落姑。《公》、《穀》作洛姑。

叶《传》:"落姑，齐地也。何以盟？定公位也。叶子曰：吾何以知此盟为定公位欤？夫子般弑而季子奔陈，庆父请于齐而立闵公。庆父与季子，盖不并立于鲁者。闵公生才八岁，安能内拒庆父之强，外召季子而请诸齐？庆父者，季子之所不得制，权非出于闵公，则鲁人亦安能违庆父召季子乎？此理之必不然者也。何休以为季子畏庆父权重，后复为乱，如齐闻之，奉闵公托齐桓，而为此盟。是虽无据，而吾以为可信。何以知之？诸侯立不以正，必待于盟会而后定，固非王法矣。闵公之时，小白方霸诸侯。闵公不当立，而庆父之恶，不可以不前戒，则假齐之重以定公位者，实季子之意。此吾所谓因陈援以诉于齐，使夫人、庆父之恶不得隐，

126

而后鲁可为者也。经所以书'公及齐侯盟于落姑'，盖齐侯与公即其地以为盟。其谋出于齐，非出于鲁。既盟而庆父之恶见，其奸不得行于齐，则季子亦可挟齐令以归鲁，是盟固季子定公位，非鲁人纳季子也。"

二　年

夏五月乙酉，吉禘于庄公。

叶《传》："何以言'于庄公'？君薨，祔而作主，特祀于寝，三年升于庙。庄公之主，未升于庙，即于寝而以庄公配之，非所配而配也。"黄氏《通说》："襄十五年，晋穆公卒。其十六年，晋人答穆叔曰'以寡君之未禘祀'，是知三年丧毕，乃为禘也，故曰'吉禘'。今闵公斩焉在衰绖之中，而辄举吉禘之祀，废三年之通丧，非礼也。"

九月，夫人姜氏孙于邾。公子庆父出奔莒。

叶《传》："子般之弑，夫人与庆父矫立闵公，而归狱于邓扈乐，故夫人犹得安国中，而庆父可以托君命以聘齐。闵公之弑，庆父篡而不得，则夫人与庆父之计穷矣。外失齐援，而恶暴于国人，虽权在己，亦无能为。季子可诛而不诛，犹使逃焉者，以僖公为重，而不遽讨之也。僖公立，则庆父自不能免矣，故直书'庆父出奔莒'，而不著季子奔邾，《春秋》

终始之意也。"

十有二月,狄入卫。

陈氏《后传》:"于是卫及狄人战于荥泽,卫师败绩,遂灭卫。则其但书'入'何?不以累桓公也。凡灭国,有存之者,则不言灭,归德于存之者也。有乘而取之者,亦不言灭,归罪于取之者也。是故卫不言灭,须句不言灭。_{事在僖二十一年。}"

郑弃其师。

黄氏《通说》:"不言师溃者,溃因于弃之,非师自溃也。"

僖　　公

僖元年

齐师、宋师、曹师次于聂北，救邢。

孙《解》："《春秋》言救言次者二，襄二十三年'叔孙豹帅师救晋，次于雍榆'及此年'次于聂北，救邢'是也。聂北之次，先次而后救，罪其能救而不救也；雍榆之次，先救而后次，言其欲救而不敢也。"胡《传》："三国称'师'，见兵力之有余也。聂北书'次'，讥救邢之不速也。《春秋》大义，伐而书'次'，其'次'为善，'遂伐楚，次于陉'，美之也；救而书'次'，其'次'为贬，救邢次于聂北，讥之也。圣人之情见矣。故救患分灾，于礼为急；而好攻战、乐杀人者，于罪为大。"吕氏《或问》："《春秋》救而书'次'者三，此年救邢，及十五年'次于匡'救徐，襄二十三年'救晋，次于雍榆'是也。先书'救'而后书'次'，则是始以救兵出，而后不能救之也；先书'次'

而后书‘救’,则始有所次,而卒能救之也。然则救徐之举,先书‘楚伐徐’,而后书‘次’、书‘救’,则缓于救患也。救邢之举,未见书‘伐’者,而亦书曰‘次于聂北,救邢’,则次于聂北,所以救邢也。救徐之师在于楚兵既伐徐之后,救邢之师在于狄人将伐邢之时,此其所以异也。邢不言伐,可以见齐桓之功;卫不言救,足以为齐桓之耻。”吕《集解》:“伊川先生解:齐未尝兴大众,此称‘师’,责其众可救而徒次以为声援,致邢之不保其国也。”

夏六月,邢迁于夷仪。①

吕氏《或问》:“卫见伐而至于入其国,齐不能救;邢见伐而卒迁于夷仪,齐不能安中国,桓之罪也。邢迁如归,卫国忘亡,桓之功也。功罪不相掩,《春秋》之旨欤?”陈氏《后传》:“自迁不书,据文十三年邾迁于绎、成六年晋迁于新田之类。有迁之者而后书。由庄公而下,以中国迁中国,书曰‘某人迁某’,罪迁之者也;由僖公而下,以夷狄迁中国,书曰‘某迁于某’,罪迁者也。以齐、晋之伯也,而狄伐邢,邢迁于夷仪,狄围卫,卫迁于帝丘,虽夷狄之暴横,而桓、文亦受其咎矣。”案:此在“邢迁于夷仪”条。

齐师、宋师、曹师城邢。

孙《解》:“《春秋》之法,前目后凡。救邢、城邢一事尔,

①　此条经文据钟泰按语补。

复叙诸侯之师者，所以见齐桓帅诸侯之师，不能救之，而徒城之也。"陈《后传》"此救邢之师也。使之若再有事然，志桓之慢也。桓足以攘狄，而宿师于聂北，玩寇以待其弊，邢溃而后迁之，桓公见义不勇矣。"

秋七月戊辰，夫人姜氏薨于夷，齐人以归。

孙《解》："夫人言'薨'而不言'杀'，内辞也。书'齐人以归'，所以明齐人杀之也。"

楚人伐郑。

孙《解》："荆自此称楚，始改号也。"叶《传》："荆自是始称楚。荆，其自名也。楚，中国之名也。盖将变而从中国矣。故前伐郑曰'荆'，今始加之'人'。'荆人来聘'，臣之辞也。'楚人伐郑'，君之辞也。君臣犹同辞，以为是无别于君臣者，则亦无别于君臣也。"陈氏《后传》："楚何以先称荆而后称楚？曰：从其实也。诗称'蠢尔蛮荆'，是楚以荆称旧矣。至春秋之初，犹以荆通于中国，故《春秋》从而荆之。今始改为楚，《春秋》亦从而楚之尔。说者谓自州而国之，乃《春秋》渐进夷狄之法，谬矣。"

八月，公会齐侯、宋公、郑伯、曹伯、邾人于柽。

叶《传》："此齐侯之会也。邾人以微者会乎？非微者也。夫人尝孙于邾矣，而齐侯杀之于夷，盖取之于邾也。齐取子纠于我，杀之犹为之辞，则取夫人于邾杀之，我不得与之并会，公可以辞矣。故邾称人，若非其君然，所以病公也。"案：闵之弑，成季以僖公适邾矣。公之接于邾，自彼巳尔，故得至是而辞之。石林于此，亦求之太深矣。

九月，公败邾于偃。

叶《传》："夫人之故也。齐可以取夫人于邾，义也，霸者也。我不可许夫人与齐，道也，子也，故不敢以柽之盟无讨于邾。君子以鲁为近于道矣。偃，邾地。"

冬十月壬午，公子友帅师败莒师于郦，获莒拏。

陈氏《后传》："获非卿帅不书。据囚宋华元、获乐吕，但书华元；获齐国书、公孙夏，但书国书之类。莒拏非卿也，则何以书？嘉季子也。庆父，弑君之贼也。莒人纳焉，赂而后归之。鲁于是败其师，获拏，而鲁之内难始定。"

二 年

二年春王正月，城楚丘。

孙《解》："三传之说，皆以为楚丘卫邑，齐桓帅诸侯城之。然案《春秋》之例，诸侯城之者，则书'诸侯'，城邢、城缘陵、城虎牢、城成周是也。未有与诸侯同城而不叙诸侯者。楚丘之地，见于传记者，皆以为卫邑。卫诗《定之方中》序亦曰'卫楚丘'，而诗中无之，但曰楚宫、楚室尔。楚丘之名，见于《春秋》者二，隐之八年曰'戎伐凡伯于楚丘，以归'，当凡伯之来聘,戎遂伐之以归。经不言卫,则楚丘安知非鲁地乎？于此城之,又不言诸侯城楚丘,益可疑也。今地里楚丘属宋,则凡伯自周聘鲁,无缘更过宋也,此盖可疑之事,且当阙之。"黄氏《通说》:"楚丘非卫邑也。何以知其非卫邑也？以《春秋》书法而知之也。《春秋》凡书城外邑,必有所系。如城缘陵,不言杞,必曰'诸侯城缘陵',以见缘陵之为外邑,而非鲁自城也。如城虎牢,必系于诸大夫会戚之下,曰'遂城虎牢',以见虎牢之为外邑,而亦非鲁自城也。若书城内邑,则无所系矣,如城中丘、城祝丘之类是也。楚丘之城,既无所系,岂得为外邑哉？况隐公七年书'天王使凡伯来聘','戎伐凡伯于楚丘,以归',系楚丘于'来聘'之下,益知为鲁邑明矣。《左氏》载成季之生也,'公使卜楚丘之父卜之'。卜楚丘者,鲁大夫也,以其国邑为氏,故曰'卜楚丘'也。卫诗称'作于楚宫'、'作于楚室',而未尝曰'楚丘'也。惟序诗者称卫楚丘,此乃汉儒沿袭三传之讹说尔。"吕《集解》:"吕氏曰:先儒以谓诸侯之义,不得专封。夫所谓专封者,以此地界此人也,则谓之'专封',固不可也。如同时诸侯有相灭亡,天子不能令,方伯不能救,天下诸侯力能救而复之,则是蹈仁而践义也,而以是为专封,是嫂溺援之以手而以为罪也。"

虞师、晋师灭下阳。《公》、《榖》作夏。

吕《集解》:"伊川先生解:虞假道而助晋伐虢,虢之亡,

虞实致之，故以虞为主。下阳，邑也。虢之亡由此，故即书
灭。又襄陵许氏曰：书'郑伯突入于栎'，不书'入郑'，书
'虞师、晋师灭下阳'，不书'灭虢'，观物有要矣。"叶《传》：
"邑不言灭。虞恃虢，虢恃下阳，无下阳，则无二国矣，故以
下阳当二国也。恃其非所恃，则虽浚洙见讥；不守其所可
守，则灭下阳亦不免于罪。"陈氏《后传》："晋里克、荀息也。
称师何？灭未尝书大夫将也。下阳，虢邑也。灭下阳而后
灭虢，则其但书灭下阳何？以为晋人之罪，徒灭其邑焉尔，
而虢自亡也。"吕氏《或问》："隐四年伐郑之役，序宋首兵，其
实则卫州吁使告于宋，而后伐郑也。此年下阳之灭，序虞首
兵，其实则晋请于虞，而后伐虢也。盖从州吁之请者宋，则
伐郑之役，宋实为之，卫不能以自必也。从晋人之请者虞
也，则伐虢之师，虞实主之，晋不能以自必也。观此，可以见
圣人书法之严矣。"案：灭下阳，下阳不系虢，以为此不独虢
恃之，虞亦恃之，下阳盖虞、虢之所共之者也。楚丘不系卫，
缘陵不系杞，虎牢不系郑，则又有大焉者矣。无楚丘、无缘
陵，受狄之患者，不独卫与杞也。无虎牢，受楚之患者，不独
郑也。楚丘以及虎牢，皆有关于天下之全局者也，是以不系
之卫与杞与郑，若曰：诸侯之城之，犹为其自城之尔。若楚
丘，则去鲁为近，而其于鲁尤切，观此不言诸侯，是使鲁独城
之也。鲁为卫城之，卫安而鲁亦安，即不啻自城之也。楚丘
之于鲁，犹下阳之于虞也。虞唯视下阳非己有，下阳亡而己

亦亡。鲁唯视楚丘犹己邑，楚丘城而鲁亦固。此圣人天下一家、中国一人之意也。区区于专封之争，卫邑、鲁邑之争，未为能知《春秋》者也。

三　年

徐人取舒。

吕《集解》："襄陵许氏曰：僖公之颂曰'荆舒是惩'，则舒盖荆与国，是以徐人取之，盖倚齐鲁，故易如此。"叶《传》："荆，九州也。鬻熊受封在荆之楚，而非荆也，故谓之'荆楚'。而楚初以荆自名者，僭荆而有之也。其后复中国之称，故言楚。舒亦荆之别也，故谓之荆舒。其不曰荆者，以舒自名而已。其后复有舒鸠、舒蓼、舒庸者，盖又舒之别，所谓'群舒'者也。名从主人，君子无所加损焉。"

秋，齐侯、宋公、江人、黄人会于阳谷。

胡《传》："案《左氏》：'谋伐楚也。'或曰：侵蔡次陉之师，诸侯皆在，江、黄独不与焉，则安知其谋伐楚乎？曰：兵有聚而为正，亦有分而为奇。诸侯之师同次于陉，所谓聚而为正也；江人、黄人各守其地，所谓分而为奇也。次陉，大众厚集其阵，声罪致讨，以振中国之威；江人、黄人各守其竟，案兵不动,以为八国之援,此克敌制胜之谋也。退于召陵而盟礼定,循海以归而涛涂执,然后及江、黄伐陈,则知侵蔡次陉而二国不会,自为犄角之势明矣。"吕氏《或问》:"予未尝不善夫齐桓之能得江、黄,而又未尝不惜夫齐桓之急于结江、黄也。夫内合诸侯以壮声势,外结江、黄以为援兵,此诚克敌制胜之术。其谋诚巧矣,惟其急于集众,贪于图功,求一时制胜之功,而不为后日久远之虑,为齐之计,而不为江、黄计也。故自贯泽、阳谷之会,而已知异日有楚灭江、黄之为矣。恃人而人不足恃,祸莫大焉。为人所恃而己不足恃,辱莫甚焉。桓公、管仲非其智之不知此也,以为将急于制楚,则固幸江、黄之为吾用,而未暇为后日虑也。王者之道,惟其不急于事功之成,是以明白正大,周致缜密,而无异日之忧。伯者之道,惟其急于事功之成,是以参用智谋,苟就亟为,而贻后来之患。此王、伯之所以异欤?观管仲言于桓公曰:'江、黄远齐而近楚,楚,为利之国也,若伐而不能救,则无以宗诸侯矣。'管仲之智,固有以及此矣,然而卒与之盟者,急于有为之心有以夺之也。"

冬,公子友如齐涖盟。

吕《集解》:"襄陵许氏曰:公盖有故,不会阳谷,是以季友如齐涖盟,用是见桓之宽政,优简于诸侯,而僖之诚德,亦既信矣。"

四　年

四年春王正月，公会齐侯、宋公、陈侯、卫侯、郑伯、许男、曹伯侵蔡。蔡溃，遂伐楚，次于陉。

吕《集解》："泰山孙氏曰：元年，桓公救邢、城邢，皆曰某师某师。此合鲁、卫、陈、郑七国之君侵蔡，遂伐楚，书爵者，以其能服强楚，攘夷狄、救中国之功始著也，故自是征伐用师皆称爵焉。又常山刘氏曰：'楚屈完来盟于师，盟于召陵'，彼自服而来求盟于我也。如成二年袁娄之盟，则异于是。'齐侯使国佐如师'，非服而来也，畏晋之强而赂晋也。晋受赂而与盟，明我反及彼也，故不曰'来盟'，而曰'秋七月，齐侯使国佐如师。己酉，及国佐盟于袁娄'。《春秋》于王道，信轻重之权衡、曲直之绳墨也。"吕氏《或问》："召陵之役，齐桓三十年图楚之谋，至是始遂。荆自庄十年见于经，十三年而桓已为北杏之会以图诸侯，十六年又为幽之盟，大合八国，然而未敢遽加兵于夷狄。二十年而后伐戎，始有事于夷狄也。三十年而后伐山戎，再有事于夷狄也。至僖四年而后伐楚，盖山戎强于戎，而楚尤强于山戎也。方其始也，兵威未甚振，故伐戎而已。其继也，兵威既渐振，则伐山戎矣。又其后也，兵威既大振，则伐楚矣。是故，荆败蔡师，以蔡侯献舞归,此桓公未图伯之时,固不必论。十四年荆入蔡而不能救,十六年荆伐郑而不能救,岂桓公顾忘楚哉?力未可以有为,则姑隐忍,而将以有待也。二十八年荆伐郑,始会鲁、宋以救之,然而未大战也,又岂赦楚哉?力未可以大有为,则姑解吾中国之急,而大举则以俟他日也。梁丘之遇,谋伐楚矣;柽之会,谋救郑矣;贯之盟,得江、黄,楚之右臂断矣;徐人取舒,楚之种落散矣;阳谷之会,处置定矣。公子友如齐涖盟,诸侯之大夫各受约束矣,而楚之侵伐郑者再,于是轻兵侵蔡以破其党,重兵次陉以慑其气,而向时倔强之楚,屈服而不暇矣。楚虽欲不使屈完来盟,不可得矣。然则包含隐忍于前日者,固将以大伸于今日耶!至于召陵之师,又何其整暇而有谋、持重而不迫也!先侵蔡,非凌弱也,以为蔡者楚之属也,不先侵蔡,则楚未可伐,而彼得以并力以拒我,胜负特未可知也。以吾兵力之强,而加于蔡,虽不待大兴讨伐之师,而蔡①固折北而不支矣。夫然后尽其力以萃于楚,可以集事。此攻坚瑕之术也。次于陉,非有畏也,以为吾方大合八国之师以压敌竟,彼诚不量事力,出与吾战,则吾因可以坐收一胜之功。如其不然,吾乃深入其地,顿兵于方城、汉水之下,则其胜负亦未可知也。故次于陉以修文告之辞,要以得其屈服则止。此审进止之宜也。

---

① "蔡"泉州文库本作"楚",钟改作"蔡",从之。

迨夫屈完来盟于师，而乃退师召陵，以与之盟，非示怯也，盖叛则讨之，服则舍之，此伯主之义也。方其叛也，则提重兵以压敌竟，所以示其武；及其服也，则退师召陵以与之盟，所以示其仁武以震之。仁以怀之，则中国之义合，而夷狄之心服矣。此兼威怀之道也。此盖齐桓节制之师，而管仲之教也。扬子云曰'《春秋》美召陵'，正谓此也。或者乃为之说，曰：'《春秋》书"屈完来盟"，而不称楚子使之，是屈完之盟非楚子意也。楚子侵暴中国，于是为甚，必当大有以惩创之，纵曰不加兵而使之自服，犹当屈楚子于盟而后可。今楚子不至，而徒听屈完之自盟，是示弱于楚矣。以堂堂八国之师，侵蔡而蔡溃，于楚子屈服之余，乘其余锋，声罪致讨，彼虽有方城、汉水，果足恃乎？今乃示弱于楚，卒之盟血未干，而围许灭弦，伐徐之师继出，皆齐桓示弱之过也。故召陵之就盟，不如城濮之一战。'为此说者误矣。予尝考之，屈完之盟，与齐佐之盟一例也。然成二年《春秋》书齐之事，曰：'齐侯使国佐如师，己酉，及国佐盟于袁娄。'曰'如师'者，请盟之辞也。请盟，则盟与不盟未可知也。此年书楚之事，曰：'楚屈完来盟于师。'曰'来盟'者，前定之辞也。前定，则楚之来盟固其意也。且书曰'楚屈完来盟于师'，犹曰'荆人来聘'耳。来盟不称使，来聘亦不称使，可言来聘非楚子使之耶？盖其使屈完来盟者，自是楚不敢与齐战，而后屈完始来。屈完来，则楚服矣。伯者之用兵，要以服人则止，岂必较区区之胜负于两阵之间哉！且召陵之师，又与城濮不类。城濮之战，当是时，楚人围宋，楚人救卫，楚师固在外也。楚师在外，是出穴之虎也，与之一战而决胜负则易。召陵之师，当是时，楚虽以前年冬伐郑，而未尝驻兵于中原，是楚师固已在国也。楚师在国，是据穴之虎也，与之一战而决胜负则难。故侵蔡以伐其援，使之左顾右盼而失其助；次陉以压其竟，使之彷徨自救而惧其亡。而又不深入客地以自犯难，不急蹙穷犬以至反噬，此真知兵者也。城濮之战，可以挫楚之气；召陵之师，可以服楚之心。孰谓召陵之功顾劣于城濮哉？又况先修文告之辞，而不急于战；次退召陵之师，而不逼其盟，盖又有王道气象，非诡谲以求功者之比，殆管仲之为欤？"陈氏《后传》："兵事言遂，必关天下之大故也。侵蔡遂伐楚，以志齐桓之伯；侵陈遂侵宋，以志楚庄之伯。足以见夷夏之盛衰矣。凡次，讥也。此齐桓之师，则其书'次'何？用见桓之不战而诎楚也。桓公合九国之众以讨楚，兵未有盛于此者也。楚虽强足以一战矣，而临楚不战，楚人为之诎，使其大夫即盟于师。桓公不欲临楚盟屈完，退而盟召陵。不阻隘，不以君违臣，不以军容乱国容，一动而三善得，桓公不但以力服人矣。《春秋》之褒贬，辞不足以尽意，而后见于文，书曰'次于陉'、'楚屈完来盟于师'、'盟于召陵'，斯其为文也美矣，则从其恒辞书'次'可也。"黄氏《通说》："八国之兵及其竟而民溃，可见威声震骇之甚也。"案：袁娄之盟，与召陵不同。齐败而后乞盟，书曰"使国佐如师"，所以见齐之急也。楚未败也，特震于齐桓之兵威，不欲与战，求以盟好相终耳。书曰"屈完来盟于师"，其辞缓矣。袁娄之盟，以国佐来而后定，晋志在战不在盟也。召陵之盟，实出齐桓之志，齐虽伐楚，志在盟不在伐也。比事属辞观之可以见矣。

夏，许男新臣卒。

吕《或问》："晋侯卒于扈，先书'会于扈'，次书'晋荀林父伐陈'，故下文不得不书'卒于扈'。此年许男先从诸侯侵蔡，次于陉，下文又书'来盟于师'，则许男之卒，其为卒于次陉之师明矣。不得与他文一例也。经不书者，盖省文耳。"

楚屈完来盟于师。盟于召陵。

孙《解》："是时鲁公在师，以屈完之外而至，故曰'来盟'。再言盟，盖屈完受命来盟于师，诸侯以其服从，退军召陵，然后盟也。若一书'盟于召陵'，则无以见诸侯退师之实，故先书'来盟'，以见楚之服从，又书'盟于召陵'，以见诸侯之退师。"

齐人执陈辕涛涂。

陈《后传》："此齐侯也，其称'齐人'何？贬也。东迁之后，诸侯始放，《春秋》之治在诸侯，而大夫不与。北杏之后，盟主始专，《春秋》之治在盟主，而诸侯不与。治在诸侯，贬人之，是故于中丘会称'君'，伐宋称'人'，于郎战称'君'，盟恶曹称'人'。治在盟主,贬人之,是故于陉伐称'君',于执涛涂称'人',于温会称'君',于执卫侯称'人'。"黄氏《通说》:"涛涂为齐谋则诈,为其国谋则忠也。《左氏》载陈辕涛涂谓郑申侯曰:'师出于陈、郑之间,国必甚病。若出于东方,循海而归,可也。'盖知齐师所过,必大为其国之扰,故不欲其出乎己国。齐不自反,顾乃执其臣而兵其国,仁者果如是乎?大抵兵事一动,不惟有战斗死伤之忧,而师之所处,荆棘生焉,所过国邑人民,力困于诛求,胆寒于侵掠,诚有如涛涂之所谓甚病者夫! 以齐桓用兵,号为节制,而犹若此,况以悍将驱暴兵,无法以驭之,所过残灭者多矣,可不谨哉!"吕氏《或问》:"书'执'者多矣,而或称'侯'以执,或称'人'以执,何也? 曰:称人,略辞也;称侯,重辞也。称人者,其文之常也;称侯者,特变其文也。春秋诸侯之执人也,皆以其私耳,故皆称人,如'宋人执郑祭仲'、'齐人执陈辕涛涂'、'齐人执郑詹'、'齐人执子叔姬'、'晋人执卫石买'、'晋人执卫宁喜'、'楚人执陈干征师'、'晋人执季孙意如'、'晋人执叔孙婼'、'晋人执宋仲几'、'晋人执宋乐祁犁'、'齐人执卫北宫结',凡皆称人。诸侯执诸侯亦称人,僖五年'郑人执虞公',十九年'宋人执滕子婴齐'、'邾人执鄫子',二十八年'晋人执卫侯',成九年'晋人执郑伯',以上亦称人。惟僖二十一年书'宋公、楚子某某会于盂,执宋公,以伐宋',二十七年'晋侯入曹,执曹伯',则变文也。盖书执宋公于会盂之

142

下,书执曹伯于入曹之下,故不复书某人矣。昭七年楚师灭陈,'执陈公子招',十一年楚师灭蔡,'执蔡世子有',则亦变文也。盖书执陈公子招于灭陈之下,执蔡世子有于灭蔡之下,则亦不复书某人矣。凡皆蒙上文也。惟成十五年'晋侯执曹伯,归之于京师',不书'人'而书'侯',盖春秋执人而得其道者,惟此一事而已,故特书之。其亦异于非其道而执人者矣。故曰'齐人执陈辕涛涂',略辞也。人者,通上下之辞。"案:此独书"晋侯"者,为下"归之于京师"发也。归之京师,惟晋侯则可,晋人则不可也。以此观之,书人盖常辞尔。

秋,及江人、黄人伐陈。

吕《集解》:"伊川先生解:齐命也。"

冬十有二月,公孙兹帅师会齐人、宋人、卫人、郑人、许人、曹人侵陈。

陈氏《后传》:"会侵未有书'帅师'者,而公孙兹书'帅师';会救未有书'帅师'者,而公孙敖书'帅师'。公子牙与弑子般,公子庆父谋弑闵公,而兹与敖皆世为将,是故谨志之。曰:公子友帅师败莒师于郦,公孙兹帅师会侵陈,公孙敖帅师及诸侯之大夫救徐,见三家之所从始也。"

五 年

五年春,晋侯杀其世子申生。

叶《传》:"杀公子以国与人,公子,国与人可得而杀也;杀世子、母弟不以国与人,世子、母弟,非国与人可得而杀也。父子,天性也。兄弟,天伦也。非其父不父、兄不兄而谁敢杀乎?世衰道微,有子弑父、弟弑兄者,故《春秋》之为教,杀世子、母弟,特以其君责之,盖曰:能为人父,然后可正天下之子,能为人兄,然后可正天下之弟。亦各反其性而已矣。"陈《后传》:"于是太子缢于新城,则其斥杀何?《春秋》之法,苟有谮而不见,则其君之罪也。是故申生以骊姬之谮自杀,宋世子痤以伊戾之谮自杀,直称君杀而已矣。"

公及齐侯、宋公、陈侯、卫侯、郑伯、许男、曹伯会王世子于首止。秋八月,诸侯盟于首止。

叶《传》:"《春秋》辞繁而不杀者,正也。书之重、辞之复,其中必有美焉。乐道人之善,而恶人之不善,天下之情一也。乐之,故每以为不足,一言不已,至于再言,再言不已,至于三,君子犹以为未也。恶之,则唯恐绝之不速、拒之不严,一言之,已过矣,而肯至于再乎?故《春秋》会盟而再目地,惟四而已,首止也、葵丘也、宋也、平丘也。以为会盟非诸侯之所为,吾既概以为罪而一正之矣,后世有继世不以道而乱世嫡,定之如首止者;守国不以礼而慢王政,率之如葵丘者;强弱相陵而穷兵不已,和之如宋者;夷狄乱华灭人之国,而正之如平丘者,不少假之,则天下终无与立也。故待天下之变而有出于不得已者,各于其事一见法焉,《春秋》之义也。"陈氏《后传》:"桓有诸侯之事三。于洮,序王人于诸侯之上而同盟焉。王人,微者也,虽同盟而无嫌。于葵丘,亦序周公于诸侯之上,而不敢同盟焉。天子之宰,异于微者也。盟于首止,不但不同盟也,而帅诸侯以殊会世子,以世子之尊,非特天子之宰比也。桓公于是知节矣。是故,会有周人,盟无周人,书'会于某,某日,诸侯盟',则齐桓之逊也;会有周人,盟有周人,书'会于某',但曰'某日盟',则晋厉之伉也。事在成十七年柯陵。《春秋》于是予桓也。"

郑伯逃归不盟。

陈氏《后传》:"国君而曰逃,贱之也。何贱乎? 郑伯以其背夏盟也。厥貉之会,麇子逃归,不书;事在文十年。厉之役,郑伯逃归,不书,事在宣十一年。盖逃楚也。必若郑文公逃齐、陈哀公逃晋而后书,所以示夷夏之辨,严矣!"

楚人灭弦,弦子奔黄。

陈氏《后传》:"楚尝有大夫屈完,此斗榖于菟也。则其称人何？楚大夫将，恒称人也。"

冬，晋人执虞公。

孙《解》："《春秋》于虞之亡也，不言其迁，不言其灭，但曰'执虞公'。盖虞之所依者，虢也，贪虢而首恶，虢亡则虞亡。下阳之灭，虞已见灭，而晋已取虞，虞之亡也，四年于兹矣。于是但执虞公焉，非亡虞也。"吕《集解》："刘氏《意林》：虞之灭，自夏阳始，夏阳灭则虞亡矣。宫之奇、舟之侨之徒皆知之，独其君不知，故《春秋》因大见其衅于灭夏阳，而深没其迹于执虞公，使天下之为人君者从而省之，可以戒矣。故曰：'家有既亡，国有既灭，由别之不别也。'可不大哀乎！人君莫不恶亡而好存，莫能固亡而保存，是何也？嗜欲之习近，而忧患之来远也。"陈《后传》："灭者，亡国之善辞也，上下同力也。苟同力致灭，自其君世子必详所以灭之之罪，书曰'楚子虔诱蔡侯般杀之于申'，'楚公子弃疾帅师围蔡'，'楚师灭蔡，执蔡世子有以归，用之'。苟不同力，执其君而国从之矣，则不详所以灭之之罪，书曰'晋人执虞公'，以为晋人徒执其君焉耳，而虞自亡也。"叶《传》："虞称公，或曰商之故爵也，或曰尝入而为王三公者也。"

六　年

夏，公会齐侯、宋公、陈侯、卫侯、曹伯伐郑，围新城。

吕《集解》："襄陵许氏曰：围而不举，则亦服之而已，有遗力者也。"陈《后传》："伐国不言围邑，本穀梁例。此其言围何？以桓公合六国之众，徒围其邑焉耳。自僖以下，必围国而后书，邑不足书也。"

秋，楚人围许。

陈《后传》："此楚子也，其称人何？楚君将，恒称人。"

七　年

夏，小邾子来朝。

孙《解》："言小者，有大之辞。自伯者之兴，而附庸小国，类多称爵，《春秋》因而书之，所以见当时之爵，或降或升，惟伯者之所欲为尔。"吕《或问》："石氏曰：此郳黎来也。周武王封帝颛之后挟于邾，挟之后有功于周，又封其子友于郳。邾，鲁之附庸也。郳，又邾之别封也。庄四年，'黎来来朝'，书其名。附庸之君称字，而郳又附庸之邑耳。今来朝称小邾子,何休以为'齐桓由天子进之,遂以爵通',义或然也。"

秋七月,公会齐侯、宋公、陈世子款、郑世子华盟于宁母。

叶《传》:"陈款、郑华何以约与盟?诸侯有故,则世子摄其君,下其君之礼一等,周道也。"

八 年

八年春王正月,公会王人、齐侯、宋公、卫侯、许男、曹伯、陈世子款,《公羊》有郑世子华。**盟于洮。**

黄氏《通说》:"王人即王官也,犹僖二十九年王子虎盟翟泉,亦以'王人'书是也。时惠王不豫,陈妫、子带之谋未已,故齐侯复扳会王官而盟之,以定王世子之位。盖王世子废置之命制于诸侯矣。"

郑伯乞盟。

孙《解》:"《春秋》之法,有义同而辞异者,皆圣人之新意也。天子有求于下,则书'求',求者,责也。天王者,天下之尊,一物皆其所有,于其所无也,则责其下使共之尔,故其取车、取金也,书之曰'求',求其所当入也。诸侯之与诸侯,土地有常守,人民有常奉,以其所无求其所有者,皆非其道也。

故于求盟、求师也,书之曰'乞',非所有而乞之也。《春秋》
书'求'者三,皆施之于天王;书'乞'者六,皆施之于诸侯。"

夏,狄伐晋。

吕《集解》:"襄陵许氏曰:晋恃强大且远,不与齐合,是
以狄得侮之与。故当齐桓之隆,同盟者安,介立者殆矣。"
案:此齐伯方盛,狄不得志于东,故转而西侵也。

秋七月,禘于太庙,用致夫人。

吕氏《或问》:"'用致夫人'者,谁乎? 曰:夫人不书姓
氏,说者不同。《左氏》以为哀姜,《公羊》以为齐媵,《穀梁》
以为立妾之辞,而刘向因以为成风。又有以为文姜者,则程
氏之说也;有以为声姜者,则王氏之说也。盖缘不书姓氏,
是以致诸儒之纷纷以意度之。疑成风之说为近。盖'用'
者,不宜用也;'致'者,不宜致也。《春秋》常事不书,非常事
则书之。禘,非礼也,然其失已久矣,圣人虽欲讥之,可得而
悉书邪? 故于其禘而又失礼者始书之。凡禘,以审昭穆也,
圣人书此,以明鲁之失礼也。成风,妾母也。《春秋》妾母之
例有三:隐之母,书曰'君氏卒',而不书'葬',盖隐不以夫
人之礼葬其母也。变文曰'君氏',以明其为君母也。哀之
母,书曰'姒氏卒',而不书'薨',盖哀不以夫人之礼丧其母
也。然而书'葬'矣,书'葬',则其为君之母,亦可知矣。但
曰'葬定姒',而不称'小君',则虽葬,而其礼犹有所降杀也。
若僖之母,则薨称'夫人',葬称'小君',是以夫人之礼丧其

母,是以小君之礼葬其母也。自是而后,宣之敬嬴、襄之定姒、昭之齐归皆然。由是观之,则妾母为夫人,自僖公始也。'前此有惠公仲子矣,何以言自僖公始?'曰:圣人书'来归惠公、仲子之赗','僖公、成风之禭',盖罪之也。然仲子之宫,犹立别庙以祠之,犹有所疑也;至僖公,则薨、葬用夫人之例矣。故曰自僖公始也。岂其成之为夫人者,自此年之'禘于太庙'始乎?至宣、襄则有例矣。故圣人于其'用致夫人'之始,谨而书之。若以为哀姜、文姜,则薨称'夫人'、葬称'小君'矣,未有葬称'小君'而不祔庙,直至于此时而后祔庙也。若谓僖公之娶声姜,在未即位之前,未尝庙见,乃因禘而庙见,则当僖公即位之时,又安得不举行其礼,直至今日而后致邪?故曰:'致夫人'者,成风也。"

九 年

冬,晋里克杀《公羊》作弑。**其君之子奚齐。**

叶《传》:"奚齐未逾年,未成君也,故言'其君之子';未成君则不可以弑名,故称'杀'焉。叶子曰:弑君,天下之大恶也,可以未逾年而薄其罪欤?曰:《春秋》以名定罪,若其义,则亦各视其情而已矣。齐商人之弑舍、晋里克之弑奚齐,皆未逾年之君也。商人之弑,以己也,取而代之;里克之弑，以文公也，盖以纳文公焉。故于奚齐，则不成其为君；于舍，则成其为君。不成其为君者，《春秋》之法也，常也；成其为君者，《春秋》之义也，变也。法不可以变而乱名实，义不可以常而废善恶，此政之所以行，而教之所以立也。"吕氏《或问》："石氏曰：诸侯在丧称'子'，杀未逾年之君，同成君。子般书'子'，以丧称也。齐舍书'君'，同成君也。晋里克之杀奚齐，则异乎此也：称子必系于其君，以明国人不子之也；言君而必曰'其君之子'，以明国人不君之也。国人不子，而献公独以为子；国人不君，而荀息独以为君。'杀其君之子奚齐'，不曰'君'，又不曰'子'，其意亦可见矣。"

十　年

十年春王正月，公如齐。

吕《集解》："泰山孙氏曰：公始朝齐也。不至者，朝桓，安之，与他国异也。十五年如齐同此。"叶《传》："如，朝也。凡公如，皆朝。朝，君之事也。大夫如，皆聘。聘，臣之事也。诸侯之邦交，以世相朝，非周道也。即位，大国聘焉，小国朝焉，霸主之令尔。鲁前有诸侯来朝者矣，未有朝人者也，盖小白既霸，鲁于是乎事齐，鲁之屈于大国自僖公始矣。"

晋里克弑其君卓《公羊》作卓子。**及其大夫荀息。**

吕《集解》："刘氏《意林》：里克能不听优施之谋，宁喜能不从孙林父之乱，陈乞能不随景公之惑，则晋无杀世子之祸，卫无逐君之恶，齐无立孽嬖之变矣。患在偷合苟容，逢君之恶，故《春秋》成其君臣之名，以正其篡弑之罪也。所谓'不知其义，被之空言不敢辞'矣。不然，卓与剽、荼岂有宜为君之义哉？"叶《传》："荀息之不正，可责于傅卓子之初，不可责于卓子弑之际。夫受命而傅之，既立以为君，则君臣之义定矣。可以君弑①而不死其难乎？故管仲之仁虽可与，而召忽不可为不忠；里克之罪虽可薄，而荀息不可为不信。亦各有义而已矣。"黄氏《通说》："卓子不当立者也，其曰'君卓'，何也？国不可旷时无君，虽立不以正，逾年必称君也。"

夏，齐侯、许男伐北戎。

吕氏《或问》："遇鲁庄于济西而遂伐戎，则知其为鲁讨也。楚人伐郑而后伐楚，则知其为郑讨也。北戎之伐，诸侯不与，而许男从之，意其为许讨欤？"

晋杀其大夫里克。

孙《解》："里克比弑二君，天下之大恶，于其杀之也，称大夫，而不与专杀。盖《春秋》之法，虽弑君之贼，以其罪讨

---

① 　四库本无"弑"字，钟抄加之，意顺，保留。

之,则书之为人,不以其罪讨之,则为专杀。里克虽有弑君之罪,而夷吾尝命为大夫矣,又以其私杀之,杀其大夫尔,非讨弑贼也。齐公子商人弑其君舍而立,于其见杀也,书曰'齐人弑其君商人',商人虽有弑君之罪,而齐人杀之者,以己怨焉,齐人弑君尔,非讨弑贼也。弑君之贼,固《春秋》所不容,然当时讨之,必正其罪,不正其罪而杀之,犹之不讨也,故晋人里克得杀大夫之罪,齐人弑商人被弑君之恶。《春秋》之轻重与夺,必皆尽当时之情,非苟然也。《穀梁》曰'杀之不以其罪',此说是。"陈氏《后传》:"讨贼不言大夫,其曰'晋杀大夫里克'何?克犹在位也。克犹在位,则是杀大夫耳。在位独里克乎?督相宋庄,翚相鲁桓,前乎此矣。于是里克杀以他故,而后见焉耳。自宋万而下,弑君无讨者,凡贼再见,犹夫人也。虽若晋里克、卫宁喜,杀以他故,而后见书曰'大夫',则犹夫人而已矣。是故自里克迄春秋,贼皆书氏族,乱臣贼子无以异于夫人矣。通国以为贼,吾从而志之以为贼;通国以为夫人,吾从而志之以为夫人,我何加损焉?实录而已。是经之大变也。虽然,有荀息在焉,则犹有臣子也。杜:'自庄以上诸弑君者皆不书氏,自闵以下诸弑君者皆书氏,明时史之异同,非仲尼所成也。'非是。"

冬,大雨雪。

叶《传》:"大雨雪不志,此何以志?建酉、建戌、建亥之月,书不时也。"黄氏《通说》:"雨雪常也,惟大而为害,故书。

独桓八年雨雪不言大者,周之十月,今之八月,非雨雪之时,故以异书也。"孙《解》:"《春秋》书雨雪者三,而言大者二。大者,非常之辞,雨雪非常而为灾,故书之尔。《公羊》曰'大雨雹'。案:《左》、《穀》皆作'雪',《公羊》未可据也。"

十有一年

冬,楚人伐黄。

胡《传》:"案穀梁子曰:'贯之盟,管敬仲言于桓公:"江黄远齐而近楚,楚为利之国也,若伐而不能救,则无以宗诸侯矣。"桓公不听,遂与之盟。管仲死,楚伐江、灭黄,桓公不能救。故君子闵之也。'远国慕义,背夷即华,《春秋》之所取也。被兵城守,更历三时,告命已至,而援师不出,则失救患分灾、攘夷狄、安与国之义矣。灭弦、灭温皆不书'伐',灭黄而书'伐'者,罪桓公既与会盟而又不能救也。"吕《集解》:"襄陵许氏曰:以公夫人阳谷之会观之,则齐侯霸业怠矣,是以楚人伐黄而不能救也。"案:本年书"伐",明年书"灭",明示有可救之机与时日也。此事观之,齐桓不能救黄之罪见矣。说者每以贯之盟责江、黄不知楚欲灭江、黄久矣,倘非贯之盟、召陵之师,江、黄之灭,不待今日也。《左氏》谓黄人不归楚贡,楚人伐黄。夫贡

之不归,特楚人加罪之词耳。若弦,岂与于会者? 又岂尝
不归楚贡? 楚何以灭之哉? 至恃诸侯之睦于齐而不自
强,是则黄诚有罪矣。

十有三年

十有三年春,狄侵卫。

胡《传》:"齐桓为阳谷之会,是肆于宠乐,其行荒矣;楚
人伐黄而救兵不起,是忽于简书,其业怠矣。然后狄人窥伺
中国,今年侵卫,明年侵郑,近在王都之侧,淮夷亦来病杞而
不忌也。伯益戒于舜曰:'无怠无荒,四夷来王。'此至诚无
息,帝王之道,《春秋》之法也。齐桓、晋文若此类者,其事则
直书于策,其义则游圣门者默识于言意之表矣。"吕《集解》:
"襄陵许氏曰:桓政始衰,自楚伐黄不救,则狄有以量中
国矣。"

公会齐侯、宋公、陈侯、卫侯、郑伯、许男、曹伯于咸。

孙《解》:"咸之会,二传皆无事迹,惟《左氏》以为谋杞、
谋王室。案:王室之事,不载于经,而明年经书'城缘陵',
前目后凡,则谋杞之说与经合矣。"

十有四年

十有四年春,诸侯城缘陵。

孙《解》:"缘陵之地,经不言杞者,杞未迁也。不叙诸侯而凡言之者,会咸之诸侯,于是复合而城之,前目后凡,《春秋》之简辞也。去年之冬,经书'公子友如齐',则是公子友受命于鲁公而聘齐侯也。公子友受命而聘,则齐、鲁之君,皆尝反其国矣。然经不再叙之者,以去年定其谋,今年终其役,事无殊异,国无增损,可以简言之矣。《春秋》城邢,斥言其国,缘陵、虎牢,但书其地,盖迁国者书国,未迁者书地,《春秋》之法然也。会盟战敌不书其地之国名,可推而知者也。"

夏六月,季姬及鄫子遇于防,使鄫子来朝。

孙《解》:"《春秋》之法,内女适人者,以国系之,明有所从也,杞伯姬、宋荡伯姬是也。未适人者,但书其字,未有所从,字以别之也,伯姬、子叔姬是也。经书'季姬及鄫子遇于防',非礼可知也。《左氏》以为季姬归宁,而公止之,故遇于防,而使之朝。案《春秋》内女适他国者言'归',季姬未尝言'归于鄫',而明年始书之,又不曰'鄫季姬',明其未归鄫也。《左氏》徒见丑恶之甚,以为必不至此,故曲为之解。文姜、哀姜之行，有甚于此者矣，季姬之事，经书之甚明，无足疑也。"吕氏《或问》："女子许嫁，笄而字，书曰'季姬'，则字也。妇人书字，许嫁之辞也。岂其许嫁于鄫，而未归于鄫乎？然则出遇于防，使来请己，恐有此事，不至如或者所疑。何休谓'季姬许嫁于邾，而及鄫子遇，使鄫子请己'，未知何据。"叶《传》："季姬，内女也，则何以得遇鄫子？爱季姬，使自择配也。季姬已许嫁邾子，鄫子来请婚。僖公未知其所与也，则召鄫子见季姬以择之，若邂逅相遇然。季姬以为可，而后鄫子来朝以请，故以季姬及鄫子非婚姻之道也。鲁之乱，始于不能正家。僖公虽贤，而不知礼，故致成风为夫人，则非所以事其母；及声姜以会齐侯，则非所以闲其妻。爱人以姑息而已，则安得以礼正季姬哉？王政之不行，盖虽子产为政，不能夺公孙黑之强委禽，乃从徐吾犯妹之所欲，以与子南，其习俗有自然矣。《公羊》乃以为奔，则已甚。夫奔，匹夫匹妇之事也，岂可行之于国？故吾以徐吾犯妹与子南之事推之，而后知其说云。"

秋八月辛卯，沙鹿崩。

孙《解》："日有食之、星孛于某，其变之大，其应之广，不可以一国言也。沙鹿崩、梁山崩，虽在于晋，而异及于天下，不可以晋言也。"吕《集解》："襄陵许氏曰：恒星不见、星陨如雨，齐桓之祥也；沙鹿崩，晋文之祥也。齐桓将兴而天文堕，晋文欲作而地理决，王道之革也。"吕氏《或问》："沙鹿不系之国，何也？《春秋》书地，有不系之国者，如楚丘不系卫、缘陵不系杞，盖不以楚丘、缘陵系于卫、杞也。沙鹿、梁山不系之晋，盖天下之名山大川也。其地、其名固有常处矣。下阳不系之虢，虎牢不系之郑，盖天下之险要地也。下阳亡则虞、虢亡，虎牢者郑之捍蔽，天下险要之地，亦自有数，故亦不系之国也。"

狄侵郑。

吕《集解》："襄陵许氏曰：前年狄侵卫，今年狄侵郑，而莫或攘之，桓志衰也。王霸之政，兢兢不可怠已。齐桓之烈，盛茂如此，一矜而易心生之，则夷狄窥兵中国，是以先王屡省成功，而率作兴事，修诚慎宪，务以戒终也。"

十有五年

三月，公会齐侯、宋公、陈侯、卫侯、郑伯、许男、曹伯盟于牡丘，遂次于匡。公孙敖帅师及诸侯之大夫救徐。

胡《传》："楚都于郢，距徐亦远，而举兵伐徐，暴横凭陵之罪著矣。徐在山东，与齐密迩，以封境言之，不可以不速救；以形势言之，非有馈粮越险之难也。今书'盟于牡丘'，见诸侯救患之不协矣；书'次于匡'，见霸主号令之不严矣；书大夫帅师而诸侯不行，见桓德益衰，而御夷狄、安中国之志怠矣。凡兵而书'救'，未有不善之也。救而书'次'，则罪其当速而故缓，失用师之义矣。"叶《传》："前救邢，先言'次于聂北'。聂北，邢地，以次为救者也。此救徐，先言'次于匡'。匡，卫地，不果于救者也，故以其大夫往焉，非救之道也。以敖主兵，内辞也。大夫何以不序，无功不足序也。楚遂败徐于娄林，齐自是不复救人矣。"陈氏《后传》："楚伐徐，桓公合七国之众以救之，而使大夫将。有诸侯在而大夫将于是始，桓公为之也，则桓志荒矣，而卒不竞于楚。是故凡救，讥也；言次，甚讥之也。有诸侯在而使大夫将，始于牡丘，桓公为之也。有诸侯在，而使大夫盟，始于鸡泽，悼公为之也。"

乙卯晦，震夷伯之庙。

吕《集解》："陆氏《辨疑》：赵子曰：晦者，晦朔之晦尔，据十六年'戊申朔，陨石于宋五'、成十七年'甲午晦，晋、楚战于鄢陵'，并书晦、朔，则知古史之体，应合书日，而遇晦朔必书之，以为历数之证。"叶《传》："桓宫、僖宫灾，孔子在陈闻火，曰：'其桓、僖乎？'为其亲尽而当毁也。夷伯之庙，必有不得其正者矣，故辞间容'之'。之，缓辞也，不与其正之辞也。"

冬，宋人伐曹。

陈氏《后传》："诸夏之相加兵，自庄公之十九年始，前此未之有也。于是再见，宋襄公为之也。"黄氏《通说》："齐桓晚岁,不独平时所忌之国果于抗衡,而所厚如宋襄,亦动伐曹之师,盖欲乘其霸业之衰而代兴也。"吕《集解》:"襄陵许氏曰:同盟始自相攻,桓不能一矣,则何以禁夷狄之乱? 霸德方衰,荒服窥欲,至是而诸侯浸以贰也。威灵之凌夷,可不慎哉!"

楚人败徐于娄林。

陈氏《后传》:"夷狄交相败不书,据《传》,襄十三年楚人败吴师,获公子党,十四年楚伐吴,吴人败之,获公子宜谷之类。必败中国而后书。徐,戎也,何以书? 病齐也。齐帅天下之诸侯以攘戎狄、存中国也,楚伐徐,桓公合七国之众盟于牡丘、次于匡以救徐,为之伐厉,而徐卒败于楚人。不数年,宋楚争盟,执宋公,以是为盟主病矣。"孙《解》:"《春秋》之法,内败外师,不言战,不使外敌内也;中国败外裔,不言战,不使外裔敌中国也;外裔之相败,不言战,不为重轻也。《春秋》之义,近尊者,则为之嫌;远尊者,不嫌其敌。内之于外,中国之于外裔,近尊者,为之嫌,不使之敌也。外裔之于外裔,去内已疏,去中国已远,为之辞虽同于内,同于中国,不嫌其敌也。'楚人败徐于娄林',与内之败外、中国之败外裔,无异辞焉,不嫌故也。"

十有一月壬戌,晋侯及秦伯战于韩,获晋侯。

胡《传》:"君获不言师败绩,君重于师也。大夫战而见获,必书师败绩,师与大夫敌也。君为重,师次之,大夫敌,

《春秋》之法也。与孟子之言何以异？孟子为时君牛羊用人，莫之恤也，故以民为贵，君为轻，《春秋》正名定分，万世法，故以君为重，师次之。"陈氏《后传》："于是秦获晋侯以归，则其不曰'以归'何？罪晋侯也。获匹夫之辞也。言获，则以归不足言也。是故获夷狄不书，据《传》，郤缺获白狄子、叔孙得臣获长狄。夷狄交相获不书，据《传》，楚获吴公子党、吴获楚公子宜谷。皆不足书也。必大国也，将尊而师重，若宋华元、齐国书，斯可以言获矣。宋、齐，大国也，将尊而师重，获之若匹夫然，犹曰宋、齐之耻。晋，甸侯也，而言获，是夷晋侯于大夫也。"黄氏《通说》："或问：秦，西戎也，始见于《春秋》，宜不以爵氏人名称之也，而书'秦伯'，何哉？曰：秦守本爵，无吴、楚之僭，《诗》采秦风，《书》录《秦誓》，秦之为中国明矣，不可以戎狄言也。"

十有六年

十有六年春王正月戊申朔，陨石于宋五。是月，六鹢退飞，过宋都。

孙《解》："《公羊》曰：'《春秋》不书晦。'非也。《春秋》之法，惟日食不书晦，圣人以谓日食必于朔，食晦者，历失也。《春秋》日食不书晦，所以正万世之历也。其他事遇晦朔则书,无不书之理也。"胡《传》:"石陨鹢飞,而得其数与名。在春秋时,凡有国者,察于物象之变亦审矣。"叶《传》:"都,鄙也,自是而之他矣。"黄氏《通说》:"是月者,文误也。上书'戊申朔',此承上文,当云日。"

三月壬申,公子季友卒。

陈氏《后传》:"大夫卒,恒称名,则其兼字之何? 见三桓之所自始也。自是季氏世为卿也,故讥之。本刘氏。"吕《集解》:"刘氏《传》:大夫卒称名,季者,字也,其称季友何? 讥。何讥尔? 讥世卿。世卿,非礼也。言自是世季氏也。世卿多矣,曷为独讥乎此? 因其可讥而讥之。此其为可讥奈何? 言是乃逐昭公者也,其诸则宜于此焉正之矣。"

夏四月丙申,鄫季姬卒。

孙《解》:"《春秋》内女适诸侯者书卒,以鲁公为九月之服,恩录之,鄫季姬是也。时君非其兄弟,无九月之服者,不书其卒,杞伯姬是也。适诸侯而大归者,见弃于他国,则非夫人也,非夫人,则无九月之服,亦不书卒,郯伯姬是也。适诸侯之大夫者无服,无服者,亦不书卒,莒庆叔姬是也。"

夏,灭项。

孙《解》:"《公》、《榖》二传皆以为齐桓灭之,而为之讳也。然《春秋》之作,不待传而后明,实齐灭之,而以内灭为文,则是齐之罪见原,而鲁无辜被诛也。盖二传之意,以灭国为大恶,《春秋》讳内大恶,必不书灭也。灭人之国,诚大恶矣，鲁不幸而有之，如何为之讳乎？书取鄫，不灭鄫之宗祀，但取而属我，鄫非灭尔，故不书灭。项实灭之，而不存其祀，如何不书灭乎？《春秋》书鲁灭者惟一，盖鲁自灭国少尔，何是疑哉？"吕《集解》："伊川先生《解》：灭人之国，罪恶大矣，在君则当讳，如鲁灭国书取。灭项，君在会，季孙所为也，故不讳。"叶《传》："项，国也。孰灭之？公灭也。公方在淮，则何以能灭项？使大夫灭也。内不言灭，此何以言灭？诸侯方与公责淮夷病人于外，而公复使大夫灭人于内，以公为病矣。何以不言大夫？非大夫之罪也。"陈氏《后传》："于是公犹在齐，非公命也。向也，费伯帅师城郎，非公命，不书，此何以书？城郎，常事；灭项，非常。是故必常事也，讥不及公，则不书，苟非常，则谨书之。书灭项，失兵权之渐也。襄公在晋，书郑庶其来奔；昭公在晋，书莒牟夷来奔。虽非公命，皆非常也。春秋之季，大夫不禀命于诸侯，非但鲁也，郑伯会于夷仪，郑公孙舍之帅师入陈；事在襄二十五年。蔡侯会于召陵，蔡公孙姓帅师灭沈，《春秋》必谨而志之也。"

十有八年

十有八年春王正月，宋公、曹伯、卫人、邾人伐齐。

吕《集解》："刘氏《传》：伐齐以纳公子昭也。伐齐以纳公子昭,则何以不曰'纳齐公子昭于齐'? 不与纳也。立嫡以长不以贤,立子以贵不以长,贵均以年,年均以德,纳公子昭,非正也。"黄氏《通说》:"宋襄自僖十五年伐曹,已有图诸侯之志。齐桓死,诸子争乱。无亏立,孝公奔宋。于是挟之以伐齐,而惧不足以胜也,则托之曰:'是齐侯仲父尝属此于我也。'以孝公为先君所命,则其名正;以己为齐侯所属,则其辞顺。盖诬死而诳生者之辞,《左氏》乃受其诬,可谓惑矣。"

夏,师救齐。

陈氏《后传》:"书救齐何? 齐卒败于宋也。"

五月戊寅,宋师及齐师战于甗,齐师败绩。

叶《传》:"以'宋师及齐师'言宋之主战也。"

狄救齐。

吕《集解》:"襄陵许氏曰:桓公攘服夷狄,虽恃兵力,亦以礼让,恩信能结其心,观狄之救、楚之盟,有以见公之遗烈矣。"

秋八月丁亥,葬齐桓公。

胡《传》:"桓公九合诸侯,不以兵车,威令加乎四海,几于改物,虽名方伯,实行天子之事。然而不能慎终如始,付托非人,枢方在殡,四邻谋动其国家而莫之恤,至于九月而后葬,以此见功利之在人浅矣。《春秋》明道正义,不急近功,不规小利,于齐桓、晋文之事,有所贬而无过褒以此。"吕

164

氏《或问》："桓之子六人，皆非正嫡。若以长，则无亏当立也。桓公舍其所当立，而属孝公于宋，不可谓之正；又蔽于雍巫之言，而许立无亏，不可谓之明。身死之后，竖刁、易牙擅权，五公子争立，国内大乱，竖刁、易牙既因内宠以杀群吏，而立公子无亏，其名则立长也。宋襄帅诸侯之师以伐齐，而纳公子昭，其名则桓公之所属也。二者之名，杂于疑似之间而无所定，此所以起国内之乱，而四邻诸侯皆谋动其国家，而莫之恤乎！是故宋、曹、卫、邾伐齐，为纳公子昭也；师救齐，则救无亏也；宋师及齐师战，为纳公子昭也；狄救齐，则救无亏也。一世子之位不定，而宋得借此名以伐丧，鲁得借此名以敌宋，齐得借此名以战宋师，狄得借此名以陵中国，桓公身死，至于九月而后得葬。凡皆桓公之为也，比事而书，亦可以为万世之永戒矣。《春秋》于此编，不书昭之当立与否，而但书其伐、战、败、救之事，以见桓公方卒，而国人之乱如此，其义深矣。"

冬，邢人、狄人伐卫。

孙《解》："《春秋》之法，狄未尝有称人者，于其伐卫也，特曰'狄人'焉，所以伤中国。卫尝见灭于狄，而齐桓讨之，《木瓜》之诗，卫人美齐人而作也。齐桓死未逾年，而卫人同诸侯伐之。邢人自以复存者，桓公也，于是不忍齐之见伐而卫之无恩也，与狄伐之，《春秋》书曰：'邢人、狄人伐卫。'中国则夷狄焉，而狄则人焉，称之曰'人'，所以见中国之乱，人理泯亡,而夷狄为人也。"吕氏《或问》:"狄书'人',何也?曰:狄始书人也。'荆人来聘',则荆书人;'徐人取舒',则徐称人;'江、黄盟贯',则江、黄称人,皆著其与中国接也。"黄氏《通说》:"狄称'人',何也?以其人邢,不得不人狄也。"案:曰"邢、狄伐卫"则非例,曰"邢人、狄伐卫"则不词,故曰"邢人、狄人伐卫"。二十一年,狄侵卫,则仍书"狄"矣,以为狄始书人,非也。

十有九年

十有九年春王三月,宋人执滕子婴齐。

孙《解》:"诸侯失地名,婴齐见执,而遂失其地,故名之也。"叶《传》:"凡执而不名,内未有君也。此何以名?言执而杀之也。何以不言杀之?大夫则言杀之,诸侯则不言杀之,君臣之辞也。"陈氏《后传》:"执不言归,未失国之辞也。据成九年郑伯,襄十六年莒子、邾子,十九年邾子,哀四年小邾子。言归,危不得归也。是故执君不名,归然后名之。执称曹伯,归称曹伯襄;执称卫侯,归称卫侯郑。此执也,则其名何?遂失国也。舍滕子婴齐、戎蛮子赤,则皆未失国者也。虞公失国,则其不名何也?虞自亡矣。晋人之罪,徒执其君焉尔,不于执焉加以遂失国之辞,所以见虞之自亡也。婴齐遂失国,本孙氏。"

夏五月，宋公、曹人、邾人盟于曹南。

孙《解》："曹南之盟，盖宋襄公求伯而为之也。曹、邾皆称人者，盖宋襄威德未著，曹、邾但使其臣会之。亦犹北杏之会，齐桓称公而诸侯称人也。"叶《传》："曹南，曹地也，何以不言'宋公、邾人盟于曹'？非曹之国中，曹之南也。曹、卫、邾同伐齐，而不同战甗。卫以狄伐，则有辞矣。曹、邾之不至，以纳为非正也。宋公强而与之盟，故不盟于国中，而盟于国外，各以其微者来，义不足以服之也，宋于是复围曹。"

鄫子会盟于邾。己酉，邾人执鄫子，用之。

孙《解》："邾之与鄫，世仇之国，故宣十八年，又戕鄫子于其国都。邾鄫小国，其相仇之迹，不能悉见，经唯记其无道之甚者尔。经但曰'用之'，不云所用之迹，其重者，用之尔，何论于用之之迹乎！"吕《集解》："苏氏曰：宋公使邾文公用鄫子于次睢之社，欲以属东夷，然《春秋》书邾人而不及宋，何也？诸侯之尊，善恶可以专之，非人所得使也。邾以诸侯而听命于宋，以行不义，是以专罪邾也。"黄氏《通说》："孔子曰：'犁牛之子骍且角，虽欲勿用，山川其舍诸？'其言用者，祭而已矣。盖蛮夷之俗，往往有杀人祭鬼者，故《左氏》谓'宋公使邾人用鄫子于次睢之社，欲以属东夷'，二传谓扣其鼻以血社，非也。"

秋，宋人围曹。

陈氏《后传》："此宋公也，其称人何？凡围国，虽君将，贬人之。前年齐桓卒，宋欲合诸侯，而亟修怨于曹，诸夏之书围国，自此始。"

冬，会陈人、蔡人、楚人、郑人盟于齐。《公羊》有公字。

胡《传》："盟、会皆君之礼，微者盟、会，不志于《春秋》，凡所志者，必有君与贵大夫居其间也。然则为此盟者，乃公与陈、蔡、楚、郑之君或其大夫矣，曷为内则没公，外则人诸侯与其大夫？讳是盟也。楚人之得与中国会盟，自此始也。桓公既没，中国无霸，郑伯首朝于楚，其后遂为此盟。故《春秋》没公，人陈、蔡诸侯，而以郑列其下，盖深罪之也。"叶《传》："地于齐，齐亦与盟也。陈穆公思小白之德，率四国与公而盟焉，畏楚之或侵也。陈、蔡、郑，皆楚之与国也。陈率诸侯以保齐，可；畏楚之侵而使楚亦与盟，不可。小白率中国以攘楚，公得率楚以保中国乎？楚之窥中国，自是始矣。故四国皆贬而称人，公亦没而不得见，人诸侯，所以人公也。"陈氏《后传》："楚初与诸夏盟也。内不言公，讳之也。齐桓卒，陈非盟主也，则曷为会陈人？《春秋》不以夷狄会中国，则推而属之陈也。楚称人，犹未有君也。以其人楚，不可不人陈、蔡；以其人陈、蔡，不可不没公也。据传，陈穆公。"

梁亡。

叶《传》："有一朝而亡者，不幸而人或亡之也；有积久而亡者，虽幸而人欲存之，不得不亡也。人亡之，可曰'亡梁'；人欲存之而不得不亡，不可曰'亡梁'，'梁亡'而已。其所由来者渐矣，此梁之所以亡也。"黄氏《通说》："案《左氏》：'梁伯好土功，亟城而弗处，民罢而弗堪，则曰"某寇将至"。乃沟公宫曰："秦将袭我。"民惧而溃，秦遂取梁。'是梁伯益其国而不能实，亟城弗处以罢其民，民罢而溃，则国已亡矣。国亡而后秦取其地，非因秦取之而后亡也。故《春秋》不得言'秦取'，而以自亡为文焉。自亡者，民亡之也。秦兼并天下，德政不修，海内愁困，民不胜敝，遂起而亡秦。秦之亡，亦以民焉。秦亡于民，而后汉取之，非因汉取之而亡也，亦梁亡之类也。"

二十年

二十年春，新作南门。

叶《传》："南门，路门也。何以言'新作'？僭天子也。因旧而修谓之'新'，有加其度谓之'作'。礼，天子五门，曰皋门、曰库门、曰雉门、曰应门、曰路门；诸侯三门，曰库门、曰雉门、曰路门。古者谓国门为'南门'，故曰'天子听朔于南门之外'；谓路门亦为'南门'，故成王丧，言'逆子钊于南门之外'。鲁得以天子皋门之制为库门，应门之制为雉门，周公之赐也。而路门，则有诸侯之门焉。'新作南门'，书，岂非有加其度，而僭天子路门欤？故与'新作雉门'之辞一施之。不曰路门，天子有路门，曰'是天子之南门'云尔。"

五月乙巳，西宫灾。

孙《解》："西宫，僖公所居之西宫也。以其在西，故曰西尔。《公羊》曰'有西宫，则有东宫'，是也。《穀梁》以为闵宫。案：僖公继闵而立，若实闵宫，何妨言新宫乎？为其已久，何妨言闵宫乎？因其近，因其疏，变而言，于记事之法无乃不明乎？"

秋，齐人、狄人盟于邢。

叶《传》："狄何以书人？以狄齐也。卫人伐邢，狄以前与邢人伐卫之故，请于齐，为此盟以谋邢难。明年，狄遂侵卫。卫复报邢而灭之。邢、卫之怨，以齐为有力，则齐亦狄也。"

冬，楚人伐随。

吕《集解》："襄陵许氏曰：楚既服随，则将争衡于上国矣。而宋欲盟之，其能绌乎？"

二十有一年

二十有一年春，狄侵卫。

吕《集解》："襄陵许氏曰：中国无霸，则诸侯力攻，四夷

衡决,民被其灾,此书伐卫、伐邢、入滑、伐随、侵卫,著无霸
之急也。”

宋人、齐人、楚人盟于鹿上。

黄氏《通说》:“宋人为鹿上之盟以求诸侯于楚,则是欲
借楚之力以合诸侯也。首足倒置,至此极矣。后世人君,有
苟图得志于中国,而不耻于事夷狄,如唐高祖之于突厥,石
晋之于契丹者,皆宋襄之徒欤!”陈氏《后传》:“‘人’自为盟
,于恶曹见之。恶曹之盟,在桓十一年。(钟注)于是再见,其
再见何? 中国无伯也。齐故伯也,桓卒,宋襄公欲继之伯,
而求诸侯于楚,楚于是争长于宋,则是盟也,莫适为主,人自
为盟而已矣。”案:此宋公也,而书“人”,略之也。略之者,
以为是盟无与于得失之数者也。

**秋,宋公、楚子、陈侯、蔡侯、郑伯、许男、曹伯会于盂。
执宋公以伐宋。**

孙《解》:“《春秋》因会而执诸侯,惟二处尔:盂之会,楚
人执宋公,而不言楚人;溴梁之会,晋侯执莒子、邾子,而斥
言晋人。二事略同,而书之异辞者,圣人之微意也。《春秋》
之义,责其所可责,不责其所不可责。盂之会,执宋公者,楚
子也,而圣人以诸侯共执为文。盖楚子,蛮服之君,而无知
之人也。中国之诸侯,随盟主而会荆蛮,荆蛮执其盟主,又
随荆蛮而伐之,荆蛮何足责也? 中国之诸侯有罪尔。执宋
公以伐宋,罪不专于楚子,诸侯实同之也。溴梁之会,晋侯

以大义率诸侯而会焉,乃于其会执辱诸侯,以信致之,以诈执之,执莒、邾之君者,晋侯也,诸侯何与焉？楚子蛮服,不足责之,可责者,诸侯也。晋侯,中国之君,礼义之出,信会而诈执之,可责者,晋侯也。《春秋》之轻重与夺,惟义所在尔。”胡《传》:“执宋公者,楚子也,何以不言楚子执之？分恶于诸侯也。诸侯皆在会,而蛮夷执其会主,拱手以听而莫之敢违,其不勇于为义亦甚矣,故特列楚子于陈、蔡之上,而以同执为文。”陈氏《后传》:“宋楚初争长也。是故楚称子,而序于陈、蔡、郑、许、曹之上。不知诸侯之从楚与？从宋与？不予宋以伯也。凡执,恒称人。执之于伐,则伐称君,执称人;据齐人执陈辕涛涂之类。于会,则会称君,执称人。据晋执卫侯之类。虽大夫也,则亦会称大夫,执称人。据韩不信执宋仲几。执不称人,执有罪也。此楚子执宋公,则曷为不再言楚人？不以夷狄执诸夏之辞也。是故执宋公,不申言楚人;执齐庆封,亦不申言楚人,犹曰诸侯执之焉尔。”吕《集解》:“伊川先生解:宋率诸侯为会,而蛮夷执会主,诸侯莫违,故以同执书之。”

楚人使宜申来献捷。

叶《传》:“捷者,何捷乎？宋也。前未有言败宋者,此何以言捷？不使楚子得执宋公以败宋,故见伐不见战也。宋捷,则何以献于我？威我也。楚居一方,与宋襄公争中国,执宋公以伐宋,惧诸侯犹未尽宗己,故其捷也,夸之以示诸侯。不言宋,不使楚子得捷于宋也。”陈氏《后传》:“君使大夫,何以特称人? 贬之也。盂会称子矣,献捷于鲁,何以贬人之? 盂会不称子,无以见楚、宋之争长。献捷于鲁,不人之,则是遂予楚也。自是至椒之聘,而后始有君、大夫,于以见《春秋》之许夷狄也。"黄氏《通说》:"捷者,宋捷。齐捷戎,以中国而捷戎狄,可以言捷也,故曰'戎捷'。楚捷宋,以夷狄而捷中国,不可以言捷也,故不曰'宋捷'。其不曰'宋捷'者,不忍言宋也,爱中国之道也。"

十有二月癸丑,公会诸侯盟于薄,释宋公。

胡《传》:"盟不书所为,而盟于薄言'释宋公'者,宋方主会,而蛮夷执而伐之,以其俘获来遗,是夷狄反为中国主,禽兽将逼人而食之矣,此正天下大变,《春秋》之所谨也。鲁既不能申大义以抑其强暴,而顾与歃血要言,求楚子以释之,其事已俱甚矣。故书'会'、书'盟'、书'释',皆不言楚子,为鲁讳以深贬之也。"吕《集解》:"苏氏曰:凡诸侯见执,而不失国者,于归名之,书曰'某侯某归于某',此其不名而言释何也? 以为执之、释之皆在诸侯也。若是,而尚可以求诸侯乎?"叶《传》:"此前会盂之诸侯也,不序,前目而后凡也。何以不言楚? 诸侯与有力也。执不言楚,则诸侯不能逃其罪;释不言楚,则楚子不能专其德。宋公曰释,晋舍季孙行父于苕丘曰舍,君臣之辞也。"黄氏《通说》:"'会于薄,释宋公'者,盖诸侯请于楚而释之也,操纵在楚。其不曰'楚释',而以诸侯自释为文者,存中国也。"

二十有二年

二十有二年春,公伐邾,取须句。

孙《解》:"《春秋》书此,与伐邾取訾娄、伐莒取句,其文无异。考寻经意,止是须句为邾邑,公伐邾而取之尔。此当据经为定尔,《左氏》之言,不足凭也。"案:《左氏》所言"崇明祀、保小寡",特鲁以为伐邾之辞耳,信为实而以为礼,愚矣。

夏,宋公、卫侯、许男、滕子伐郑。

吕《集解》:"泰山孙氏曰:郑即楚故也。案:庄十六年'荆伐郑'、二十八年'荆伐郑'、僖元年'楚人伐郑'、二年'楚人侵郑'、三年'楚人伐郑',郑不即楚。此而即者,齐桓既死,宋襄不能与楚抗故也。"

秋八月丁未,及邾人战于升陉。

孙《解》:"《春秋》之义,内不言战,言战则败,败则不言其人,我之公及大夫无败故也。"胡《传》:"邾人以须句故出师。公卑邾,不设备,战于升陉,我师败绩。邾人获公胄,县诸鱼门,记称'邾娄复之以矢,盖自战于升陉始也'。鲁既败绩,邾亦几亡,轻用师徒,害及两国,亦异于诛乱禁暴之兵矣。故讳不言'公'而书'及',内以讳为贬。"

冬十有一月己巳朔，宋公及楚人战于泓。宋师败绩。

孙《解》："《春秋》之义，内不言战，言战则败也。中国不言战，言战则败也。宋，中国也。楚，外裔也。泓之战，言战、言败，待楚人以中国也。盖楚入中国之日久，侵伐盟会于中国，而中国不能攘之，非楚能中国也，而中国皆楚焉。《春秋》于楚之渐盛而不外之者，非进之也，所以一中国于外裔也。楚称人，君臣同辞之法也。"

二十有三年

二十有三年春，齐侯伐宋，围缗。

叶《传》："伐国不言围邑，此何以言围缗？ 不正其伐泓之败而凌之也。伐者，问罪之师。不正其义，而幸其间，非伐也。为后'宋公兹父卒'起也。"黄氏《通说》："宋襄公乘齐桓之丧，伐齐以立威；齐孝公亦乘宋襄之败，伐宋以修怨。盖出乎尔者，反乎尔者也。"

夏五月庚寅，宋公兹父卒。

吕《集解》："《辨疑》赵子曰：《公》、《穀》见不书葬，皆为异说。案例凡诸侯葬与不葬，从鲁会与不会尔。"

秋，楚人伐陈。

陈氏《后传》："此成得臣也，不书楚大夫，将犹称人也。"

二十有四年

夏,狄伐郑。

吕《集解》:"襄陵许氏曰:近世如唐、晋,资夷狄之力以定中国,皆卒为祸,此盖不讲于《春秋》戒周襄之所以出也。"

冬,天王出居于郑。

吕《集解》:"常山刘氏曰:春秋之时,王者政令仅行于畿内,才出畿甸,即非王有,故书曰'出'。圣人之法,拨乱世反之正,则曰普天之下莫非王土,非诸侯所得专也,故书曰'居'。"

二十有五年

二十有五年春王正月丙午,卫侯毁灭邢。

叶《传》:"卫侯何以名?嫉诱灭也。卫侯将伐邢,其大夫礼至曰:'不得邢之守,国不可得也。'请往,其昆弟仕于邢。及卫伐邢,邢守国子巡城,卫之仕于邢者乃掖国子赴外而杀之,邢遂以亡。礼至铭其器曰:'余掖杀国子,莫余敢止.'君子是以嫉卫侯也。叶子曰：甚矣，君子之恶诈也！曰‘自古皆有死，民无信不立’，民之所以能并生于天地之间而不相害者，以其信足恃也。使人而各怀其诈，虽匹夫且不可与共处，况有国于天下乎？故‘楚子虔诱蔡侯般，杀之’，名，恶诱杀人之君也；卫侯毁从礼至之请，诱杀国子而灭邢，名，恶诱灭人之国也。夫灭国之罪亦大矣，而辞无所贬，以为不待贬绝而自见也。乃其诱杀人之君，诱灭人之国，非有所示，其谁察焉？是以中国与夷狄之辞一施之。而三传皆言贬灭同姓，记礼者从而为之说。《春秋》之义，不加于事之所易见，而常致意于义之所难察。同姓，所易言也，楚灭夔、齐灭莱，皆不名，灭国、灭同姓一事也，既见灭，则罪已重矣，故不以轻者复参焉。诱杀人而灭国与诱人而杀之，二事也，不正，则终无以著其罪。三传既已失之，为礼者又从而弗悟，吾然后知学之为难也。"黄氏《通说》："诸侯灭人之国多矣，未有书名者，而卫侯独名，三传皆谓恶灭同姓，故名之也。夫异姓之不可灭，犹同姓之不可灭尔。况晋灭虢、齐灭纪、楚灭夔，皆同姓，而未尝名也。苟以为恶卫侯而名之，则晋、齐、楚皆无恶乎？杜谔谓《春秋》上书卫侯灭邢，而传写者见下文‘卫侯毁卒’，遂误增其名尔。"

宋荡伯姬来逆妇。

吕《集解》："刘氏《意林》：伯姬之嫁也，固不见经。今其来也，则何为见经？吾以此观之，内女虽亲，体不敌，则不书于策。不书于策，所以尊君也。今君失其礼，以爱易典，主大夫之婚，是卑朝廷而慢宗庙，非安上治民之节也。"叶氏《传》："妇，缘姑之辞。"

宋杀其大夫。

吕《集解》："襄陵许氏曰：凡不称名姓，义在杀大夫也。"

秋，楚人围陈，纳顿子于顿。

叶《传》："围陈何以言纳顿子？与其纳也。纳君，未有不以师，何以言围陈？顿，陈之邻国，盖有迫于陈而出奔者，围陈而使顿子得以归，是亦所以为纳也。顿子何以不名？内未有君也。凡纳君而名者，内有君也；纳君而不名者，内未有君也。"陈氏《后传》："出，罪也，纳之者，亦罪也，则悉书之。据北燕伯款、卫世子蒯聩。出，非其罪，纳之者，罪也，则但书纳。齐桓公卒，楚始与诸夏盟于齐、盟于鹿上、执宋公、纳顿子，侈然欲废置诸侯矣，《春秋》之所惧也。"

冬十有二月癸亥，公会卫子、莒庆盟于洮。

孙《解》："《春秋》之义，不以我公敌大夫。以我公而会外大夫，则皆降而称人。人，微者，远尊，则不嫌其敌也。于其会诸侯，而大夫与焉，虽大夫，不嫌也。有诸侯为之敌，则大夫虽从，若微者然，不能与公伉也。莒庆，小国之大夫，而得与公盟者，有卫子在，不嫌也。"

二十有六年

二十有六年春王正月己未，公会莒子、卫宁速盟于向。

叶《传》："公不讳与宁速盟，莒子在焉也。"

齐人侵我西鄙，公追齐师，至酅，弗及。《左氏》作"不及"。

胡《传》："凡书追者，在境内，则讥其不预，'追戎于济西'是也；在境外，则讥其深入，'追齐师至酅'是也。酅者，齐地。至者，言远也。弗者，迁词也，有畏而弗敢及之也。"

陈氏《后传》："此齐侯也，其称人何？自隐以来，以兵加我，君、大夫将皆书人。君将书君，自文十五年齐懿公始；大夫将书大夫，自襄十七年齐高厚始。讫春秋，惟莒、邾书人。"

吕《集解》："苏氏曰：侵曰人，追曰师，不可言'公追齐人'故也。"

公子遂如楚乞师。

孙《解》："《春秋》之义，天王则书之曰'求'，求，责也；诸侯则书之曰'乞'，乞，贱辞也；于鲁则书曰'告'，告，内辞也，求、乞之间也。《春秋》书求者三，皆施之于天王；书乞者六，皆施之于诸侯；书告者一，但施之于内。公子遂，内臣也，如楚乞师，内乞也，不曰告而曰乞，《春秋》之变例而圣人之意也。内不言战，战不言败。战者，敌也，外能敌内，则败矣。

179

《春秋》十二公之间,二百四十二年之久,内有败外师者矣,有与外战者矣,未尝有书内败者也。非内能不败也,盖虽败而不言,以为责备之法也。乾时之战,书战、书败,无内辞焉,内有取败之道也。桓公见杀于齐,庄公之父仇未复,而纳仇人之子,至于战,至于败,非外能败内也,内有取败之道也。楚,外裔也。齐,中国也。中国而相侵伐,不过以礼义相责、廉耻相属尔。鲁之见侵于齐,不治其义礼之所不至而使之不来,乃乞师于楚。楚,外裔也,是其以杀戮侵伐为事者尔。见侮于与国,而乞救于外裔,外裔岂可恃乎?书曰'如楚乞师',盖贱之也。乾时之战,内有取贱之道,则书之曰'败绩';公子遂之行,内有可贱之理,则书曰'乞师',盖《春秋》之例如此。"黄氏《通说》:"千乘之国,兵不素备,一旦有仓卒之警,则乞诸其邻,已非立国之道矣,况乞师于夷狄者哉!引非类以斗同室,非义也;示弱于夷狄以启其轻中国之心,非谋也。故书曰:'公子遂如楚乞师。'以为后世失义与谋者之戒焉。"案:自有乾时之败而鲁为齐弱矣,有公子遂之乞师而鲁为楚役矣。鲁为齐弱,其慨在鲁也;鲁为楚役,其慨不独在鲁,又在中国也,故两书皆变例。

秋,楚人灭夔,以夔子归。

孙《解》:"以归而不名者,惟夔子尔。以外裔灭外裔,不以例书之者,贱略之也。"胡《传》:"楚灭同姓,何以不名?人而不名,《春秋》待夷狄之体也。"陈氏《后传》:"灭同姓名,此楚子頵也,则其不名何?楚子之名未登于《春秋》也。楚自武王始见于传,文王始见于经,犹以州举也。至成王而后书'楚人'。盂之会,尝书'楚子'矣,而复人之。頵之名,非遇弑,未登于《春秋》,则灭夔固不名也。灭夔名之,则疑于卫侯毁。不名楚子,则不名夔子也。"

冬,楚人伐宋,围缗。

叶《传》:"伐国不言围邑,此何以言围缗?未能得宋,先尝之于缗也。伐者,问罪之师,国未可得而先尝之于其邑,非伐也,为后围宋起也。"案:廿三年齐侯伐宋,亦围缗。缗盖宋之岩邑也,欲得志于宋,必取缗,是故围之尔。

二十有七年

冬,楚人、陈侯、蔡侯、郑伯、许男围宋。

孙《解》:"《春秋》之义,可以诸侯会微者,不以诸侯会大夫。北杏之会,齐桓称爵,而诸侯称人。齐桓,伯者,将会诸侯,以攘外裔而尊中国。《春秋》著桓公之爵,而降诸侯称人,将授之方伯之事,不得不推尊而书其爵;诸侯将从之以安天下,不得不降而称人也。围宋之役,楚子称人,而诸侯称爵。楚子,外裔,而诸侯从之;宋,中国,而诸侯围之。中国诸侯,而随外裔以围同列,贬诸侯称人,而书楚子,则不见诸侯随从外裔之罪；惟书楚子为人，而序诸侯之上，则诸侯之罪著矣。盖北杏之会，所书不同，而褒贬之意相类也。"陈氏《后传》："楚尝有君矣，据会于盂。此楚子也，据传。则其称人何？嫌予楚以伯也。盟于齐，楚犹序陈、蔡之下；于鹿上，犹不先齐、宋也；盂之会，宋、楚始并为诸侯长矣。楚之称子而长于诸侯，宋襄公为之也。鲁僖、卫文，夫子之删诗有取焉。桓公卒而卫从楚，鲁又从楚。楚败宋于泓、纳顿子、灭夔、取齐之穀，且合四国之君以围宋，《春秋》以是为夷狄之强而已矣，虽序于诸侯之上，而特人之。"

十有二月甲戌，公会诸侯，盟于宋。

叶《传》："此前围宋之诸侯也，不序，前目而后凡也。宋公犹在围，则何以地宋？盟于宋之国外，是亦宋矣，不嫌也。'曹南'言南、'聂北'言北，此何以不言方？志于围则不主方也。楚围宋而公不与，于是如会而请盟焉，恶矣，何以不没公？公欲之也。"

二十有八年

二十有八年春，晋侯侵曹，晋侯伐卫。

吕《集解》："襄陵许氏曰：齐桓之兴，至于伐楚、伐北戎也，而后称爵。而晋文始见即称爵者，盖事弥速、功弥浅矣。

又吕氏曰：侵曹、伐卫，两事也，既侵曹矣，又伐卫也。《春秋》书之如此其详者，见诸侯之放恣也。"叶《传》："何以再见晋侯？嫌侵曹与伐卫并也。楚始得于曹，而新昏于卫，文公欲袭齐桓之迹，攘楚以图霸，故自南河济而侵曹，归而讨卫罪，因以怒楚而求战。何以不言'遂'？侵曹非以伐卫也。"

公子买戍卫，不卒戍，刺之。

吕《集解》："苏氏曰：刺未有书其故者，书其故，言非其实也。"

楚人救卫。

陈氏《后传》："楚尝救郑矣，不书。见传僖六年、二十二年。于是始书，以为晋文之伯，楚欲救而不能也。"

三月丙午，晋侯入曹，执曹伯，畀宋人。

孙《解》："《春秋》之法，执诸侯大夫称人。晋侯执曹伯，《春秋》称其爵，非与之也，以入曹见之也。入曹者，晋侯也。入曹称爵，则执曹伯不可再言晋人也。宋受晋侯之畀，犹且称人，则执而畀之者，非方伯之讨，又可知也。"叶《传》："是当曰'畀宋人田'，不言田，经成而亡之也。畀之为言与也。不曰'与'，曰'畀'，与者，我物而归之彼；畀者，彼物而受之我，犹曰'皇天用训厥道，付畀四方'云尔。楚之围宋，在二十七年之冬，宋公孙固如晋告急。是时，宋公盖在围也。及诸侯盟于宋，盖即宋之城外以为会，宋公不与焉。明年三月，晋侯入曹，执曹伯，宋围犹未解，故再见宋使门尹般如晋师告急。《左氏》载先轸始谋言:'我执曹君,而分曹、卫之田,以赐宋人。'既而公说。复言'执曹伯,分曹、卫之田以畀宋人',此其终事也。楚子闻,果命子玉去宋,宋公于是始释围得归而从晋,城濮之战,始见宋师,则方执曹伯,畀之者谁乎?晋侯有疾,侯獳货晋史,归曹伯,则曹伯之归,盖自晋不自宋也。是其畀之者,田而已。"吕《集解》:"陆氏纂例:不称晋人执者,承上晋侯入曹文,故不可重言晋人也。"

夏四月己巳,晋侯、齐师、宋师、秦师及楚人战于城濮,楚师败绩。

孙《解》:"惟晋书爵,而三国皆称师,盖圣人之意也。北杏之传称人,则随从无疑也。城濮之战称师,则盛强无敌也。北杏之会,齐桓九合之始,《春秋》书其始,所以要其终。城濮之战,晋文伯功之盛,《春秋》与其盛,则其外无观焉。称人、称师,虽所书之迹少间,而贵之之意不异矣。"吕氏《或问》:"《春秋》书齐桓之事,北杏之会,首出齐爵,固予齐以伯矣。然自北杏之后,凡有征伐,皆书曰人,至召陵之役,然后书爵。晋文始见于经,一有征伐则书其爵,何也?曰:齐桓之功,著于三十余年之后;晋文之功,著于一旦之间。齐桓之楚,虽曰猾夏,败蔡师,执蔡侯,又一伐蔡、三伐郑,然蔡、郑特近楚之国,未至偃然与中国并驱争先,故齐桓犹可以徐为之谋。晋文之楚,则执中国盟主,而在会者不敢与争;战于泓,而宋以先代之后,不能与之敌;鲁至于如楚乞师,而戍縠逼齐；四国合兵以围宋，而曹、卫亦受其节制。此夷狄之极盛也，故晋文不得不速与之战。召陵之伐，一得屈完之盟而退师；城濮之役，不至于楚师败绩不已也。盖桓公之所为，将以服强楚之心；而晋文之举事，所以挫强楚之气也。二公所遇之敌不同，故其用计亦异，而立功之缓急亦如之，其为有功于中国则一也。然齐桓图楚之功，三十年而后有召陵之师，会诸侯之事亦三十余年，屡会屡盟，而后有葵丘之盛。若文公，则侵曹、伐卫、胜楚、围许、盟践土、会于温、两致天王、执曹伯、复曹伯、执卫侯、复卫侯，凡伯者之事，为之略尽，而皆在于一年之内。故齐桓犹有近正之意，若晋文则太谲矣；齐桓犹有近厚之心，若晋文则太迫矣。”

楚杀其大夫得臣。

陈氏《后传》：“于是楚子使止子玉曰‘毋死’，不及，则其斥杀何？《春秋》之法，苟有诛意于其臣，虽自杀也，书杀，是故楚得臣、公子侧皆书杀而已矣。”

卫侯出奔楚。

叶《传》：“卫侯何以不名？非二君也。楚败，卫侯惧而出奔，使其大夫元咺奉母弟叔武受盟于晋。叔武不正其为君而摄焉，以内为未君，故不名卫侯也。”

五月癸丑，公会晋侯、齐侯、宋公、蔡侯、郑伯、卫子、莒子，盟于践土。

孙《解》：“践土之会，晋文实致天王，经不言之，不与其

致天王也。诸侯盟于践土,而公朝于王所,天王不致,则鲁
公安得朝于王所乎?齐威之兴,始致世子;晋文之兴,遂召
天王。《春秋》于首止殊会世子,不与其盟王之世子也;践土
之会没去天王,不与其臣召君也。"叶《传》:"卫子者何?叔
武也。叔武既不正其为君,曰'卫侯弟',则既已摄其君矣;
曰'卫侯',则叔武未之敢君也。故与之以未逾年君之辞而
系之子,贤之也。"陈氏《后传》:"序晋侯于齐侯、宋公之上,
予晋以伯也。于是王子虎实盟诸侯,则其不书何?凡王人
涖盟不书,据宣七年王叔桓公。涖伐不书。据文三年王叔桓公,成
十三年刘康公、成肃公。"

陈侯如会。

吕《集解》:"襄陵许氏曰:'鄫子会盟',后会也;'陈侯如
会',后盟也。宋襄使邾用鄫子,而晋文受陈侯,霸图宏矣。"

公朝于王所。

陈氏《后传》:"此践土之诸侯也。外朝王不书,据隐六年
郑伯,八年齐、郑,庄十八年晋、虢。书鲁以见其余也。于是晋侯
将盟于践土,而王即命为方伯,诸侯朝焉,则先朝而后盟。
曷为先书盟、后书朝?书朝而后盟,是以天子与斯盟也。书
盟而后朝,《春秋》不以天子与斯盟之辞也。《穀梁》:'讳会天
王也。'"

六月,卫侯郑自楚复归于卫。

孙《解》:"《春秋》之例,尝有其位而归者,曰复归。"叶

《传》："卫侯何以复名？成叔武为君，以恶卫侯也。"陈氏《后传》："君归不言自，必大夫也，而后言自，人臣无专归之道也。君而言自者，危不得归也。是故晋文实复卫侯，而曰'自楚'，危自楚也；晋厉实归曹伯，而曰'自京师'，危自京师也。"吕氏《或问》："书归之义，有书其所自者，有不书其所自者。书其所自者，著之也；不书其所自者，略之也。'卫侯自楚归于卫'，著其自楚也。言归自楚，则背华即夷之罪可见矣。'曹伯归自京师'，著其自京师也。言自京师，则晋侯执曹伯归于京师之义得矣。卫侯郑之再执也，亦归自京师，而不言归自京师者，晋文之执卫侯与晋厉之执有间矣。"

秋，杞伯姬来。

吕《集解》："襄陵许氏曰：志入杞之怨释也。归宁，常事不书者也。中国有霸，则诸侯释兵而室家缓带，于是族姻之恩始录，而邻国之好交修，以是为晋侯之泽也，故书。伯姬庄二十五年归杞，知伯姬非哀姜出。今其来归，盖宁成风也。"

公子遂如齐。

吕《集解》："襄陵许氏曰：志伐齐之仇解也。齐自孝公之立，与鲁好绝，比相侵伐。昭公元年，复与公同践土之盟，故公遣大夫聘之，修旧好焉，礼也。"

冬，公会晋侯、齐侯、宋公、蔡侯、郑伯、陈子、莒子、邾子、秦人于温。天王狩于河阳。

胡《传》："案《左氏》，晋侯召王，以诸侯见，仲尼曰：'以臣召君,不可以训。'故书曰:'天王狩于河阳。'以尊周而全晋也。啖助谓:'以常礼言之,晋侯召君,名义之罪人也,其可训乎？若原其自嫌之心,嘉其尊王之意,则请王之狩,忠亦至焉。故夫子特书"狩于河阳",所谓原情为制,以诚变礼者也。'夫践土之会,王实自往,非晋罪也,故为王讳而足矣。温之会,晋则有罪,而其情顺也,故既为王讳之,又为晋解之,于以见《春秋》忠恕也。"叶《传》:"前以王之自往,则不书;今以晋侯召王而往,则书,盖王以巡狩为之名也。《春秋》有讳而为之辞者矣,未有讳而变其实者也。天王败绩于茅戎,可以自败见义,不可以非败而言败也;天王出居于郑,可以自出见义,不可以非出而言出也。使晋侯实召王而往,《春秋》虚假之狩,是加王以无实之名,而免晋以当正之罪,孰有如是而可为《春秋》乎？此自《左氏》失之。"陈氏《后传》:"晋侯将会于温,召王,以诸侯见,则先狩而后会,曷为先书会、后书狩？书狩而后会,是以天子与斯会也。先书会,后书狩,《春秋》不以天子与斯会之辞也。《穀梁》:'讳会天王也。'""天王狩于河阳"案:温与河阳,一地尔。会言温、狩言河阳者,温指其邑,河阳指其地。会可言于邑,狩不可言于邑也。《车攻》之序曰:"宣王会诸侯于东都,因田猎而选车徒焉。"疑河阳之狩,亦修宣王之旧典,有狩猎之事,故书曰"狩",以其时为冬考之可知也。诸家皆尚以巡守言之,实有未尽。

壬申，公朝于王所。

叶《传》："前朝不言日，蒙上癸丑，见天子在焉，诸侯即其所而朝也。今朝言日，见诸侯先会，天子来狩而后朝也。此因其日之可得而著者也。何以不书月？阙文也。"

晋人执卫侯，归之于京师。

吕《集解》："襄陵许氏曰：司马之法，邦国贼杀其亲，则正之。卫侯杀叔武，执有罪也，则何为不得为伯讨？天子在是，而擅执诸侯，轧矣，是以推而远之也。"

卫元咺自晋复归于卫。

陈氏《后传》："归大夫不言复，必诸侯也，而后言复，君有归道也。大夫言复者，优也。是故元咺复归，宋鱼石、晋栾盈复入，皆优辞也。"案：上书"卫侯郑自楚复归于卫"，此书"卫元咺自晋复归于卫"于"晋人执卫侯"下，君臣不嫌同，同者如是，则晋、楚之于争卫，卫侯、元咺之不并立，不待传而后可知也。此之谓"比事属辞，《春秋》之教也"。

诸侯遂围许。

吕《集解》："襄陵许氏曰：许之能从齐、宋，而不能从晋者，何也？齐桓自北杏之会，十有七年而后侵许，服之，又九年而后从于伐楚，盖使失其所系如此之难也。宋襄之兴，绍桓遗绪。逮晋文时，则许既离于中国而合于蛮夷矣，国人一服楚之威令，是以难变也。"

二十有九年

二十有九年春,介葛卢来。

孙《解》:"《春秋》外裔之君来鲁者三,但书其来,而不曰'来朝',盖外裔之俗,圣人外之,不以诸侯遇之,礼让责之也。"叶《传》:"来,来朝也。何以不言来朝? 公在会,未见公也,我接之云尔。"

夏六月,会王人、晋人、宋人、齐人、陈人、蔡人、秦人盟于翟泉。

陈氏《后传》:"不斥言王子虎,为尊尊讳也。以其人王子虎,不可不遍人诸侯之大夫;以其遍人诸侯之大夫,不可不没公也。是故齐初主盟不言公,<small>庄十六年盟幽。</small>楚初与盟不言公,<small>僖十九年盟齐。</small>晋大夫初会盟不言公,皆讥不在鲁也。"叶《传》:"《公羊》、《穀梁》作'公会',当从二传。公不耻会,则不没公也。诸侯贬,则不以公为耻也。"

三十年

夏,狄侵齐。

胡《传》:"《左氏》曰:晋人侵郑,以观其可攻与否,狄间晋之有郑虞也,遂侵齐。《诗》不云乎? '戎狄是膺,荆舒是惩。'四夷交侵,所当攘斥。晋文公若移围郑以伐之,则方伯连率之职修矣。上书'狄侵齐',下书晋'围郑',此直书其事而义自见者也。"

秋,卫杀其大夫元咺及公子瑕。

孙《解》:"公子瑕尝立为君矣,于是杀之,犹曰'公子瑕',见立于元咺尔。不曰'其君',非君也。荀息之死,系于晋卓,以卓及息者,弑成君也。子瑕死系于元咺,以咺及瑕者,杀公子也。"吕《集解》:"常山刘氏曰:杀二大夫以上不书及者,其事同,杀之之志均故也。杀其大夫某及某者,以某之故而延及某也。"

卫侯郑归于卫。

孙《解》:"《春秋》之义,复其位,曰'复归'。卫侯之执归京师,则是尝失其爵,而不为卫君矣。天子释之归,则是受命于王,而为君于卫,与新受爵者同也。故卫侯郑虽尝有国,而归不言复,所以禀命于天王也。"叶《传》:"卫侯何以不言'复归'? 绝之不与其复也。卫侯既已杀叔武矣,再归不以为非,而又杀公子瑕,以为无君之道,虽有其位,而不可复也。何以名? 子瑕在焉也。何以曰'归'? 归,易辞也。元咺死,则卫侯之归为易也。晋侯执曹伯,归于京师,及其复也,书曰'曹伯归自京师';晋人执卫侯,归之于京师,及其复也,书曰'卫侯郑归于卫',而不曰'归自京师',何哉? 鲁公为纳玉于王与晋侯,而后复焉,虽曰王命之,非天子所以君诸侯之道也,卫侯归于卫而已。卫侯命于天子,而不得以京师言,其为天子者,亦病矣。"陈氏《后传》:"向也言'复归',今归不言'复'何? 奔,失国之辞也。执,未失国之辞也。凡执不言'归',成九年郑伯,襄十六年莒子、邾子,十九年邾子。执而言归,危不得归也。是故执君不名,归然后名之。执书'卫侯',归书'卫侯郑';执书'曹伯',归书'曹伯襄',名之者,亦失国之辞也。"吕《集解》:"刘氏《意林》:郑之初归也,得言'复',当是之时,叔武在内,郑虽无国,国固其国也。及其又归也,杀叔武矣,执之归于京师矣,杀元咺及公子瑕矣,郑虽得国,国非其国也,故不言'复'。《春秋》之褒善罚恶,岂不至明至察哉? 向也无国,而义可以有国,则亦谓之有国;今也得国,而义不可以得国,则亦谓之无国。由是观之,天子者,得天下之义者也,非得其位也;诸侯者,得一国之义者也,非得其势也。得其义,虽未有其位,君子谓之得矣;失其义,虽能专其势,君子谓之失矣。故曰:义重于富,仁重于爵。"案:"卫侯郑自楚复归于卫",书曰"复"者,叔武虽摄,而卫未尝有君,则位犹卫侯之位也,故曰"复"。及元咺归而立公子瑕,则位非复卫侯有矣,故其再归也,言"归"不言"复"。目公子瑕不言君者,列国未始以为君,瑕于郑固非君也。虽非君,而尝在位矣,则郑不得言"复",此《春秋》游、夏所以不能赞一辞者也。

晋人、秦人围郑。

陈氏《后传》："于是秦伯私与郑盟，戍郑而去之。子犯请击秦，晋侯曰：'微夫人之力不及此。吾其还也。'盖秦、晋之怨自此始。"

冬，天王使宰周公来聘。

孙《解》："礼虽有天子聘诸侯之义，然义不当使三公，书曰'宰周公来聘'，见周之衰而诸侯强盛也。"

公子遂如京师，遂如晋。

孙《解》："是时晋文方强，诸侯畏之，实使公子遂聘晋，而因周公之来，遂使往报，故如京师。《春秋》之义，不可先晋而后京师，故曰'遂'也。此犹王人虽微，必序诸侯之上，圣人之法，不与其以卑及尊，故先京师而后晋也。"

三十有一年

三十有一年春，取济西田。

孙《解》："《左氏》、《公羊》皆以为晋侯以曹地分诸侯，而鲁取济西之田。然案经，书之与汶阳田相等耳，无异文也。此盖晋侯执曹伯而反诸侯之侵地，鲁济西之田，尝见侵入于曹，鲁于是取之。"叶《传》："济西田，我田而曹侵之者也。晋侯执曹伯，班其所侵地于诸侯，而我受焉，故曰'取'。不系之曹，非曹之所得有也。凡外取内邑、外取内田，皆不书，耻也。反而归于我，则书，重地。古者国亡大县邑，公卿大夫士皆厌冠哭于大庙三日，君不举，以为吾受之君而为之守者，失地则失其守矣，是以谓之'重'也。"吕氏《或问》："汶阳、济西之田言'取'，郓、谨、龟阴之田，则言'归'。言'取'，非其所欲也，非彼所欲，而我取之，曰'取'。言'归'，其所欲也，非我强之，而彼自归，曰'归'。"

公子遂如晋。

孙《解》："拜晋反曹侵地尔，非拜曹田也。"

夏四月，四卜郊，不从，乃免牲。犹三望。

吕《集解》："刘氏《意林》谓'犹'者，可以已之辞，何其不知《春秋》也！《春秋》贵正、贵备，安有废大存小，而又教之曰'可以已'哉！是犹逐其父、养其母者，而谓之曰'可并逐母'也。亦海之孝而已矣。王介甫曰：'不郊矣，幸其犹三望也；不告朔矣，幸其犹朝于庙也。'是犹绖其兄之臂者，而曰'我且徐之以全吾爱'云尔，其可乎？亦海之悌而已矣。故以'犹'为'可以已'者，逐父而养母之说也；以为'犹'愈乎'已'者，绖兄而徐徐之说也。君子不然。彼三郊而三望，自以为犹愈乎已者，故讥之；不告朔而朝庙，自以为犹愈乎已者，故非之。君子之道，致乎其至者也。当其必为，不曰可以已，亦不曰愈乎已。"陈氏《后传》："诸侯之有郊、禘，东迁之僭礼也。故曰：'秦襄公始列于诸侯，作西畤，祠白帝，僭端见矣。位在藩臣，而胙于郊祀，君子惧焉。'则平王以前未有也。鲁之郊、禘，惠公请之也。据邵氏《经世书》，惠公立①于秦襄公祠白帝之年。齐桓公欲封禅，而晋亦郊鲧，皆僭礼也。然则《春秋》何以始见于僖公？向者，庄公之观齐社也，曹刿谏曰：'天子祀上帝，诸侯会之，受命焉。诸侯祀先王、先公，卿大夫佐之，受事焉。'用见惠公虽请之，而鲁郊犹未率为常也。僖公始作颂以郊为夸焉。于是四卜不从，犹三望，是故特书之，以其不胜讥，讥其甚焉者尔。记礼者以为鲁礼皆成王赐之以康周公。案卫祝鮀之言曰：'周公相王室，以尹天下，于周为睦，分鲁以大路、大旂，夏后氏之璜，封父之繁弱，殷民六族，以昭周公之德；分之土田陪敦，祝宗卜史，备物典策，官司彝器。'则成王命鲁，不过如此。隐公考仲子之宫，问羽数于众仲；周公阅来聘，飨有昌歜、白黑、形盐，周公以为备物，辞不敢受；卫宁武子来聘，宴之，赋《湛露》及《彤弓》，武子不答赋，曰：'诸侯朝正于王，于是乎赋《湛露》。诸侯敌王所忾而献其功，于是乎赐之《彤弓》。陪臣其敢干大礼以自取戾！'假如《明堂位》之言，得用郊、禘，兼四代服器官，祝鮀不应不及。况鲁行天子之礼久矣，则羽数何以始问于隐公？昌歜、形盐，以之飨天子之上公，安用固辞？《湛露》、《彤弓》，宁武子何以不答，且致讥焉？于以见鲁僭未久，上自天子之宰，至于兄弟之国之卿，苟有识者，皆疑怪②逊谢，而鲁人并无一语及于成王之赐以自解。故用郊、禘之说，当从刘恕。太史公博极群书，定以为僭郊礼始于秦襄，而恕

———————

① 四库本作"止"，钟改为"立"，是，从之。

② "疑怪"四库本作"云鲁"，不如钟抄"疑怪"为通，不知钟所据何本，暂从钟。

亦该洽,傥自史角之事之外,有传记与《明堂位》合,则外纪岂独遗佚乎!"

三十有二年

秋,卫人及狄盟。

叶《传》:"卫人何以及狄盟?离盟,不可以地狄也。何以再见卫人?盟非侵之事也。"孙《解》:"不曰'卫人、狄人盟',而曰'及狄盟'者,《春秋》之法然也。《春秋》之法,内与外盟,则书'会'书'及',中国与外裔亦曰'及'。"

三十有三年

三十有三年春王二月,秦人入滑。

案《左传》载秦师灭滑而还,与经违异,实非违异也。传记当时之实,经通后事言之,晋既败秦于殽,秦虽灭滑,岂能有之?则书曰"入滑"而已。

夏四月辛巳,晋人及姜戎败秦师于殽。

孙《解》:"殽之战,晋败秦师,不曰'战'而曰'败'者,外秦也。《尚书·秦誓》之序曰:'秦穆公伐郑,晋襄公败诸殽。'虽其自誓之辞有可取,然伐郑而见败,则其过不得掩焉。《春秋》书'晋人败秦师'，则与晋而外秦。《尚书》载其自誓，则许其改过而新之。盖圣人之意，惟其事之善否所在尔。"胡《传》："《书》序专取穆公悔过自誓之言，止于劝善，其词恕。《春秋》备书秦、晋无道用兵之失，兼于惩恶，其法严。"吕氏《或问》："《春秋》有书'灭'而爵之者，如'楚子灭萧'是也。若以爵为褒，灭人之国，何善之可褒？有书'救'而人之、国之者，如'齐人救邢'、'吴救陈'是也。若以人、国为贬，恤人之患，何恶之可贬？大抵《春秋》据事为褒、贬之实，非以人、爵为褒贬之例。书曰'晋人及姜戎败秦师于殽'，则晋人结戎狄、用诈战、厄人于险之罪著矣。先书'秦人入滑'，继书'败秦师于殽'，则秦人劳师袭远、越竟弃师之罪著矣。又书于'晋侯卒'之后，则秦人间晋之丧而越其竟，晋人背殡出兵之罪，又皆著矣。不必晋贬称人、狄之曰秦而后见其恶也。[①]"案：书晋败秦于"秦人入滑"之下，其为大晋之败甚明，程子以秦为无道，越晋逾周以袭人，众所共愤，故书"晋人"，是也。《公》、《穀》以称人为微、为贬，舛也。

晋人败狄于箕。

吕《集解》："襄陵许氏曰：自三十年狄始侵齐，晋未暇讨，自是中国岁有狄患。至败于此，而后惩艾不复犯略。是

---

① "不必晋贬称人、狄之曰秦而后见其恶也"，泉州文库本作"不必贬晋外秦而后见其恶也"。

故戎狄之乱，不能震叠以威武，未易以德怀也。"陈氏《后传》："中国败夷狄不书，据隐九年郑人大败戎师、闵二年虢公败犬戎之类。唯晋特书之。特书晋者，皆病晋也。晋帅天下诸侯以攘戎狄、存中国也，前年狄侵齐，去年狄侵卫，卫为之迁帝丘，而晋不能救，于是伐晋，盖仅而后胜之也。晋侯称人，以是为盟主病矣。"

陨霜不杀草。李梅实。

吕《集解》："襄陵许氏曰：僖公宽仁过厚，其失也豫，而文公以暗弱继之，其咎遂著。三桓之盛，自僖公始，卒以专鲁。将梦之祥、卜郊不从者，凡以为此。天之感变，盖深远也。"

文　公

文元年

天王使叔服来会葬。

黄氏《通说》："桓王崩,七年而后葬,见诸侯不恤天子之丧。僖公以夏四月葬,而王使叔服先二月至鲁,见天子急于奉诸侯之丧也。冠履倒置,至此极矣。"

夏四月丁巳,葬我君僖公。

叶《传》："鲁十有二公,见葬者九。文、宣、成、襄、定,葬而得节者也。桓、庄、僖、昭,葬而缓者。桓以故而九月,庄以乱而十一月,昭以丧后至而八月,皆有为而然,是虽缓也而无所嫌,则慢葬而已矣。僖葬以七月_{僖公之未盖有闰},未见其所以然者也,岂其尊之欲以拟天子乎? 文公之事亲,亦已悖矣。天王以二月来会葬,正也。举天王之正,见鲁之不正,所以正鲁也。"案:七月而葬之说,本《左氏》。叶氏以乙

199

巳之日为十一月经成而误。

秋，公孙敖会晋侯于戚。

吕氏《或问》："窃谓齐桓未伯之前，大夫间有预邦交之事者矣，而齐桓既伯之后，则无之。以大夫而交政于中国，自晋文公始。春秋之初，列国之大夫间有窃用兵之权者矣，而伯主之国则无之。以大夫而专征伐之权，自晋襄公始。以大夫交政于中国，其殆始于翟泉之盟乎？晋文号为伯主，而使大夫盟王子虎，齐桓之伯无此法也。大夫自是交政于中国矣。晋文公之骤伯，咎犯、先轸诸臣人才众多之力也。然在文公之时，其患未见，至襄公之时，则已见矣。晋文之入曹也，令无入僖负羁之宫，而魏犨敢于爇僖负羁氏，文公爱其材而不杀。即此一事，固已酝酿其臣负材恃功之端矣，然其患未见也。至于殽之役，襄公舍秦囚，则先轸不顾而唾；箕之役，先轸黜狼瞫而立续简伯，则狼瞫怒。此其患已渐见矣，而襄公又举其权以委之，伐楚之役，而阳处父帅师，始出主名矣。自是而后，中国诸侯，凡大会盟、大征伐，皆以大夫主之，其极至于三桓专鲁、六卿分晋，其所由来者渐矣。刘敞曰：'《春秋》自文公以来，多变文以示义。盖当是时，诸侯失政，大夫擅权，盟会侵伐之事，始专于臣下。'今考之经，元年'公孙敖会晋侯于戚'，此专会始也；二年'及晋阳处父盟'，此始专盟也；三年'叔孙得臣会晋人、宋人、陈人、卫人、郑人伐沈'，此始专伐也；八年'公子遂会晋赵盾盟于衡雍'，此二大夫专盟也；'公子遂会雒戎盟于暴'，此始专会戎也；九年'公子遂会晋、宋、卫、许人救郑'，此大夫专救也；十一年'叔彭生会晋郤缺于承筐'，此二大夫专会也；十二年'季孙行父帅师城诸及郓'，此内臣始专城邑也；十八年'公子遂、叔孙得臣如齐'，此二大夫同如国也。夫自隐公以来，内臣尝出会矣，未有独会一国诸侯者，至此元年，敖会晋侯，所以为专会之始也。尝有二国盟矣，未有大夫自盟诸侯者，公及处父盟所以为专盟之始也。前此，隐元年'及宋人盟'，八年'公及莒人盟'，庄二十三年'及高傒盟'，不过间见于经，未有如文公以后之盛也。尝有大夫会伐矣，然必帅师，亦未有数国大夫会伐者，盖帅师会伐，虽在于大夫，而命实出于诸侯，至此，叔孙得臣不称'帅师'，又会五国大夫，所以为专伐之始也。尝有大夫盟诸侯矣，未有二大夫自盟者，此年遂与赵盾盟，所以为二大夫专盟之始也。尝有公会戎盟矣，未有大夫盟戎者，此年遂盟雒戎，所以为内臣盟戎之始也。尝书大夫救矣，亦未有不言'帅师'者，此遂会诸大夫救郑，不言'帅师'，所以为大夫专救之始也。尝有大夫与诸侯会矣，未有二大夫自会者，此彭生、郤缺会于承筐，所以为二大夫专会之始也。尝有城邑矣，未有大夫帅师自城者，此行父城诸及郓，所以为内臣城邑之始也。尝有内臣如他国矣，未有二大夫同如者，此遂与得臣如齐，所以为二大夫同如他国之始也。呜呼！东迁之后，始也诸侯僭天子，今也大夫僭诸侯，则名分不正，王道之衰，至此甚矣！陵迟至于鸡泽、溴梁之盟，天下之政尽归大夫，不复有诸侯。可叹哉！"

冬十月丁未，楚世子商臣弑其君頵。

叶《传》："商臣弑其君又弑其父，而无异文，极天下之辞，无所加也。正其名而君亲之义尽矣。"陈氏《后传》："楚卒未志，据《传》，楚武王卒于庄四年，文王卒于庄十九年。其志頵何？世子弑君，不可以楚不志也。"

二 年

三月乙巳，及晋处父盟。

孙《解》："《春秋》之法，鲁公及外大夫盟，非外之罪，则没其名氏而书人，不以我公而盟大夫也。外大夫之罪，则书其名氏，而没公不书，以著大夫之罪，不与大夫而伉我公也。公如晋，晋侯卑公，而使大夫盟，书曰'及晋处父盟'，所以著晋侯之罪也。公行不言其如，公反不言其至，所以没公如晋之迹，使若微者盟处父然也。"胡《传》："及处父盟者，公也。其不地，于晋也。讳不书'公'者，抑大夫之伉，不使与公为敌，正君臣之分也。适晋不书，返国不致，为公讳耻，存臣子之礼也。凡此类，笔削鲁史之旧文众矣。"陈氏《后传》："朝而遂盟之于是始。传曰'适晋不书，讳之也'。凡讳国恶，耻在公，则但书其事，不书公者，恒辞也；讳在其事，则但书公，不书其事。公会晋侯于黑壤，为公不与盟，故不书盟，宣七年，有传。公如晋为止，公送葬，故不书葬，成十一年，皆有传。甚讳之也；会晋师于上鄍，削而不书，讳不足以尽之矣。是故讳有爱君之谊焉，必讥不及君而后讳。舍是无讳道矣，故曰'讳莫如深'也。"

夏六月，公孙敖会宋公、陈侯、郑伯、晋士縠盟于垂陇。

吕氏《集解》："襄陵许氏曰：元年卫人伐晋，至是诸侯会盟，而明年卫、晋伐沈，则知卫服于垂陇之会矣。晋襄方患秦、楚，专养中国，罪苟有所委，斯受之可也。"陈氏《后传》："大夫而与诸侯敌于是始，故书。士縠非卿也，特书之，见晋之卑诸侯也。然则士縠主是盟也，则曷为序士縠于诸侯之下？《春秋》不以大夫主盟也，是故讫于宋，不以大夫主盟。翟泉贬，此何以不贬？贬不于其甚，则于事端，余实录而已矣。自书士縠而后，凡役，书大夫。桓、文之伯也，会盟有大夫则但称人，据僖元年会柽'邾人'、二十八年会温'秦人'之类。必世子也，则得次小国之君。自垂陇主士縠、新城主赵盾，而后大夫与诸侯序，于是戚之盟书齐国佐，成十五年。沙随之会书宋华元，成十六年。甚者无伯而君与大夫并列于会矣。定十年齐侯、卫侯、郑游速会于安甫。"

自十有二月不雨，至于秋七月。

胡《传》："书'不雨至于秋七月'，而不曰'至于秋七月不雨'者,盖后言不雨,则是冀雨之词,非文公之意也。夫书'不雨至于秋七月'而止,即八月尝雨矣。然而不书'八月雨'者,见文公之无意于雨,不以民事系忧乐也。其怠于政事可知,而鲁衰自此始矣。"

冬,晋人、宋人、陈人、郑人伐秦。

陈氏《后传》:"尝书大夫矣,此晋先且居、宋公子成、陈辕选①、郑公子归生也,曷为不序大夫,将犹称人也? 自士縠,专盟书大夫。自阳处父,专将书大夫。是故《春秋》之始,大夫将恒称人,由救郑之后,大夫始贬称人矣。"

公子遂如齐纳币。

黄氏《通说》:"使大夫纳币,礼也。或曰:恶居丧而图婚也。是不然。案鲁以此年十一月当除丧,若纳币在十一月以前,则为丧娶,在十二月则否。今《春秋》概以纳币系于冬时之下,不明其为十一月与十二月者,则知圣人所恶,不在丧娶矣。或又谓'若使纳币在十二月,丧事甫毕,而遽图婚,亦有所未安'者,是亦不然。鲁人有朝祥暮歌者,子路笑之,孔子曰:'由,尔责于人终无已!'夫圣人酌人情之平,不应既除丧,而更以丧娶为罪也。然则何以书? 赵子谓:婚礼不当使公族,贵远嫌也。故鲁公子遂、宋公孙寿纳币,然后书之。"

---

① "选"四库本误为"涛涂",钟抄改之,是。

三　年

三年春王正月，叔孙得臣会晋人、宋人、陈人、卫人、郑人伐沈。沈溃。

吕氏《集解》：“襄陵许氏曰：内会伐不书‘帅师’始此，则外重矣。”

秦人伐晋。

陈氏《后传》：“此秦伯也，曷为贬称人？殽之誓，孔子有取焉，而秦穆之连兵无虚岁，君子以为秦之未离乎戎狄也。是故自韩原，秦不以爵见于经，至康公，而遂狄之。《终南》、《蒹葭》之作，秦非无人也，而秦不用，诚未离乎戎狄也。”吕氏《或问》：“秦何以不称伯？《春秋》之书秦，固尝书人也，虽大夫将，未尝书大夫，用大众则书师。其称秦伯者二：‘晋侯及秦伯战于韩原’、‘秦伯使术来聘’是已。秦无大夫也，则何以有君？曰：‘秦伯使术来聘’，即‘楚子使椒来聘’、‘吴子使札来聘’之例也。术、椒、札书名，而秦伯、楚子、吴子称使，玉帛之事故也，以其与我接也。晋侯及秦伯战于韩原，获晋侯，此楚人会盂、吴子会黄池之例也，是圣人之不得已也。齐桓之伯也，秦、晋不与。晋固中国之侯，而秦僻处西戎者也。秦穆崛起而获晋侯，圣人虽欲不目秦伯，不可得也。苟非获晋侯之重,则从其常辞而书'秦人'、'秦师'而已。其书秦,则略辞也。吴、楚浸盛而书'子',秦伯崛起而书'伯',皆著其实而已。若其曲直之辨,则存乎其事而已。"

晋阳处父帅师伐楚以救江。

叶《传》:"江即灭矣,何以独录其救? 救,所能为也。不灭,非所能为也。"陈氏《后传》:"晋大夫书'帅师'于是始,大夫强也。向也曰'晋处父',今曰'晋阳处父',命大夫也。是故自郳黎来为小邾子,无未命诸侯,潞子、戎蛮子皆有君矣。自晋处父为阳处父,无未命大夫,曹公子首、郤庶其皆有大夫矣。文、宣之后,大夫舍宋山无去其氏,诸侯舍杞子无黜其爵者,皆《春秋》之变文也。"吕《集解》:"襄陵许氏曰:《春秋》有一国之辞,有天下之辞。鲁国有兴则书'帅师',此一国之辞也。诸侯侵伐则简之矣,此天下之辞也。中世以后,天下崇武,大夫尊强,卒乘繁兴,于是诸侯侵伐书卿帅师,且著内轻而外重,强弱相形也。"

四　年

四年春,公至自晋。

吕氏《集解》:"吕氏曰:自是公朝强国皆至者,事近得详,事远则不得详也。"

夏,逆妇姜于齐。

孙《解》:"《春秋》书逆女多矣,未有曰'妇'者。逆而言妇,则是成礼于彼也。礼成于彼,则逆之者公也。不曰'公',不与公之成礼于齐也。《春秋》夫人之至者,必书于经,妇姜书'逆'而不书'至',不与其先配而后祖也。"吕氏《或问》:"逆不言公,何也? 曰:石氏曰:《春秋》书'妇姜'者三。于至书'妇'者二,有姑之辞也,宣元年'遂以夫人妇姜至自齐'、成十四年'侨如以夫人妇姜至自齐'是已。于逆书'妇'者一,恶成礼于齐也,此年'逆妇姜于齐'是已。讳不书'公',又不书'至',以讥公也。"

狄侵齐。

吕《集解》:"襄陵许氏曰:狄自箕之败,至是始复侵齐,间晋有秦、楚之难也。"

冬十有一月壬寅,夫人风氏薨。

叶《传》:"僖公之妾母也,何以曰夫人? 致之为夫人矣。"

五　年

五年春王正月,王使荣叔归含,且赗。

陈氏《后传》:"以成风之丧赴京师也。赗,常事不书。

唯赗仲子、成风特书之,则遂命为夫人也。春秋之初,犹以是为非常事也。宣之敬嬴、襄之定姒、昭之齐归虽命之为夫人,不复书矣。孟子卒,则不赴于京师,孔子曰:'夫人之不命于天子,自鲁昭公始也。'"

三月辛亥,葬我小君成风。王使召伯来会葬。

陈氏《后传》:"王不称天,于追锡桓公见之,至是再见何?以夫人之礼丧成风也。庄、僖之际,天下知有盟主而已,而襄王之季年,更有事于诸侯,于是叔服会葬、毛伯锡命,尤汲汲于鲁也。尤汲汲于鲁而何为乎?成风,一人赗、含之,一人葬之,以是怀诸侯,吾见周之益陵夷也。宰咺尝以赗妾母贬,则召伯何以不贬?王、公一体也,宰书名,则王不待贬而自见;王不称天,则召伯不待贬而自见也。文、武之教,著于《南》、《雅》,莫急于君夫人也。桓以少篡长,成风以庶乱嫡,王道熄矣。而庄、襄不能正,又从而褒赏之,是以天命施之天讨也,是故皆不称天。"

六 年

秋,季孙行父如晋。

黄氏《通说》:"《春秋》书内大夫出聘者,其旨有四:有书以见简礼者,有书以见谄礼者,有书以见大夫专命者,有

书以见大夫私行者。所谓简礼者，'公子遂如京师'、'叔孙
得臣如京师'之类是也，诸侯不朝，而使大夫聘也。诒礼
者，'季孙行父如晋'，继于'公孙敖如晋'之明年之类是
也，使币频繁而不知节也。大夫专命者，'公子遂、叔孙得
臣如齐'之类是也，非君命而行也。大夫私行者，'公子友
如陈'、'公孙兹如牟'、'季孙行父如陈'之类是也，盖公子
友以原仲之旧，而兹、行父以娶妇之故，于是托君命以遂
其私也。"

晋杀其大夫阳处父。

孙《解》："《春秋》杀大夫之例，自下杀之者称人，自君杀
之者称国。襄公既卒，新君方幼，杀之者决非其君。然经书
之，以君杀为文，盖《公》、《穀》之说，以为其君漏言，而狐射
姑杀之。君漏言而处父见杀焉，则杀之者君尔。非身杀之，
而以告言杀之，杀之亦等尔，亦何论君存君亡乎？"陈氏《后
传》："两下相杀不道，于是狐射姑使续鞫居杀阳处父，则其
书国杀何？《春秋》之法，苟有贼而不知，则其君之罪也。晋
蒐于夷，使狐射姑将中军，阳处父改蒐于董，易中军。襄公
无讨焉，于是使续鞫居杀阳处父。是故晋胥童杀三郤，栾
书、中行偃杀胥童，齐崔杼杀高厚，郑子展、子西杀公子嘉，
皆称国而已矣。"

闰月不告月，犹朝于庙。

孙《解》："告月之礼，废于文公。于是闰不告月，至于十

有六年而朔之不视凡四。诸公相因,而告朔之礼殆废。《春秋》不可胜讥,故于其废礼之始,一正其法而诛之也。"胡《传》:"不告月者,不告朔也。不告朔,则曷为不言'朔'也?因月之亏盈而置闰,是主乎月而有闰也,故不言'朔'而言'月'。占天时则以星,授民事则以节,候寒暑之至则以气。百官修其政于朝,庶民服其事于野,则主乎是焉耳矣。闰不可废乎?曰:迎日推策,则有其数;转玑观衡,则有其象。归奇于扐以象闰,数也;斗指两辰之间,象也。象数者,天理也,非人所能为也。故以定时成岁者,唐典也;以诏王居门终月者,周制也。班告朔于邦国,不以是为附月之余而弗之数也。'犹朝于庙'者,幸其不已之词。子贡欲去告朔之饩羊,子曰:'尔爱其羊,我爱其礼。'"

七 年

七年春,公伐邾。三月甲戌,取须句。

叶《传》:"须句尝为我取矣,何以复见?再归于邾也。何以书?不正其伐取也。"黄氏《通说》:"齐灵公与臧纥言伐晋,臧纥对曰:'抑君似鼠。夫鼠昼伏夜动,不穴于寝庙,畏人故也。今君闻晋之乱而后作焉,非鼠而何?'观鲁文公闻晋难而伐邾取邑,是亦臧纥之所谓鼠者尔。"

宋人杀其大夫。

胡《传》："书'宋人'者，国乱无政，非君命而众人擅杀之也。大夫不名，义系于杀大夫，而其名不足纪也。"陈氏《后传》："此公孙固也，则其不名何？昭公之大夫也。昭公新立，曷为于此焉不名其大夫？是春秋之大变也。自隐而下，《春秋》治在诸侯，天子无道，则不徒罪诸侯也，于是有宰书名、王子书名，甚者王不书天。自文而下，《春秋》治在大夫，诸侯无道，则不徒罪大夫也，于是有弑君称人，甚者称国，弑君，天下之元恶也，舍贼而称人，自宋昭公始，是春秋之大变也，是故终昭公之世，不名其大夫。《春秋》有天下之辞焉，有一国之辞焉，有一人之辞焉。于晋灵公，凡会盟皆不序诸侯，是天下之辞也；于鲁庄公，凡会齐襄皆书人，是一国之辞也；于鲁桓公，凡大夫将皆不言大夫，于宋昭公，凡大夫皆不名，是一人之辞也。"

狄侵我西鄙。

吕《集解》："襄陵许氏曰：狄惩箕之败，四年间一侵齐而未敢肆。至是始复侵鲁、侵齐、侵宋、侵卫，晋襄既没，莫之忌矣。"

秋八月，公会诸侯、晋大夫盟于扈。

孙《解》："《春秋》之法，前目后凡。扈之盟不序，而前无所见，以晋之大夫不名，不以诸侯之序而敌一大夫也。"吕《集解》："襄陵许氏曰：诸侯何以不序？大夫何以不名？大

211

夫而主盟诸侯,自扈之会始也,君子恶之。灵公始立,而失
正如此,其将无以终矣。"陈氏《后传》:"垂陇尝书士縠而序
诸侯,此公会齐侯、宋公、卫侯、陈侯、郑伯、许男、曹伯、晋赵
盾也,则何以不序? 晋始失伯也。凡称诸侯,必先目而后凡
也。前有王人,后无王人,书曰'诸侯盟于某'则王人尝不与
也。据首止王世子、葵丘宰周公。前无吾君,后有吾君,书曰'公
会诸侯盟于某'则吾君尝不与也。据僖二十一年盟薄、二十七年
盟宋。未始有不与者也,而但曰'诸侯',一役而再有事者也。
僖二十八年围许、襄十八年盟祝柯、二十五年盟重丘。非一役而再有
事,则非凡辞也。非凡辞者,散辞也。"叶《传》:"此齐侯、宋
公、卫侯、陈侯、郑伯、许男、曹伯也,何以不序? 不足序也。
赵盾背秦约而立灵公,不以灵公会诸侯,而己临之,诸侯以
大夫执国命而靡然听焉,故诸侯不序,大夫亦不名。犹溴梁
大夫之盟然,不与大夫之得会诸侯也。"吕氏《或问》:"此年
'公会诸侯、晋大夫盟于扈',十五年'诸侯盟于扈',十七年
'诸侯会于扈',皆略之而不序。尝摭其事实而考之,然后知
《春秋》之所以不序诸侯者,盖莫有主是盟之辞也。桓、文之
盛,皆序齐、晋于诸侯之上,伯主之辞也。齐桓之未盛与晋
伯之不竞,则虽序齐、晋于诸侯之上,而必书曰'同盟'者,未
纯乎伯主之词也。此年之盟,与是后一盟、一会,皆不序诸
侯者,莫有主是盟之辞也,于是夷晋于列国矣。"

八　年

**冬十月壬午,公子遂会晋赵盾盟于衡雍。乙酉,公子遂
会雒戎盟于暴。**

胡《传》:"《春秋》记约而志详,其书公子遂盟赵盾及雒
戎,何词之赘乎?曰:圣人谨华夷之辨,所以明族类、别内
外也。雒邑,天地之中,而戎丑居之,乱华甚矣。再称'公
子',各日其会,正其名与地以深别之者,示中国戎狄终不可
杂也。自东汉以来,乃与戎杂处而不辨,晋至于神州陆沉,
唐亦世有戎狄之乱。许翰以为'谋国者不知《春秋》之过',
信矣。"黄氏《通说》:"案《左氏》僖二十二年秦、晋迁陆浑之
戎于伊川,宣三年楚伐陆浑之戎,遂至于雒,观兵于周疆。
盖成周伊、雒之地,往往皆戎居之故。圣人恶而书之,为后
世华戎杂处之戒也。"

公孙敖如京师,不至而复。丙戌,奔莒。

叶《传》:"公子遂'至黄乃复',非自复也,故地而以难言
之,乃难词也。公孙敖'如京师,不至而复',自复也,故地
而以易言之,而易词也。何以不言出? 自外而奔也。"吕氏
《或问》:"《春秋》之义,有书'还',有书'复'者。'归父还自
晋,至笙,遂奔齐',还者,自彼及此而未至国之辞也。'公子

遂如齐,至黄乃复',反其故所之辞也。'公子遂如齐'与'公孙敖如京师'一也,公子遂书曰'至黄乃复',则已如齐而未至齐。遂之心本欲至齐,而以疾不能也。公孙敖书曰'不至而复',则敖本无至周之意,虽受命而实不行也。废君命,纵私欲,莫大于此。"

九　年

九年春,毛伯来求金。

吕《集解》:"襄陵许氏曰:王室大丧,诸侯莫赙,是以有求金焉。书之,非特王之讥也,所以遍刺天下之诸侯。"陈氏《后传》:"自是鲁虽不修贡,周无求矣。周室益衰,而顷王之崩、葬不见于经。"

二月,叔孙得臣如京师。辛丑,葬襄王。

陈氏《后传》:"王丧,卿共葬事不书,此何以书?夷周于晋也。前年,公子遂葬襄公。今年,叔孙得臣葬襄王。是夷周于晋也。是故苟常事,虽季孙行父请命,不书。苟非常也,虽叔孙得臣会葬,书。"

三月,夫人姜氏至自齐。

吕氏《或问》:"夫人与君,敌体者也。出必告行,反必告至,则书于策。夫子之修《春秋》,于君出则书'至',于夫人出则不书‘至’，降杀之等也。独于此书‘至’者，盖有故也。是故录纪叔姬之归者，为归于酅起也；录夫人姜氏之至者，为归于齐起也。是圣人之微意也。始书曰‘夫人姜氏如齐’、‘夫人姜氏至自齐’，卒书曰‘子卒，夫人姜氏归于齐’，然则出姜之不安于鲁也，旧矣；文公私嬖敬嬴之子[①]，著矣；异时襄仲杀恶及视之兆，已萌于此时矣。圣人详录其往来，岂特为告至与不告至哉！”

楚人伐郑。

孙《解》：“楚自齐桓之兴，屡与齐争，而加兵于郑。葵丘之会，郑始叛楚而附齐，楚亦畏齐之强，不敢加兵于郑也，郑恃齐之援者十五年。齐桓既没，郑不自安，复去中国而从楚。晋文败楚于城濮，郑伯复从晋文，践土之盟，楚长晋，又不敢与争郑，郑恃晋以安者又十五年。至是晋文死，楚复伐郑矣。桓、文之功，亦何足道哉？然天下诸侯，恃之以无蛮服之暴者，三十余年。桓文既没，蛮服入侵中国，而诸侯骚然无宁岁矣。《春秋》一切著之，用见中国之衰而外裔之盛也。”

公子遂会晋人、宋人、卫人、许人救郑。

陈氏《后传》：“兵将尝书大夫，此晋赵盾、宋华耦、卫孔达也，曷为贬称人？晋遂不竞，而楚庄伯也。传曰：‘卿不

---

① “子”泉州文库本作“罪”，钟抄作“子”。

书,缓也,以惩不恪。'是故凡救不书,必救而无功,然后书,救非善辞也,自是而救不胜讥矣。"

九月癸酉,地震。

孙《解》:"《春秋》记地震者五,未尝曰'于某',盖圣人之意,欲大其异于天下也。"案:地震亦就鲁言鲁耳,不然,二百四十二年之间,岂仅五震哉!

冬,楚子使椒来聘。

孙《解》:"庄二十三年书'荆人来聘',不言'君使',又不言其臣之名。荆时尚微,《春秋》欲中国早为之御,不使之浸盛而侵渔中国也。于是来聘,君称爵,臣称名,非楚能自同于中国也,所以见中国之微,而荆楚之盛,聘问往来,中外一尔。《公羊》曰'始有大夫',《穀梁》曰'以其来我,褒之',是皆不知孔子伤中国之意。"吕氏《或问》:"《春秋》书夷狄使人来聘四,此年及十二年'秦伯使术',襄二十九年'吴子使札',三十年'楚子使蔿罢来聘',皆非美其能聘也,所以著其强也。盂之会,楚称子,是《春秋》之不得已也,自是而后皆称人,至'使椒来聘'则称楚子。韩原之战,秦称伯,是《春秋》之不得已也,自是而后皆称人,至'使术来聘'则称秦伯。钟离之会、柤之会、向之会,皆书曰'吴',是圣人之外夷狄也,至'使札来聘'则称吴子,盖自是益以文物礼仪接中国矣,是使中国无以异也。椒、术、札不氏,犹'郑伯使宛'之例尔。盖向也书'荆人',则未有君、大夫也;继也书'子'、书

'伯'、书'使',则有君也;书名,则有大夫也。然犹不氏也,盖至于蒍罢,则书氏矣。是夷狄之浸强也。"案:《公羊》云"始有大夫",犹曰"至此始书大夫"耳,始书大夫,即以见其强盛比于中国矣。黄氏《通说》:"案《左氏》范山言于楚子曰:'晋君少,不在诸侯,北方可图也。'于是出师以伐郑,遣使以聘鲁,以此见自古夷狄未尝不窃伺中国之衰而肆其侮也。《书》所谓'无怠无荒,四夷来王',信矣哉!"案:伐郑而聘鲁,此殆远交而近攻也。

秦人来归僖公成风之襚。

陈氏《后传》:"成风祔姑称谥,伉然如夫人矣。其曰'僖公成风',修《春秋》之辞也。'夫人风氏薨'、'葬我小君成风',未修《春秋》之辞也。由成风而下,宣母敬嬴、襄母定姒,皆从旧史之文实录而已。"吕氏《或问》:"成风薨在四年,葬在五年。今五年矣,而后秦人来归襚,殆夷狄之借此名以交中国乎?"案:楚来聘、秦归襚,夷狄交于中国,中国之忧深矣。

十　年

夏,秦伐晋。

陈氏《后传》:"狄秦也。归成风之襚,使术来聘,秦习于礼矣,则其狄之何? 楚之伯,秦之力也。自灭庸以后,秦为楚役。自晋主诸夏之盟,舍秦无加兵于晋者也。会于夷仪之岁,秦晋成而不结。又明年,盟于宋而南北之势成。楚子曰:'释齐、秦,他国请相见也。'是战国之萌也。于次,《国风》退秦于魏、唐之后;于序,《书》系秦于周末;于作《春秋》,由韩原之后,秦帅无君、大夫,皆夫子所以深致意于秦也。吾闻用夏变夷矣,未闻变于夷者也,于是狄秦。夏之变于夷,秦人为之也。又三十年而狄郑,又五十年而狄晋。狄郑犹可也,狄晋甚矣。"

楚杀其大夫宜申。

胡《传》:"案《左氏》,宜申与仲归谋弑穆王而诛,则是讨弑君之贼也,曷为称国以杀,又书其官,而不曰'楚人杀宜申'乎?曰:穆王者,即楚世子商臣也,而《春秋》之义微矣。"陈《后传》:"讨乱不书,于是斗宜申谋弑穆王,则何以书?宜申之罪,为欲弑商臣也。宜申之罪,为欲弑商臣,若此而同之他乱臣之列,则溢罚矣。是故蔓成然,弑者之党也,杀之不书;事在昭十四年。宜申,弑者之仇也,杀之书。臣子可以知劝惩矣。"

及苏子盟于女栗。

孙《解》:"苏子,王臣也。天王新立,求亲诸侯,而其臣下盟于鲁。"

楚子、蔡侯次于厥貉。

孙《解》:"楚蔡之次,将以侵伐诸侯,而侵伐之迹不见于经,则是欲为而不敢也。楚之入中国久矣,会盟侵伐,常称楚人,君臣同辞以贼之。厥貉之次,遂称楚子,而明年伐麋,又以爵书,盖自是楚与中国等矣。楚,蛮服,而中国与之等,则蛮服益强,而中国益衰也,明矣。"陈氏《后传》:"外会未有言次者,据襄元年'晋侯、卫侯次于咸'之类。此其言次何? 以楚之欲图伯而未集也。晋虽不竞,君大夫数会而不序,《春秋》重绝晋也。会于息、宋、陈、郑尝从楚矣,已而为新城之盟,则楚子犹未得志于宋、陈、郑也,于是息会不书。书及蔡次厥貉,用见楚子未得志于诸侯也。"

十有一年

十有一年春,楚子伐麋。

吕《集解》:"襄陵许氏曰:楚侵伐书爵始此,中国日替矣。"陈《后传》:"楚初书君将也。自是楚师必围、灭也,而后贬人之。"

冬十月甲午,叔孙得臣败狄于咸。

陈《后传》:"内大夫将,言'帅师',其不言'帅师'何? 危之也。凡君将不言'帅师',重在君也。言师不言君者,危师之辞也。据庄八年'师及齐师围郕'。大夫将言'帅师',重在师也。言将不言师者,危将之辞也。"

十有二年

十有二年春王正月，郕伯来奔。

陈《后传》："此郕太子朱儒也，则其曰'郕伯'何？逆之以诸侯之礼也。《春秋》之法，苟非诸侯，虽尝当国，不成君也。是故有卫侯朔，则黔牟八年不成君；有郑伯突，则子仪十四年不成君；虽卫叔武列于会矣，犹曰'卫子'尔。此郕太子也，鲁逆以诸侯之礼，吾从而志之无改焉，何也？唯其如二君也，废立之际，足以乱名实，则《春秋》不可以弗辨。苟无乱于名实，则《春秋》不辨也。《春秋》之作，别嫌明微而已。有不待辨而自见，《春秋》何治焉？郕太子朱儒，鲁谓之'郕伯'；晋太子州蒲，晋谓之'晋侯'。从而志之，徒见其悖礼焉尔。虽然，凡诸侯，奔则书复。奔不书复者，遂失国也。失国，恒名之，据庄二十四年曹羁、昭二十二年蔡侯朱、二十三年莒子庚舆。此其不名何？以为郕伯，未修《春秋》之辞也。苟以为郕伯朱儒，则是修《春秋》之辞矣。故凡从主人，则徒修《春秋》之辞也。"吕《或问》："《公羊》曰：'失地之君也。'非也。'邢迁于夷仪'，此自迁也。'宋人迁宿'，此亡国之文也。'郕降于齐师'，此亦自降也。'齐人降鄣'，此亦亡国之文也。然则郕本未亡国也。"案：郕伯不名者，郕无二君也。

无二君,则郧伯何以不复? 盖郧自是亡矣。吾何以知郧之亡也?"纪侯大去其国",纪侯亦不名,吾以是知之也。《礼》曰,"诸侯失地名"者,谓国在而君出奔者也。出奔者一君,国内一君,于是有二君,不名,则无以别矣。若既亡国矣,奚名之有!

二月庚子,子叔姬卒。

陈《后传》:"女未嫁不卒,此何以卒? 许嫁而绝,则丧以夫人之礼也。以子叔姬,见僖之丧伯姬也。"

秋,滕子来朝。

吕氏《或问》:"文公之德、政无足言,而曹伯来朝、杞伯来朝、郧伯来奔、滕子来朝,不一书于经,何也? 曰:鲁固东方之望国也。当是时,伯国则晋也,望国则鲁也。鲁之威令,不如晋之强,徒以周公、伯禽之后,诸侯望而敬之。承筐之会,亦惟晋、鲁二国之大夫与焉。秦术、楚椒之聘,亦汲汲于鲁。然则曲阜之地,非小弱也,周公、伯禽之泽犹在也,声明文物之旧犹故也。诸侯之敬鲁,与夷狄之望鲁,亦不敢与他诸侯比也。使其君能自强于政,则其纠合诸侯、翼戴周室之权,不在晋而在鲁矣。惟其怠惰废弛,举其国之柄而移于大夫之手,自是而后,浸微浸弱,然则谁之咎哉?"案:文之中叶,正鲁之极盛,如日已中,过是则昃矣。当其盛也,怠心易萌,孟子所云"及是时般乐怠敖"者,文公正其人也。连书朝聘之盛,非侈之也,哀之而已。

冬十有二月戊午,晋人、秦人战于河曲。

陈《后传》:"此秦伯、晋赵盾也。曷为贬称人? 亟战也。于是范山言于楚子曰:'晋君少,不在诸侯,北方可图也。'而秦、晋亟战。秦、晋亟战,而楚君将称君矣。是故战必言及,而不言及,不以秦、晋主战也。不以秦、晋主此战,犹曰'夫人战焉'耳,略之也。'秦人、白狄伐晋',首从之辞也。'晋人及姜戎败秦师于殽',敌辞也。'晋人、秦人战于河曲',略之之辞也。"

季孙行父帅师城诸及郓。

黄氏《通说》:"城其国邑,宜无待于帅师。行父师师以城诸、郓,何也? 歉于义也。案庄二十九年'城诸及防',则知诸鲁地也。襄十二年'莒人伐我东鄙,围台。季孙宿帅师救台,遂入郓',则知郓莒邑也。莒邑而鲁城之,是城非其所有之地也。城非其所有而虑莒必争,于是乎将兵以往焉,故曰'歉于义也'。"吕《或问》:"鲁有二郓。成四年'城郓',是郓也,盖近晋之邑也,故杜曰'以备晋也'。此年'城郓',盖近莒之邑,故杜曰'莒鲁之所争者'。窃尝推之,前七年徐伐莒,莒人请盟于我,故公孙敖如莒涖盟,则莒之于我,未始有怨也。今城二邑而惧莒之难者,以公孙敖之在焉故也。及者,先后之辞。及者,不宜及也。"案:鲁去晋甚远,宁有近晋之邑名郓者乎? 当只一郓,文之时惧在莒,成之时惧在晋,杜说遂有歧异耳,非二邑也。叶《传》:"城则何以帅师?

鲁郓,吾邑也。齐尝取其田矣,是以城而有畏焉。"

十有三年

冬,公如晋。卫侯会公于沓。

孙《解》:"沓之会,公已去鲁,而未至于晋。《左氏》谓
'请平于晋',盖公将如晋,而卫侯因公以结晋好,故会公
于沓。"

公还自晋。郑伯会公于棐。

孙《解》:"棐之会,公已去晋,而未至于鲁。经书'还自
晋'者,所以见公会郑伯于道也。《穀梁》曰:'还者,事未
毕。'自晋还,事毕。《穀梁》还、复之例,正自颠倒,宜赵子非
之也。"黄氏《通说》:"自鲁仲遂及晋赵盾为衡雍之盟,而后
文公倡卫、郑以从晋,凡公盟、公会,皆仲遂主之尔。"

十有四年

**六月,公会宋公、陈侯、卫侯、郑伯、许男、曹伯、晋赵盾。
癸酉,同盟于新城。**

陈《后传》:"向也扈之盟,不序诸侯,此其复序何? 诸夏

之志也。晋救江无功，救郑无功，与秦亟战，而楚浸强，交聘于中国，得蔡、次厥貉矣，而晋遂不竞。于是公朝晋，卫侯来会；公还自晋，郑伯来会，诸夏之惧甚矣。汲汲于晋而为此盟，如之何勿序也？以诸夏之汲汲于晋也，而徒以赵盾主是盟，书曰'同盟'，同众辞也。自幽以来，未之有也，则不予晋以主是盟之辞也。"吕《或问》："幽之会，齐桓伯业未盛之时，则其会、其盟也，同出于诸侯之欲，同于惧楚，而为此盟也，故书'同'。迨夫齐桓既盛之时，则合海内而听命一邦，则有以主是盟者矣，故不书'同'。齐桓既没之后，晋文起而继之，诸侯附从之不暇，则亦有以主是盟者矣，故不书'同'。襄公既没，灵公尚幼，政在大夫，纠合诸侯之力怠矣；楚焰方张，诸侯同惧，于是汲汲焉为新城之盟，而借晋以为主，非晋之能纠而合之也，故书'同'。是故桓、文未盛之时，是一时也；桓、文既盛之时，是一时也；晋伯已衰之后，是一时也。然则是盟也，其亦幸而诸侯能知汲汲于从晋，而为此盟耶？其亦不幸而晋伯不竞，然后诸侯相率以为此盟耶？"

秋七月，有星孛入于北斗。

孙《解》："曰'有'者，不宜有之辞。且不知其孛者何星，阙所不知也。"叶《传》："何以曰入？北斗有环域，自外入于环中也。"黄《通说》："孛，彗属也。偏指曰彗，四出曰孛。"

晋人纳捷菑于邾，弗克纳。

孙《解》："不曰'伐邾'，未尝伐之。未尝伐邾，而弗克纳

者,非伐而弗克也,义弗克尔。"陈《后传》:"此晋赵盾以诸侯
之师,曷为贬称人? 以晋为不竞也。楚方交聘于上国,得
蔡、次厥貉矣。而晋区区纳亡公子于邾,又以'少陵长'见辞
于邾人。自败秦于令狐、盟于扈、救郑、战河曲,赵盾皆不
书。由是讫灵公之篇,兵车之会,自参以上,贬人之,十七年
伐宋、宣二年侵郑。赵盾为之也。"

九月甲申,公孙敖卒于齐。

　　吕氏《或问》:"公孙敖卒于齐,书之于策,何也? 曰:石
氏曰:'孔子曰:"政在大夫,五世矣。"盖由文以来也。襄王
崩,公孙敖如周吊,不至而复,遂从己氏奔莒。因重赂以求
入,惠叔以为请,许之。将来,卒于齐,齐人归其丧。惠叔又
请而受之,书曰"公孙敖卒于齐",明年又书曰"齐人归公孙
敖之丧",言鲁人虽欲绝之,而不能也。陪臣执国命可见
矣。'又曰:'奔大夫卒,皆不书,如公子庆父出奔莒、臧孙纥
出奔齐是也。内大夫卒于外者,皆不至,如仲遂、公孙婴齐
是也。公孙敖,奔大夫也。其卒,当如公子庆父、臧孙纥,绝
而不书。其书,以齐人归其丧起也。其丧至,当如仲遂、公
孙婴齐,阙而不录。其录,以鲁人受其丧故也。且禄去公
室,三家之子孙渐盛强矣,敖虽废命奔莒,而其子文伯、惠叔
继立于朝,襄仲又从其请,而复其生莒之二子。然则大夫之
汰,可知矣。单伯,天子卿也;叔姬,鲁女也。齐人以鲁之
故,皆执而辱之。然则齐人之狂,可见矣。夫以其子之汰,

请其父之丧，虽欲勿许，其可得而禁乎？于以见大夫之专
也。夫以齐之狂，归我臣之丧，虽欲勿受，其可得而辞乎？
于以见鲁人之弱也。'"

齐公子商人弑其君舍。

陈《后传》："未逾年之君，卒不书，据卫戴公。奔则但书
名。据郑忽。舍未逾年，何以得称君？本《穀梁传》。以弑罪罪
商人也。是故陈佗、齐无知、莒展舆，逾年矣，而不成君；舍
未逾年也，而成君。苟弑其君，世子虽成君，不君之；苟见弑
于其臣子，虽未成君，君之。《春秋》之大义也。"案曰："其
君"者，自商人目之之辞也。于其逾年、未逾年何与焉？而
说者断之逾年、不逾年之间，征之礼经，博之传记，徒赘而
已矣。

冬，单伯如齐。齐人执单伯。

陈《后传》："《春秋》书周大夫如吾大夫然，内之也。伯
者作，天下不知有王久矣。于是，鲁之请昭姬，晋之命随会，
犹假宠于王室。而文、宣之际，王卿士数有事于四方。救江
之役、黑壤之盟，王叔桓公在焉，盖汲汲于晋也。葬僖公，锡
文公命，赗、含成风，王季子来聘，尤汲汲于鲁也。而齐人执
单伯，以天子之使而见执，《春秋》所甚惧也。王叔陈生尝相
周矣，晋悼公执之，则何以不书？传曰：'士鲂如京师，言王
叔之贰于戎也。'则是为京师执之也。为京师执之，而与执
单伯同罪，则溢罚矣。"孙《解》："《左氏》以单伯为王卿士。

案：明年书'单伯至自齐'，未有王臣而鲁史书至者。盖不知其为王命大夫，故字而不名尔。"

单伯至自齐。

陈《后传》："吾大夫不至，必见执而后至。《春秋》书周大夫如吾大夫然，故至单伯也。"

晋郤缺帅师伐蔡。戊申，入蔡。

陈《后传》："入不言伐。言伐，甚伐者也。入未有书大夫者，于是书郤缺始。自是讫春秋，入称人者，邾也；称国者，吴、越也。邾、吴、越无大夫也。是故自伐书阳处父、入书郤缺、侵书赵穿，宣元年。由是凡役书大夫。虽大夫自为战，书大夫。宣二年宋郑。甚者，大夫与君战，亦书大夫。宣十二年邲之战、成二年鞌之战。是经之变文也。"

冬十有一月，诸侯盟于扈。

孙《解》："不序诸侯者，所以罪文公之怠于政也。盟会之事，虽王法所当诛，而春秋之时，伯主持之以号令天下，从之者安，不从者危。文公怠于国政，不务安其国家，而诸侯盟会不能与焉。至于齐师再侵其鄙，书曰'冬十有一月，诸侯盟于扈'，所以见诸侯之大会而公独不与，齐师再侵而外无所救也。"陈氏《后传》："向也扈之盟，赵盾为之，则其不序诸侯，犹曰'大夫主是盟也'。此晋侯、宋公、卫侯、蔡侯、陈侯、郑伯、许男、曹伯也，则曷为不序？散辞也。新城之盟，不可以不序，徒以诸夏之志焉耳。而晋侯不出，于是楚伯成而顷王崩、葬不见于《春秋》，诸侯无统纪甚矣！故终灵公之篇，凡合诸侯，皆散辞，传曰'无能为也'。"

十有二月，齐人来归子叔姬。

孙《解》："《公》、《榖》之说，皆以叔姬为有罪者。考寻经文，当以《左氏》为定。方单伯之如齐，齐已有弑君之难。齐方有难，单伯送女，将安归乎？不容犯难而致女也。盖为齐之行，为请叔姬尔。若单伯、叔姬实有为恶之迹，则经书其执，当以累及为文。据经文两执之，乃是叔姬因单伯之请而见执，二传之说，殊不近人情矣。"

齐侯侵我西鄙，遂伐曹，入其郛。

吕《集解》："襄陵许氏曰：鲁尽礼于晋，而见侵弗恤；曹修礼于鲁，而被伐莫救。此仁义之所以日坏，而兵革之所以方兴，岂特齐懿之暴戾无道？皆晋灵、赵盾之责也。"陈《后传》："一役而再有事，不悉书也。苟悉书也，则以遂言之。兵事言遂，必天下之大故也。此其言遂何？齐始败夏盟也。晋文公卒，襄公能合诸侯。灵虽不竞，而新城之盟，诸夏汲汲焉固结之，则犹有属也。而齐独为乱阶，执天子之使，加兵于鲁，于是伐曹，晋遂不竞，而诸侯贰，故悉书之也。传曰'谓诸侯不能也'，是故入郛皆不书，据隐五年邾郑伐宋入郛之类。于齐特书之；侵我皆书'人'，于是书'齐侯'。异其文者，异其事也。"

十有六年

十有六年春,季孙行父会齐侯于阳谷,齐侯弗及盟。

叶《传》:"桃丘我往而不肯遇,故言'弗遇';阳谷齐侯来而不盟,故言'弗及盟'。"

毁泉台。

叶《传》:"毁泉台何以书?不正其听于神而疑民也。有蛇出于泉宫,入国,如先君之数。既而夫人薨,鲁人以为妖,遂毁泉台。非示民之道也。叶子曰:殷人率民以事神,先鬼而后礼,孔子以为'其民之敝,荡而不静',是以古者假鬼神时日卜筮以疑众者诛,不以听。孔子盖知之矣,故曰'不语怪力乱神',然后人知敬鬼神而远之,故以泉台一见法焉。"

楚人、秦人、巴人灭庸。

陈《后传》:"此楚子也,灭犹未书君将也。"

冬十有一月,宋人弑其君杵臼。

陈《后传》:"弑未有称人者,其称人何?犹曰'众人杀之'焉耳。然则宋公孰弑?襄夫人也。贼由夫人使之,若众人然。以是为君不君也。"

十有七年

齐侯伐我西鄙。

案：先犹侵也，今则声罪而伐我矣，齐之暴益著，鲁之弱亦益甚矣。

诸侯会于扈。

孙《解》："文公怠于国政，而使其大夫会盟强国。诸侯之盟，公不与焉，以求安其国家，而肆然受诸侯之来讨，至于无所救，而土疆以削，人民以伤，书曰'诸侯会于扈'，罪公之不与也。"

十有八年

夏戊戌，齐人弑其君商人。

孙《解》："商人，弑君之贼也。齐人杀之，不以讨贼书者，杀商人者，又以其私，非讨也。《春秋》之义，虽弑君大恶之人，杀之必正其罪，然后许之。不讨其罪，而又以其私，则亦曰弑君也。所以原情定罪，而大为之防欤！"陈《后传》："商人之罪，尝著于《春秋》，曷为书弑如他君？久矣其为君也。《春秋》位号从主人，不以正不正。未尝有国，虽郑忽不可不谓之世子；尝有国，虽商人不可不谓之君。然则商人无罪欤？以蔡般之见杀，宜不名而名之，则商人罪不容诛矣。然则齐侯孰弑？阎职、邴歜也。阎职、邴歜微不称盗，而称齐人，所以罪商人也。君商人，人阎职、邴歜，其实各得其天矣。"

秋，公子遂、叔孙得臣如齐。

吕《集解》："刘氏《意林》：'《春秋》之文，有常有变。变用于变，常用于常，不相袭也。变之甚微，读者难知也，则以为史耳，乃《春秋》则欲起问者见善恶也。公子遂将弑君，谋之齐而后决；阳虎将窃国，谋之晋而后发。而经书子卒、盗窃宝玉大弓，其实尚隐，故原其祸乱之始、邪谋之发，著之奉使之日，以见非常也。使学者比其类、揆其情，因是而知之，所谓"微而显、志而晦"者也，非圣人孰能修之哉？齐与人之大臣谋弑其君，晋与人之陪隶谋覆其国，意俱恶而祸俱大，此《春秋》所以异而恶之也。'"叶《传》："公子遂、叔孙得臣何以并见？二卿共使也。聘则何以二卿共使？非常聘也。其谋立宣公也欤？遂以僖二十八年得政，然视三家为最亲。文公立而遂益专，末年执政惟遂与叔彭生、得臣、行父四人。彭生既以不从而杀，则得臣、行父不得不畏而听，此其所以挟得臣而与之偕行，将以见此鲁执政之意，而非己之私也。宣公立，季孙行父亦如齐,公遂会齐侯于平州,以定其位。则二人盖皆与闻乎弑者欤?"

夫人姜氏归于齐。

胡《传》:"书'夫人',则知其正;书'姜氏',则知其非见绝于先君;书'归于齐',则知其无罪,异于'孙于邾'者。而鲁国臣子杀嫡立庶,敬嬴、宣公不能事主君、存嫡母,其罪不书而并见矣。"

季孙行父如齐。

吕氏《集解》:"襄陵许氏曰:文子之行,告宣公立也。前乎'子卒'书如齐,后乎'子卒'书如齐,齐与闻乎故也,所以恶齐也。又吕氏曰:君死不正,而国之大臣恃大国以自免,施施肆肆,无所忌惮。行父,名大夫也,而犹若是,先王之泽尽矣。"

莒弑其君庶其。

陈氏《后传》:"弑未有书国者,其称国何?犹曰'国,其国也,而以自弑焉尔'。称人,罪不在臣子;称国,罪不在众人矣。然则,莒子孰弑?太子仆也。莒子生太子仆,又生季佗,爱季佗而黜仆,而以自祸,众人何罪焉?故凡称国以弑,必易树子、杀大臣者也。树子吾贰也,大臣吾股肱也,亲莫亲于斯,贵莫贵于斯。贼由斯人,是自贼也。"叶《传》:"以吾考之,庶其所谓多行无礼于国、密州所谓虐国人而国人弑之者,其言是也。以为仆与展舆之弑,则不明《春秋》之义,而妄信旧史之过矣。惟公羊、榖梁氏为能近之，盖非传经者不能辨。吾是以于《左氏》所记事每不敢以为证，必断于经焉。孟子曰：'尽信书，不如无书。吾于《武成》，取二三策而已。'此之谓善学。"

宣　公

宣元年

元年春王正月，公即位。

叶《传》："继弑君而书即位，见宣志也。叶子曰：隐公之弑，公子翚也；子赤之弑，公子遂也。《春秋》于翚与遂皆无异辞，至桓与宣，则书即位，以著其意，何也？《春秋》以道治弑君者三，而正弑君不与焉。郑公子归生，非本弑夷者也，惧人之谮己而从之，故夷弑不书公子宋而书归生。楚公子比，非亲弑虔者也，告之谋而不能拒，故虔弑不书公子弃疾而书比。晋赵盾非实弑夷皋者也，不讨贼而居其位，故夷皋弑不书穿而书盾。书归生者，《春秋》之义也。书比者，《春秋》之情也。书盾者，《春秋》之教也。翚与遂之罪固不得免矣，然其所为，则桓、宣之意也。使以翚、遂首恶，则凡天下之为篡夺而弑其君者，皆得因人而免矣，此桓、宣所以

234

书即位也。"

公子遂如齐逆女。

胡《传》："丧未期年，遣卿逆女，何亟乎？太子赤，齐出也。仲遂杀子赤及其母弟而立宣公，惧于见讨，故结昏于齐为自安计，越典礼以逆之，如此其亟而不顾者，必敬嬴、仲遂请齐立接之始谋也。"

三月，遂以夫人妇姜至自齐。

胡《传》："凡称妇者，其词虽同，立义则异。'逆妇姜于齐'，病文公也。'以妇姜至自齐'，责敬嬴也。敬嬴嬖妾，私事襄仲，以其子属之，杀世适兄弟，出主君夫人，援成风故事，即以子贵为国君母。斩焉在衰服之中，请昏纳妇，而其罪隐而未见也，故因夫人至，特称'妇姜'以显之。此乃《春秋》推见至隐，著妾母当国用事，为后世鉴者也。概指为有姑之词，而不察其旨，则精义隐矣。"

夏，季孙行父如齐。

胡《传》："经不言其故，谓'纳赂以请会'者，传也。经有不待传而著者，比事以观，斯得矣。下书'公会齐侯于平州'，则知此会，行父请之也。又书'齐人取济西田'，则知其请，盖以赂也。虽微传，其事著矣。诸侯立卿为公室辅，犹屋之有楹也。而谋国如此，亦不待贬绝而恶自见者也。"

六月，齐人取济西田。

孙《解》："宣公弑君，罪大当诛。而齐为伯主不能讨，与公婚姻,与公盟会,再受其臣之聘,又取其田,盖皆于数月之间也。齐侯之罪,隐而难见,故明书取田,以著其罪。《春秋》取田邑,皆贬之曰人,罪其擅取也。惟昭公二十五年‘齐侯取郓’,独书以爵。是时昭公见逐于季孙,而寓于齐,齐侯以义取鲁之郓,以居昭公。《春秋》以其取不为己,得伯主之义,特书曰‘齐侯’。舍是而取田邑者,皆贬曰人,‘齐人取济西田’是也。”叶《传》:“外取内田不书,此何以书?赂也。宣公既请于齐,而以弑立,故以济西田赂齐。为之辞,言‘齐取’,若非我与之然。齐称人,贬也。曰‘济西田’,不一地也。”陈《后传》:“外取邑不书,虽取诸我,不书。<small>据传,襄二十六年‘齐取我高鱼’。</small>必有归之者也,然后书,是故济西田书取,谨、阐书取。”吕《集解》:“伊川先生解:宣公不义得国,赂齐以求助,齐受之以助不义,故书‘取’。不义不能保其土,故不云‘我’。非为彼强取,故不讳。不能有而失者皆讳。襄陵许氏曰:桓公既弑,以许田赂郑;宣公既弑,以济西田赂齐。夫负不义于天下,则所借以行者,唯利而已。凡非利不取者,则亦何义之与择?至于弑父与君,将无不合也,是以桓、宣之计,若出一轨。《春秋》志之,以见世平则正与法皆胜,世变则乱与赂俱行。自然之符,可不戒诸?”

秋,邾子来朝。

黄氏《通说》:“邾自僖、文之世,常与鲁抗。今宣篡立而反朝之,非畏鲁,乃畏齐也。齐悦鲁之利,邾畏齐之压,而公论不复存矣,此所以为春秋之乱也。”

楚子、郑人侵陈,遂侵宋。

陈氏《后传》:“书‘遂伐楚’,言志不在蔡也;书‘遂侵宋’,言志不在陈也。说在僖四年。南北之势,于是始也。后十五年而宋、楚平,后五十年而晋赵武、楚屈建同盟于宋,诸夏之君,分为晋楚之从矣。南北之势于是始,故谨书之也。自是讫春秋,师再有事,无言遂者矣。言遂者,非与国伐盟主,‘齐侯伐卫,遂伐晋’,事在襄二十三年。则盟主伐与国也。‘晋士鞅侵郑,遂侵卫’,传曰‘卫叛晋也’,事在定八年。”吕氏《或问》:“侵陈、侵宋而书楚子,岂予楚以伯乎? 曰:《春秋》盟会而书楚子,自盂始;征伐而书楚子,自侵陈始。向也,次厥貉尝书楚子矣,然而未尝加兵于中国也。继而伐麇亦书楚子矣,然而不过加兵于其与国也。至于侵陈,遂侵宋,则直加兵于中国矣。凡征伐而书爵者,皆伯之辞。侵蔡、伐楚书齐侯,伯齐侯也。侵曹、伐卫书晋侯,伯晋侯也。侵陈、侵宋书楚子,伯楚子也。‘然则《春秋》固伯楚子乎?’曰:楚而能伯,《春秋》安得不伯之耶? 然圣人之书此,则有幸之意焉,有伤之意焉。书曰‘齐侯’、‘晋侯’,喜中国之犹有伯也。书曰‘楚子’,伤中国之无伯,而夷狄得以执伯权也。美恶不嫌同辞,此之谓欤! 然是时也,楚子侵陈,而赵盾亦帅师以救陈,又会四国之君以伐郑,是晋犹有志于与楚争也。然晋师以救陈而起，而楚子侵宋，晋不能与争，其为不竞，亦可知矣。"

宋公、陈侯、卫侯、曹伯会晋师于棐林，伐郑。

孙《解》："陈、宋附晋，而见侵于楚，赵盾帅师救之，不曰救宋者，侵宋已去，而陈方受侵也。诸侯伐郑，会晋师不言赵盾者，前目而后凡也。《公羊》以为君不会大夫。案《春秋》诸侯会大夫亦多矣，此例不通。《穀梁》以为大赵盾之事。案经言会晋师而没去赵盾之名，乃是贱尔，何谓大乎？盖《公》、《穀》不知《春秋》省文之义，故妄为之说尔。"案：诸家或谓黜赵盾，或谓张晋。得莘老之说，知师为承上之辞，则纷纷者息喙矣。然说《春秋》有以名者，此近于礼家，则名实不相紊，莘老此说是也。有以义者，近于诗家，则所谓《春秋》无达例，各随所见而为之说，犹诗之断章，不得执一也。明此，则读《春秋》可以无滞矣。

冬，晋赵穿帅师侵崇。

黄氏《通说》："崇，秦之与国也。《左氏》载，晋欲求成于秦，赵穿曰：'我侵崇，秦急崇，必救之。吾以求成也。'冬，赵穿侵崇。秦弗与成。夫机心一动，鸥鸟高飞，况于人乎？秦弗与成，是晋以诈失之也。"案：穿之侵崇以求与秦成者，盖方欲用兵于郑，惧秦乘其后也。然求之非其道，计终弗售，而明年秦师伐晋矣。

二　年

二年春王二月壬子,宋华元帅师及郑公子归生帅师,战于大棘。宋师败绩,获宋华元。

叶《传》:"郑受命于楚以伐宋,华元不服而御之,故以'华元及归生'言,华元之主战也。君获,不书师败绩。大夫获,书师败绩。君重于师,师重于大夫。华元获,再见'宋',华元尽力于战,不以获耻华元,善之也。"陈《后传》:"战未有书大夫者,于是书宋华元、郑公子归生,大夫初主战也。自此战皆书大夫。不书大夫者,吴也,吴无大夫也。"吕氏《或问》:"《春秋》书战三十四,惟晋赵鞅、郑罕达战于铁,及此年大棘之战皆称帅师者,其众敌也。《春秋》书获者七,惟齐国书及此年宋华元书败绩者,身见获而师又败也。大夫生死皆言获,宋华元,生也;吴获陈夏啮、获齐国书,死也。盖存之杀之,皆在既获之后尔。"案:此两书帅师,不独见其众敌也,亦以著郑倾国受命于楚。其伐宋,关于诸夏之盛衰,伯主之进退,而宋首当其冲,不能不倾国以与之争存亡。宋之败、华元之获,为宋痛,为诸夏惧,为晋之伯主耻也。

秦师伐晋。

吕《集解》:"襄陵许氏曰:自襄至悼,秦六伐晋,独此称师,则灵之季不竞甚矣。"吕氏《或问》:"晋文之伯,秦与有功;晋伯之衰,秦与有罪。城濮之战,秦从晋以弱楚,是故晋伯而楚衰。自文十六年,秦党楚以灭庸,而秦为楚役。楚方陵驾中国,而秦复兴师以伐晋,是故楚伯而晋衰。虽然,此非秦之罪也。晋文之欲与楚争也,必得秦而后敢战,此固伯者之虑也。殽函之事,晋襄之度已浅,而先轸诸人,见利乘便,未始有远图也。自是而后,更相报复,无有穷已。楚方窥伺中国,而两虎方斗,何暇议及他事哉?楚庄之雄也,通秦以轧晋,而秦为楚役矣。次于厥貉之后,楚方有陵驾中国之心。同盟新城之后,诸侯方有惧楚之志。盖至于今,则郑复背晋以从楚,党楚以侵陈。晋方与楚争,则通秦以轧楚可也,否则置秦而勿问可也。而盾之族子曰穿,乃兴侵崇之谋,盾非病狂,何故听之?是起秦之争也。宋方败于郑,而晋复劳于秦,非自致之而谁耶?"

夏,晋人、宋人、卫人、陈人侵郑。

陈《后传》:"此晋赵盾用诸侯之师,曷为贬称人?以晋为甚不竞也。楚方图伯而晋以大夫用诸侯,由是兵车之会自参以上皆贬。而自柳棼之役,楚皆称子矣。九年。"

秋九月乙丑,晋赵盾弑其君夷皋。

吕《集解》:"襄陵许氏曰:讨贼发于忠愤,尝药生于孝爱,如击其首而手应,如徒跣疾驰而目视夷险,有不待思焉而得、勉焉而至者矣。盾不讨贼,止不尝药,此其不遂于理,非其智之罪也，所以诚其心于忠、孝者有不至也。"

三　年

三年春王正月，郊牛之口伤，改卜牛。牛死，乃不郊。犹三望。

叶《传》："未用谓之牛，将用而全谓之牲，故将祭，展牲则告牷。牷之为言，为其全而无伤也。帝牛不全，则扳稷牛而卜之；稷牛不吉或死，则不郊。郊牛之口伤，自伤也。改卜牛，稷牛也。伤者，养之不谨。死者，若有遣之者也。以宣公为事天者怠矣。"

楚子伐陆浑之戎。

胡《传》："夷狄相攻不志，此其志何也？为陆浑在王都之侧，戎夏杂处，族类之不分也。楚又至洛，观兵于周疆，问鼎之大小轻重焉，故特书于策，以谨华夷之辨，禁猾夏之阶。"陈《后传》："窥周室也。"黄氏《通说》："楚子伐陆浑之戎，遂至于雒，观兵于周疆，盖名为伐戎，实在逼周也。"

夏，楚人侵郑。

胡《传》："案《左氏》：'晋侯伐郑，郑及晋平。'而经不书者，仲尼削之也。郑本以晋灵不君，取赂释贼为不足与，似也;而往从楚,非矣。今晋成公初立,背僭窃伪邦而归诸夏,则是反之正也。《春秋》大改过,许迁善,书'楚人侵郑'者,与郑伯之能反正也,故独著楚人侵掠诸夏之罪。郑既见侵于楚,则及晋平可知矣。"

秋,赤狄侵齐。

吕《集解》:"襄陵许氏曰:楚侵其南,狄侵其北,此'大过栋桡'之时也。"

四 年

四年春王正月,公及齐侯平莒及郯。莒人不肯。公伐莒,取向。

孙《解》:"《春秋》之义,大和平而恶侵伐。侵伐必正其主兵之名,和平则曰人而已,以明举国皆欲之也。公及齐侯平二国之怨,而莒独不从,书曰'莒人不肯',盖微之也。《春秋》平者曰人,不肯者亦曰人,所以书人则同,而褒贬则异矣。公以大国之义,平小国之怨,莒人不肯,则有罪矣。伐之而取其邑,不亦甚乎?《春秋》之义,不以有功没其过,不以不正治人之邪。楚人杀陈夏征舒,则为义;入陈,则无道矣。平莒及郯,则近正;伐莒取向,则有罪矣。所谓牵牛蹊人之田而夺之牛也。"胡《传》:"心不偏党之谓平,以此心平

物者物必顺,以此心平怨者怨必释。惟小人不能宅心之若
是也,虽以势力强之,而有不获成者矣。夫以齐、鲁大国平
郏、莒小邦,宜其降心听命,不待文告之及也。然而莒人不
肯,则以宣公心有所私系,失平怨之本耳,故书'及'、书'取'
以著其罪。及,所欲也。平者,成也。取者,盗也。不肯者,
心弗允从,莫能强之者也。以利心图成,虽强大者不能行之
于弱小。《春秋》书此,戒后世之不知治其本者,故行有不得
者,反求诸己斯可矣。"案:莒不肯大国之平,而招取邑之
祸,莒亦不能无过,而经意则罪鲁为多,胡《传》言之悉矣。
又案:及,犹汲汲也。平莒及郏,则汲汲于平者郏,而莒不
急也,此莒人所以不肯也。

夏六月乙酉,郑公子归生弑其君夷。

　　叶《传》:"《春秋》用法,常施于所疑,而不施于所不疑。
于所不疑,则举重;于所疑,则举轻以见重。宋之弑,无可免
之道。而归生尝拒宋,或疑于可免,故治归生,则宋自见,非
以归生薄宋也。"陈《后传》:"首弑君者,公子宋也,则其蔽罪
于归生何? 归生为正卿,而宋有无君之心,非归生,孰禁之?
于归生乎谋先,然而弗禁,则贼由归生而已矣。是故归生之
弑,公子宋启之,不以罪宋,而罪归生。宁喜之弑,公子鱄启
之,不以罪鱄,而罪宁喜。董史书赵盾,孔子取焉,盖有合于
《春秋》。"黄氏《通说》:"观《左氏》,方子公与子家谋先,子家
未可,则弑未成。及子家既从,则弑遂成。是成弑君之事,

全在子家,岂止于纵人为逆也哉？然郑灵公不以礼遇其臣,至于食大夫鼋,召子公而弗与,以激其怒,又自怒而欲杀之。为君如此,虽欲无乱,亦不可得已。"

五 年

五年春,公如齐。

叶《传》:"公始即位,公子遂、季孙行父一岁而三聘齐,犹可为也。至是更三时而再朝,则鲁失位而屈于大国,至公而不可复亢矣。"黄氏《通说》:"《左氏》载,春,公如齐,高固使齐侯止公,请叔姬焉。秋,高固来逆女,自为也。夫人所以自立于天地间者,义而已矣。苟为不义,则自视歉然,惟人之畏,百骸四体,岂复我有哉？观鲁宣公以不义得国,倚强齐以自固,土田荐贿,玉帛造廷,举千乘之国,惟齐是听。今遂见逼于齐,连昏于齐之大夫而不敢违焉,此孟子所谓人役者也。"

冬,齐高固及子叔姬来。

陈《后传》:"凡来,讥也,非归宁之辞。"

六　年

晋赵盾、卫孙免侵陈。

胡《传》："传称'陈及楚平'、'荀林父伐陈'，经皆不书者，以下书晋、卫加兵于陈，即陈及楚平可知矣。以赵盾、孙免书'侵'，即林父无词可称，亦可知矣。爱人不亲反其仁，治人不治反其智。晋尝命上将帅师救陈，又再与之连兵伐郑，今而即楚，无乃于己有缺，盍亦自反可也。不内省德，遽以兵加之，则非义矣。故林父不书'伐'，而盾、免书'侵'，以正晋人所以主盟非其道也。"吕《或问》："《公羊》之说，谓弑君之贼不复见经，其复见者，以明盾之非弑也。此说误矣。《春秋》弑君之贼不复见者，惟宋督、郑归生、齐崔杼、陈乞四子耳。其他如商人、世子般、宋万、晋里克、卫宁喜，皆再见于经。又有以讨贼而见于经者，州吁、无知是也。他国之臣，唯衔命来鲁，及预盟会、侵伐则书，无事则不书。赵盾所以书者，以帅师侵陈也。若其事当书，岂以弑君之贼而不之书？其事不当书，岂以其非弑君而强书之邪？况其身为弑君之贼，而预国事，再见于经，适足以见其国之无臣子尔，岂谓其非弑君，而乃再见之哉！"案：晋之霸也，宋、卫、陈、郑皆受命唯谨。今郑、宋、陈皆即楚，与晋侵陈者，唯卫人而已,书以见晋伯之衰,至此已极,初不在伐之与侵也。

七 年

七年春,卫侯使孙良夫来盟。

胡《传》:"是盟卫欲为晋致鲁,而鲁专事齐,初未与晋通也。必有疑焉,而卫侯任其无咎,故遣良夫来为此盟,而公卒见辱。盟非《春秋》之所贵,义自见矣。"

夏,公会齐侯伐莱。秋,公至自伐莱。

胡《传》:"及者内为志,会者外为主。平莒及郯,公所欲也,故书'及',继以取向,即所欲者可知矣。伐莱,齐志也,故书'会',继以伐致,即师行之危亦可知矣。公与齐侯俱不务德,合党连兵,恃强陵弱,是以为此举也。"案:至者,告成于庙。为大国役,兴师以侵弱小,何足告成乎? 书之以志耻也。

冬,公会晋侯、宋公、卫侯、郑伯、曹伯于黑壤。

陈氏《后传》:"晋灵公之会同皆不序,自黑壤而下复序诸侯,何也? 垂陇之役,初以大夫会盟。自以大夫会盟,而后不序诸侯。不序诸侯,犹责伯者也。终灵公之篇,则诸侯无贬矣,以其不胜贬,序之可也。是故《春秋》自隐而下,君恒称君,贬人之,故诸侯多贬辞焉。自文而下,大夫恒称大夫,贬人之,故大夫多贬辞焉。诸侯不胜贬,则政在大夫矣;大夫不胜贬,则陪臣执国命矣。"黄氏《通说》:"黑壤之会,晋人止公,以赂免焉。盖宣为不义,不特齐人得以无道加之,而晋人亦得以无道加之也。"

八　年

夏六月,公子遂如齐,至黄乃复。

胡《传》:"楚伐吴,陈侯使公孙贞子往吊。及良而卒,将以尸入,吴人辞焉。上介芋尹盖曰:'寡君使盖备使,吊君之下吏。无禄,使人逢天之戚,大命陨坠,绝世于良,废日供积,一日迁次。今君命逆使人曰:"无以尸造于门。"是我寡君之命委于草莽也,无乃不可乎?'吴人不敢辞。君子以为知礼。'乃'者,无其上之辞。其曰'复',事未毕也。"吕《集解》:"刘氏《传》:有疾也。何言乎有疾乃复?讥。何讥尔?大夫以君命出,未致使而死,以尸将事。"

辛巳,有事于太庙,仲遂卒于垂。壬午,犹绎。万入,去籥。

黄氏《通说》:"或谓《春秋》书'大事'为禘祫,'有事'为烝尝,非也。烝尝,四时之常祭,故《春秋》书'丁丑烝'、'乙亥尝',不曰于某宫、于某庙也。惟三年一大祭,故书禘于太

庙,或书大事于太庙,其实一也。案《春秋》闵以二年八月
薨,僖二年当除丧,为大祭。至五年,再大祭。八年,三大
祭。故经于僖八年书'禘于太庙'是也。文十八年二月薨,
宣二年当除丧,为大祭。至五年,再大祭。八年,三大祭。
故经于八年书'有事于太庙'是也,岂得谓之烝尝哉?仲遂
久专国柄,作威作福,虽宣公为仲遂所立,而卒不能堪焉。
于其生也忌之,于其死也幸之,故书曰'仲遂卒于垂。壬午,
犹绎',明宣公无悲戚之心者,由仲遂专国之所致也。此所
以戒人臣也。《戴记·檀弓》:'"仲遂卒于垂,壬午,犹绎。"
仲尼曰:非礼也,卿卒不绎。'此汉儒所传尔。卿卒不绎,礼
之常者也。若夫《春秋》所书之意,有不止此者,非汉儒所能
尽传也。"

楚人灭舒蓼。

胡《传》:"诗称'戎狄是膺,荆舒是惩',在周公,所惩者
其自相攻灭,中国何与焉?然《春秋》书而不削者,是时楚人
疆舒蓼,及滑、汭,盟吴、越,势益强大,将为中国忧,而民有
被发左衽之患矣。经斯世者当以为惧,有攘却之谋而不可
忽,则圣人之意也。"

**冬十月己丑,葬我小君敬嬴。雨,不克葬。庚寅,日中
而克葬。**

吕《集解》:"襄陵许氏曰:子恶之弑,谋自敬嬴,故《春
秋》因其'雨,不克葬'而著咎征焉。君子于是乎知有天道。"

叶《传》："克之为言，致力而后胜之者也。'不克葬'，欲致力而不得也。古者庶人县窆，不封不树，不为雨止。潦车载蓑笠，盖士之礼然。言'县窆'，则有'隧窆'者矣；言不封不树，则有封树者矣；言不为雨止，岂非有为雨止者乎？礼之降杀，未有虚加之者，亦各称其情而已。葬不为雨止，特为士庶人言之尔。诸侯旅见天子，雨沾服失容，虽入门犹废，况送死之大乎？"

城平阳。

吕《集解》："襄陵许氏曰：国有大丧，始丧而又动众城邑，非特不爱民力，以公为忘亲之爱矣，不时孰甚焉？"案：如许氏之说，则此书"城平阳"，与书"仲遂卒。壬午，犹绎"一意，以见敬嬴、仲遂之谋立，不足弋宣公之敬爱，小人可以废然返矣。

九　年

九年春王正月，公如齐。公至自齐。

吕《集解》："泰山孙氏曰：公有母丧，而远朝强齐，公之无哀也甚矣！"

夏，仲孙蔑如京师。

胡《传》："属辞比事，《春秋》教也。当岁首月，公朝于齐;夏,使大夫聘于京师。此皆比事可考,不待贬绝而恶自见者也。宣公享国九年,于周才一往聘;其在齐,则又再朝矣。经于如齐,每行必致,深罪之也。故聘觐之礼废,则君臣之位失,诸侯之行恶,而倍畔侵陵之败起矣。此经书君如齐、臣如周之意,而特书'王正月'以表之也。"

齐侯伐莱。

吕《集解》:"襄陵许氏曰:狄比侵齐,齐不敢报。莱不犯齐,而齐亟伐之。畏众强而虐轻弱,此可以观惠公矣。"

秋,取根牟。

孙《解》:"根牟者,邑名也。《春秋》之法,本鲁田邑,而鲁复取之者,不以国系之,明本我田邑也,取济西、取汶阳、取郓、取郓是也。《公羊》以根牟为邾邑,《春秋》不系之邾者,以亟数而讳之也。此盖《公羊》不知根牟为鲁邑,为邾取去,而鲁复得之,故不系邾也。谓之讳亟,有何义乎?"案:根牟之于邾、鲁,犹向之于鲁、莒也,此彼争取不休,故《公羊》有亟数之言,非不知其为鲁邑也。

辛酉,晋侯黑臀卒于扈。

叶《传》:"扈,晋地也。何以不言卒于会?会散矣,晋侯以疾留而卒也。凡诸侯卒于师言师,卒于会言会,曰师与会,则既有地矣。春秋诸侯,擅相征伐盟会,虽不能无得罪于王法,然有救灾、恤患、谋事、补阙之道焉。故凡卒于是者,葬之加一等,则《春秋》实不得不与也,不地而言师与会,盖录之也。今会扈之后,间有荀林父伐陈之事,而见卒非会散而何?"吕氏《或问》:"诸侯卒于内不地,此其地何也?曰:于国都之外,则地之。衽金革而死,则书'卒于师',如曹伯负刍。修玉帛之好而死,则书'卒于会',如杞伯成。于竟外,则许男宁之'卒于楚',吴子遏之'卒于巢'。于封内,则如郑伯髡顽'卒于鄵'、宋公佐'卒于曲棘'。惟许男新臣卒于师,不地,盖许男既与次陉之师,而其下文无异辞,则其为卒于次陉之师明矣,故虽不地,而其义自见。"案:黑臀之卒不书于会而书于扈者,以间有荀林父伐陈之事,于文不得书会也。然上言"晋侯、宋公、卫侯、郑伯、曹伯会于扈",此言"晋侯黑臀卒于扈",则其为卒于会,不待书而可见也。叶氏之说虽巧,非经意也。

冬十月癸酉,卫侯郑卒。

胡《传》:"晋成公何以不葬?鲁不会也。卫成公何以不葬?亦鲁不会也。卫成事晋甚谨,而鲁宣独深向齐,卫欲为晋致鲁,故谋黑壤之会,而特使孙良夫来盟以定之也。及会于黑壤,而晋人止公,赂然后免。是以扈之会皆前日诸侯,而鲁不往,二国继以丧赴,亦皆不会,此所谓'无其事而阙其文'者也。或曰:二君皆有贬焉,故不书葬。误矣。鲁人不会,亦无贬乎?书'卒'而以私怨废礼忘亲,其罪已见。《春秋》文简而直,视人若日月之无私照也,曲生意义,失之远矣。"

宋人围滕。

胡《传》："围国非将卑师少所能办也,必动大众而使大夫为主帅明矣。然而称'人',是贬之也。滕既小国,又方有丧,所宜矜哀吊恤之不暇,而用兵革以围之。比事以观,知见贬之罪在不仁矣。"

楚子伐郑,晋郤缺帅师救郑。

陈氏《后传》："书救郑何? 楚伯也。元年救陈,今年救郑,而辰陵之盟序陈、郑于楚子之下,遂以诸侯予楚矣。"

陈杀其大夫泄冶。

胡《传》："称国以杀者,君与用事大臣同杀之也。称'其大夫',则不失官守,而杀之者有专辄之罪矣。泄冶无罪而书名,何也? 冶,以谏杀身者也。杀谏臣者,必有亡国弑君之祸,故书其名,为征舒弑君、楚子灭陈之端,以垂后戒,此所谓义系于名而书其名者也。"吕《集解》:"襄陵许氏曰:书杀泄冶,张陈亡之本也。"

十　年

齐人归我济西田。

叶《传》:"此其为赂也。曷为归之? 以我为能事己也。何以不言'取济西田'? 曰:'是我济西之田也,而齐人反归之乎？公以是病矣。邴，郑邑也，我非所当入而入，故于入言我，恶其取；济西，我田也，齐非所当取而取，故于归言我，恶其与也。'"吕氏《或问》："取不言我，而归言我，何也？曰：取不言我者，宣公以立之不正，而欲赂齐以求会，故不言我，以见内无惜之之意也。于其归也，则公比年如齐，情好已笃，外有邻国之礼，内有婚姻之故，鲁亦欲得，而齐以归之，是以言我，以见内有欲之之意也。师曰：经凡言归邑三，定十年'齐人来归郓、谨、龟阴田'、哀八年'齐人归谨及阐'与'归我济西田'是也。然或言来，或不言来。言来者，非鲁之所求，而齐自归之也。何者？夹谷之会，齐侯以无礼自屈，为是归田以谢过，非鲁求之也。若夫济西之田，则公连年朝齐，又与之为婚姻，又助之以伐莱，故因是求之，而齐归之也。谨之与阐，亦犹是矣。其始也，以公入邴之故，而齐取之；既而归邴子益，而与齐平，则因请其所取之邑，故齐以是归之也。然则言来者，无所惜之辞也；不言来者，有所惜之辞也。无所惜，其所欲也；有所惜，则出于不得已矣。"案：归田不久而元卒，则是老有悔心，欲以此结好于鲁，非尽以宣公之能事齐也，狡哉！

齐崔氏出奔卫。

孙《解》："《春秋》书氏者，皆讥世卿也。《春秋》世卿多矣，而尹氏书卒，崔氏书奔，盖圣人于世卿之中，择其尤强而为害之深者，以为后世戒也。隐三年书'尹氏卒'，昭二十三年书'尹氏立王子朝',又三年书曰'尹氏以王子朝奔楚'。自隐至昭,二百年矣,而尹氏世执周政,故有子朝之难而专废立之权也。宣十年书'崔氏出奔卫',至襄二十五年书'崔杼弑其君光'。自宣至襄,五十余年矣,崔氏世齐大夫,故卒有弑君之祸也。《春秋》之国,莫尊于周,莫强于齐,而周、齐世卿卒造大祸,世卿之为害可知矣。"吕《集解》:"襄陵许氏曰:崔杼出而能反、反而能弑者,以其宗强,经以氏举,于此辨之早也。"

六月,宋师伐滕。

胡《传》:"前围滕称'人',刺伐丧也。此伐滕称'师',讥用众也。"

晋人、宋人、卫人、曹人伐郑。

吕《集解》:"襄陵许氏曰:晋自灵公以来,成、景相继,力争陈、郑而无以服楚,是以屡书其侵伐,讥德政之不施也。"

秋,天王使王季子来聘。

胡《传》:"宣公享国,至是十年,不朝于周而比年朝齐,不奔王丧而奔齐侯丧,不遣贵卿会匡王葬而使归父会齐侯之葬,纵未举法,勿聘焉可也,而使王季子来,王灵益不振矣,自是王聘《春秋》亦不书矣。"吕《集解》:"襄陵许氏曰:自是王灵益亡、王聘益轻,《春秋》不复录矣。"

公孙归父帅师伐邾,取绎。

胡《传》:"用贵卿为主将,举大众出征伐,不施于乱臣贼子，奉天讨罪，而陵弱侵小，近在邦域之中附庸之国，是为盗也。当此时，陈有弑君之乱，既来赴告，藏在诸侯之策矣。曾不是图，而有事于邾，不亦傎乎！故四国伐郑，贬而称'人'，鲁人伐邾，特书'取绎'，以罪之也。"

齐侯使国佐来聘。

黄氏《通说》："齐惠公卒，嗣子立未逾年，而以爵通于诸侯，当凶衅而行吉礼，无君臣、父子之义矣。"

楚子伐郑。

胡《传》："经有词同而意异者，比事以观，斯得之矣。九年楚子伐郑称爵者，贬词也，若曰：国君自将，恃强压弱，凭陵中夏之称也。知然者，以下书'晋郤缺帅师救郑'，则贬楚可知矣。此年楚子伐郑称爵者，直词也，若曰：以实属词，书其重者，而意不以楚为罪也。知然者，以《传》书'晋士会救郑，逐楚师于颍北'，而经削之，则责晋可知矣。此类兼以传为案者也。"

十有一年

夏，楚子、陈侯、郑伯盟于辰陵。

陈氏《后传》："序楚子于陈侯、郑伯之上，初予楚以伯也。"案：此非予楚也。据事直书，以见中国无伯，而夷狄夺之，为诸夏危也。

公孙归父会齐人伐莒。

吕《集解》："襄陵许氏曰：辰陵之盟，此中国所宜震也，而齐、鲁方且务穷兵于小国，何震之有？"

秋，晋侯会狄于欑函。

吕《集解》："襄陵许氏曰：诸侯大国，恃齐与晋。而齐方伐莒，晋方会狄，莫有忧中国之心，而使楚人为霸者事，此反道也。"

冬十月，楚人杀陈夏征舒。

吕《集解》："泰山孙氏曰：孔子与楚讨者，伤中国无人，丧乱陵迟之甚也。"陈氏《后传》："楚亟称子矣。自宋万而下，无讨贼者，虽讨之，不以其罪，且百年于此。则楚子讨夏征舒，其不曰'楚子'何？《春秋》之法，惟讨贼不以内外贵贱，恒称人。是故杀大夫，恒称国，或称人；杀他国之大夫，恒称人，或称君；据昭四年杀庆封。惟讨贼讫春秋称人，以是为国人杀之也。"孙《解》："弑君之贼，人人皆得杀之。杀之者，虽诸侯、虽大夫、虽国人、虽外裔，必皆曰人也。陈佗杀太子免而立，蔡杀之，则曰'蔡人杀陈佗'；夏征舒弑其君平国，楚杀之，则曰'楚人杀陈夏征舒'。"

丁亥，楚子入陈。

胡《传》："案《左氏传》：'楚子为夏氏乱故，谓陈人："无动！将讨于少西氏。"遂入陈，杀征舒，轘诸栗门。'而经先书

'杀'、后书'入'者,与楚子之能讨贼,故先之也。讨其贼为义,取其国为贪,舜、跖之相去远矣,其分乃在于善与利耳。楚庄以义讨贼,勇于为善,舜之徒也;以贪取国,急于为利,跖之徒矣。为善与恶,特在一念须臾之间,而书法如此,故《春秋》传心之要典,不可以不察者也。或曰:圣人大改过,楚虽县陈,能听申叔时之说而复封陈,可谓能改过矣,犹书'入陈'以贬之,何也? 曰:楚庄意在灭陈,虽复封之,然乡取一人焉以归,谓之夏州。而又纳其乱臣,是制人之上下,使不得其君臣之道也。晋人以币如郑,问驷乞之立故,子产对曰:'若寡君之二三臣,而晋大夫专制其位,是晋之县鄙也,何国之为?'辞客币而报其使,晋人舍之。他国非所当与也,而必欲纳其乱臣,存亡兴灭,其若是乎?"叶《传》:"此讨贼也,何以书'入陈'? 不正其欲县陈也。楚子之伐陈,盖在杀夏征舒之先。方其始,谓陈人:'无动! 吾有讨于少西氏。'遂杀征舒而辕诸栗门。孰知楚子之非讨贼哉! 谓之'入陈',不可也,则书'楚人杀陈夏征舒'足矣。及欲贪其地而有之,虽能用申叔时之言,不终其志,与得而不居者何以异? 则亦'入陈'而已。故于是再见'入陈',与入国之辞一施之。"

纳公孙宁、仪行父于陈。

黄氏《通说》:"公孙宁、仪行父者,陈大夫之与其君淫,使其君见弑者也。楚子不讨而反纳之,其殆二臣许以陈输楚，故使之为乡导欤?”

十有二年

夏六月乙卯，晋荀林父帅师及楚子战于邲，晋师败绩。

孙《解》:“《春秋》之义，内大夫可以及外诸侯，外大夫不可以及我公，所以尊内而杀外也；中国之大夫可以及外裔之君，外裔之大夫不可以及中国之诸侯，所以贵中国而贱外裔也。外大夫及我公行事，则杀而称人，蜀之盟、伐卫、伐徐之会是也。外裔之大夫及中国之诸侯，则杀而称人，泓之战、城濮、柏举之败是也。内大夫可以及诸侯，单伯会诸侯于鄄是也。中国之大夫可以及外裔之君，晋荀林父及楚子战是也。《春秋》之义，以为不贵中国，不足以责治道之详；不贱外裔，不足以杜侵陵之渐。惟其贵之，是以内之；惟其贱之，是以外之也。”陈氏《后传》:“大夫尝主战矣，犹未敌君也，以大夫敌君于是始。甚矣大夫强也，鞍之战，不惟敌君，且盟齐于师矣。”

冬十有二月戊寅，楚子灭萧。

胡《传》:“萧既灭亡，必无赴者，何以得书于鲁史？楚庄县陈、入郑、大败晋师于邲，莫与校者，不知以礼制心，至于骄溢，克伐怨欲，皆得行焉，遂以灭萧告赴诸侯，矜其威力以恐中国耳。"

晋人、宋人、卫人、曹人同盟于清丘。

陈《后传》："此晋先縠、宋华椒、卫孔达也,曷为贬称人?
犹曰:人自为盟也。人自为盟,自鹿上以来未之有也,于是
再见。其再见何? 中国久无伯也。由救郑之后,大夫会伐,
自参以上皆不书,至是会盟亦不书矣。"

宋师伐陈,卫人救陈。

黄氏《通说》："陈,附楚者也。宋以清丘之盟而伐之,卫
背盟而救之,伐者义而救者不义矣。然宋以附庸之萧见灭
于楚,不胜其愤楚之私,而泄其怒于陈,非实为中国伸其
义也。"

十有三年

夏,楚子伐宋。

胡《传》："楚人灭萧,将以胁宋,诸侯惧而同盟。为宋人
计者,恤民固本,轻徭薄赋,使民效死亲其上,则可以待敌
矣。计不出此,而急于伐陈,攻楚与国,非策也,故楚人有辞
于伐而得书爵。"

十有四年

秋九月,楚子围宋。

胡《传》:"宋人要结盟誓,欲以御楚,已非持国之道;轻举大众,剿民妄动,又非恤患之兵。特书'救陈'以著其罪,明见伐之由也。国必自伐,然后人伐之。凡事其作始也简,其将毕也必巨。《易》于《讼》卦曰:'君子以作事谋始。'始而不谋,必至于讼。讼而不竟,必至于师。若宋是矣。始谋不臧,至于见伐、见围,几亡其国,则自取之也。《春秋》端本,故责宋为深,若蛮夷围中国,则亦明矣。"

冬,公孙归父会齐侯于榖。

胡《传》:"夫礼,别嫌明微,制治于未乱,自天子出者也。列国之君,非王命而自相会聚,是礼自诸侯出矣。以国君而降班失列,下与外臣会,以外臣而抗尊出位,上与诸侯会,是礼自大夫出矣。君若赘旒,陪臣执命,岂一朝一夕之故? 其所由来者渐矣。故《易》于《坤》之初六曰:'驯致其道,至坚冰也。'《易》言其理,《春秋》见诸行事,若合符节,可谓深切著明矣。"

十有五年

十有五年春，公孙归父会楚子于宋。

胡《传》："楚子不假道于宋，以启衅端而围之，陵蔑中华甚矣。诸侯纵不能畏简书、攘夷狄，存先代之后，严兵固圉以为声援，犹之可也。乃以周公之裔，千乘之国，谋其不免，至于荐贿，不亦鄙乎！若此类，圣人不徒笔之于经也。比事以观，则知中国、夷狄盛衰之由，《春秋》经世之略矣。"黄氏《通说》："自晋霸不竞而楚争诸侯，于是伐陈而陈服，讨郑而郑降，围宋而宋请平，往往骈首南向者，不止此矣。然陈乱无君，而楚来讨贼，国人皇皇，惟命是听，固不足责。至如郑、宋被围，初皆阖城拒守，绵历时月，力不能支，然后请服，此亦有不得已者。独鲁不然，方楚子在宋，兵未及鲁，望风纳贿，惟恐或后，是以有宋①之会焉。此可见鲁君、大夫苟免自营、怵于威武之甚矣。"吕《集解》："襄陵许氏曰：楚围宋之威震及鲁矣。"案：自是鲁亦折而入于楚之党矣。

夏五月，宋人及楚人平。

陈氏《后传》："凡平不书，必关于天下之大故而后书。

---

① 四库本作"穀"，误，钟改为"宋"，是也，从之。

有与楚平者矣,于陈不书,_{文九年。}于郑不书,_{宣十年。}至宋始书之。宋尝及楚平矣,_{僖二十四年宋及楚平。}至庄王始书之。必宋从楚,必庄王得宋,天下将有南北之势,《春秋》特致意焉。"吕氏《或问》:"此一编也,可以见晋伯之不竞,而楚之横行中国也,甚矣! 向也,晋与楚争陈,其后也,陈有少西氏之乱,晋不能讨,而楚讨之,县陈封陈,在其掌握,而陈在楚宇下矣。向也,晋与楚争郑,其后也,郑有皇门之入,晋不能救,已而有邲之战,而晋师败绩,而郑又在楚宇下矣。向也,晋、宋、卫犹为一党,及宋师伐陈,而卫救之,则卫又贰于楚。向也,晋楚之争,而中国之望如鲁国者犹未尝即楚也,今则公孙归父会楚子于宋,而鲁又即于楚。当是时,中国伯主之后,则晋也;先代之后,则宋也。二国皆大国也。郑及楚平,则伐郑者,晋与宋也;邲既败,则同为清丘之盟者,晋与宋也;清丘之盟,陈人不至,则为之伐陈者,又宋也。今也,楚子围宋者九月,宋之国人至于易子而食、析骸而爨矣。楚之围宋者,亦军敝食尽,而将去矣。而宋人告急之师,晋不能一出力以援之。一惩于邲之战,而中国之气索然矣。宋及楚平,岂其得已哉? 书曰'宋人及楚人平',以见中国之无伯也,以见夷狄之恣横也,以见诸侯之有畏于楚而莫有能救之者也。然则宋、楚之平,岂小故哉!"

六月癸卯,晋师灭赤狄潞氏,以潞子婴儿归。

陈氏《后传》:"楚灭国,书君将矣,此其称师何? 灭国之大夫犹贬也。是故荀林父灭潞氏，不书；随会灭甲氏，不书。灭国以其君归，皆称爵，如‘楚人灭弦，弦子奔黄’、‘楚人灭顿，以顿子牂归’、‘楚人灭胡，以胡子豹归’，第言奔者不名之，以归者名之。”吕氏《或问》：“楚之围宋，历三时而不解。晋不能一引手救之，而徒加兵于狄。今年书‘晋师灭赤狄潞氏，以潞子婴兒归’，明年书‘晋人灭赤狄甲氏及留吁’。观宋之告急也，晋侯欲救之，而伯宗方以纳污藏疾、匿瑕含垢自诿。及晋侯之欲伐狄也，诸大夫皆以为不可，而伯宗乃曰‘后之人或者将敬奉德义以事神人，而申固其命，若之何待之’。呜呼！是诚何心哉？不得志于楚，乃求得志于狄。晋侯以是赏桓子，又以是赏士伯，又使赵同献俘于周，君臣之间，矜然德色，志得意满矣，何暇谋及楚哉？圣人备书于策，而义自见矣。”案：称师者，以见潞氏之强，非大众不足克之尔，疑无他意。

王札子杀召伯、毛伯。

叶《传》：“晋人亲贵卓，则有曰‘卓子’者焉；卫人亲贵伋、寿，则有曰‘伋子’、‘寿子’者焉。当时之辞也。札子其犹是乎？故得窃君命而矫用之。《春秋》所以因而不革也。”陈氏《后传》：“两下相杀，虽王卿士不书，据传，昭十二年刘献公杀甘悼公、十八年毛伯得杀毛伯过之类。此何以书？斥王之辞也。于是王孙苏与召氏、毛氏争政，使王子杀召戴公及毛伯卫。王孙，家人也，而争政。王子一日而杀二卿，则讥不但在其

263

人也,是故终《春秋》才一再书之。'王札子杀召伯、毛伯','陈侯之弟招杀陈世子偃师',皆斥君之辞也。"案:王室于此时,陵夷极矣,至不得比于陈、卫之邦。而大夫犹争政不已,一朝而见杀者二人,其何异于蚁斗穴中而鸱争腐鼠哉?书之,不独为王室哀,亦且为人心忧矣。

秋,螽。

胡《传》:"人事感于此,则物变应于彼。宣公为国,虚内以事外,去实而务华,烦于朝会聘问赂遗之末,而不知务其本者也。故戾气应之,六年,螽;七年,旱;十年,大水;十三年,又螽;十五年,复螽。府库匮,仓廪竭,调度不给,而言利克民之事起矣。"吕《集解》:"襄陵许氏曰:税亩之法,盖积贪虐之习而后能至也。观乎灾异,则见政事;观乎政事,以知灾异,是谓'念用庶征'。"

仲孙蔑会齐高固于无娄。

胡《传》:"礼之始失也,诸侯非王事而自相会也,无以正之,礼不自天子出矣。然后诸侯与大夫会,又无以正之;然后大夫与大夫会,礼亦不自诸侯出矣。田氏篡齐,六卿分晋,三家专鲁,理固然也。不能辨于早,后虽欲正之,其将能乎?"

初税亩。

孙《解》:"孟子曰:'耕者助而不税。'此言税,则非助出也。至孟子时,天下皆税亩矣,故使之复助也。井田之法,有公田,有私田,诗曰'雨我公田,遂及我私'。商谓之助,而周谓之彻也。故私田虽善,而公田不善,官不以其善而取之、不善而不取也,惟公私为之别焉。至宣公之时,患公田之不善,而丰凶无常也,于是亩亩而税之,定其常入之数,而使供焉,始隳井地之制,而乱公田之法也。《春秋》罪之,故书曰:'初税亩。'《公》、《穀》以为履亩而税。履亩者,谓履践其良者而收之。若实若此,鲁国之广,岁岁履亩,不亦劳乎?经言'初',则是终其国而行之。履亩而税,势亦不能久也。杜预、赵子之徒,又以《论语》哀公曰'二吾犹不足'为据,言此税亩乃什二而税也。案鲁旧行什一之法,一朝而什二焉,不亦甚乎! 亦不能暴取于民如此之刻也,必有渐矣。此盖宣公之时,始限亩之所出而税之,废助法而用贡法。至哀十二年,又以田为赋,其后始行什二之法也。若于宣公之时,遂行什二之法,不应于经无讥。孔子弟子,有若最少。孔子没,群弟子尝奉之为师,则是有若后孔子卒,亦明矣。哀公行什二法,有若之对,皆在《春秋》之后,故经无讥也。诸家皆非。"案:"履亩而税",正如苹老所云"亩亩而税之"。以为"履践其良者而收之",此苹公误会《公》、《穀》意,非《公》、《穀》误也。胡《传》:"孟子曰:'耕者助而不税,则天下之农皆悦而愿耕于其野矣。'书'初税亩'者,讥宣公废助法而用税也。殷制,公田为助。助者,藉也。周因其法为彻。彻者,通也。其实皆什一也。古者上下相亲,上之于下则曰:

'骏发尔私,终三十里。'惟恐民食之不给也。下之于上则曰:'雨我公田,遂及我私。'惟恐公田之不善也。故助法行而颂声作矣。世衰道微,上下交恶,民惟私家之利,而不竭力以奉公;上惟邦财之入,而不恻怛以利下。水旱凶灾相继而起,公田之入薄矣,所以废助法而税亩乎!'初'者,志变法之始也。其后作丘甲、用田赋,至于二犹不足,则皆宣公启之也。故曰:'作法于凉,其弊犹贪。作法于贪,弊将若何?'有国家者,必欲克守成法而不变,其必先务本乎!"叶《传》:"税亩者何?履亩而税也。古者藉而不税。野以一夫受田百亩,积九夫以为井。以其八为私田,一为公田,谓之'藉'。国中自园廛至于漆林,各视其地而征之,多不过乎二十有五,寡者止于十一,谓之'税'。藉以田,税以地,未有田而以亩税者也,举贡之法而加之藉,非正也。"案:《周官》所载园廛之税,未必鲁所行,叶氏引此为说,疑未可用。

饥。

胡《传》:"《春秋》饥岁,书于经者三,而宣公独有其二,何也?古者三年耕,余一年之蓄,九年耕,余三年之食,虽有凶旱,民无菜色。是岁虽螽、蝝,而遽至于饥者,宣公为国,务华去实,虚内事外,烦于朝会聘问赂遗之末,而不敦其本,府库竭矣,仓廪匮矣。水旱螽蝝,天降饥馑,亦无以振业贫乏矣。经所以独两书'饥',以示后世为国之不可不敦本也。"黄氏《通说》:"《春秋》书'饥'者,凶荒之甚者也。庄公二十八年'大无麦、禾',亦饥岁也,而不言'饥',盖当时虽无素备,然犹知告籴于齐以为凶荒之救,故其民犹未至于流亡也。今宣公岁饥见于书者再,是其国既无蓄积之备,又无救荒之策,坐视其民之饥而死尔。盖必如《诗》所谓'饥馑降丧,民卒流亡'、孟子所谓'凶年饥岁,老弱转乎沟壑,壮者散而之四方'者矣,故《春秋》以'饥'书也。呜呼! 使民至此,恶在其为民父母哉!"

十有六年

夏,成周宣榭火。二传作灾。

孙《解》:"《楚语》曰:'榭不过讲军实,台不过望祥氛。'盖榭为讲武而设也。故杜预以宣榭为讲武屋,是也。成周之地,而有宣榭焉,盖所谓宣王之榭也。宣王之时,周未东迁,而讲武之榭在于成周者,盖成周之地,自周公、成王卜之,久为别都,宣王尝讲武于此尔。周道衰,征伐一出于下,而宣王讲武之榭又天灾之,圣人伤之,是以谨志之尔。"黄氏《通说》:"成周之地,有宣榭者,兴王之遗迹也。宣王承厉王之后,中国衰弱,夷狄侵陵,于是修车马、备器械,南征北讨,中兴王业。其用武于四方,则必有讲肄之所,即成周宣榭是也。宣榭火,兴王之迹泯矣,故圣人重而书之,示不忘古也。

千载而下,尚有悲石鼓文字之磨灭如韩愈氏歌诗者,不亦春秋意乎!"叶《传》:"室有东西广曰庙,无东西广有室曰寝,有广无室曰榭。榭,所以讲武事也。"案:《公羊》谓乐器藏焉尔,虽出自传闻,当非捏造。意本为讲武之所,而后则乐器藏于是尔,两说自不相碍也。

秋,郯伯姬来归。

胡《传》:"案《左氏》:'郯伯姬来归,出也。'内女出,书之策者,男女居室,人之大伦也。婚姻之礼废,则夫妇之道苦,淫辟之罪多矣。复相弃背,丧其配耦,《氓》之诗所以刺卫;日以衰薄,室家相弃,《中谷有蓷》所以闵周。《易》序《咸》、《恒》为下经首,《春秋》内女出、夫人归,凡男女之际,详书于策,所以正人伦之本也,其旨微矣。"

十有七年

十有七年春王正月庚子,许男锡我卒。丁未,蔡侯申卒。夏,葬许昭公。葬蔡文公。

胡《传》:"日卒书名,赴而得礼,记之详也。葬而不月,其略在内。宣公为国,务华而无忠信诚悫之心,计利而不知礼义邦交之实,哀死送终,独厚于齐,而利害不切其身者,皆阙如也。大则薄其君亲,次则忽于盟主,又其次若秦、若卫、若滕，虽来告赴，怠于礼而不会也。比事以观，义自见矣。"
案：许、蔡小国，而君卒鲁会其葬者，以其为楚党也，鲁之向
楚可知矣。

己未，公会晋侯、卫侯、曹伯、邾子同盟于断道。

陈《后传》："同盟至新城而再见，断道之后，不曰同盟者
寡矣。"吕氏《或问》："断道之盟鲁与焉，何也？曰：前乎是，
鲁专事齐；至此，鲁始从晋。石氏曰：'断道之盟，《左氏》以
为"辞齐"，《穀梁》以为"外楚"，今从《穀梁》义，何则？自宣
公以来，凡晋会诸侯，齐未尝不与也，卫尝同盟矣。清丘之
盟，辞曰"讨贰"。而陈贰于楚，宋人伐之，卫乃救陈。晋以
卫之救陈也，讨焉。卫杀其大夫孔达以说于晋。然则断道
之盟，卫人在焉，故曰"同外楚也"。《左氏》见明年同卫世子
臧伐齐，成二年有鞍之战，而以此为"辞齐"，亦不与经
合矣。'"

冬十有一月壬午，公弟叔肸卒。

叶《传》："是外书所谓'纪季'、'蔡季'者也，内不可系之
国，故举字以加诸名之上。然则与季友、仲遂奚辨？季友、
仲遂，皆正卿也，故可以功得赐族。叔肸未尝为大夫也，则
不嫌于为族，是谓《春秋》'美恶不嫌同辞'，各于其事察之而
已。"陈《后传》："'公弟'者何？非见大夫也。本何休。非大
夫不卒，而卒叔肸，贤之也。本《穀梁》。贤之，所以恶宣公也。
凡先君之子称公子，有谓称弟，是故宋地辰，兄弟也，一篇之

间,讥称'宋公之弟辰',无讥则从其恒称为'公子地'。陈公子招,一人也,讥称'陈侯之弟招',无讥则从其恒称为'公子招'。故不弟称弟,不友称弟。不弟称弟,传曰:'陈侯之弟招杀陈世子偃师,罪在招也。'不友称弟,传曰:'秦伯之弟鍼出奔晋,罪秦伯也。'叔肸称弟,罪宣公也。"

十有八年

公伐杞。

陈《后传》:"自是内不言君将,征伐在大夫矣。"

甲戌,楚子旅卒。

叶《传》:"楚前未有书卒者,此何以书卒?始能以赴通中国也,进之也。"

公孙归父如晋。

胡《传》:"按《左氏》:'归父欲去三桓,以张公室,与公谋,而聘于晋,欲以晋人去之。'夫轻于背与国,易于谋大家,而不知其本,未有能成而无悔者也。然则公室不可张乎?务引其君当道,正心以正朝廷,礼乐刑政自己出,其庶几乎!必欲倚外援以去之,是去疥癣而得腹心之疾,庸愈哉!"叶《传》:"归父,仲遂之子也。叶子曰:齐、晋,盖相与为强者也。宣公既因齐以得位,势不得不厚齐而弃晋。三桓,又附齐以自托者也。故自即位，聘好之使与身自朝齐者无虚岁，而未尝一与晋通。及三桓既张，虽仲遂疑亦不能堪。将谋去之，非稍谢齐而假于晋不可，故七年始为黑壤之会，则仲遂之志也。明年，仲遂卒。十年，归父始见。逮晋景公复霸，我始与诸侯为断道之盟。归父之为此行，殆行先君之志欤？不幸宣公卒不克成。君子犹以是录焉，故后书'还自晋，至笙，遂奔齐'，辞繁而不杀，以与其正。吾以是知《左氏》言为有征也。"

成　　公

成元年

三月,作丘甲。

孙《解》:"古者九夫为井,四井为邑,四邑为丘,四丘为
甸。一甸之地,兼有四丘,而出长毂一乘,戎马四匹,牛十二
头,甲士三人,步卒七十二人。成公始作丘甲,则是丘出一
甲,而甸出甲士四人也。往者三人,而今增其一,丘出一人
焉,故曰'作丘甲'。诸家之说皆非。"胡《传》:"作丘甲,益兵
也。古者九夫为井,四井为邑,四邑为丘,四丘为甸,甸地方
八里,旁出一里为成,所取于民者,出长毂一乘,此《司马法》
一成之赋也。唐太宗问李靖:'楚广与周制如何?'靖曰:'周
制一乘,步卒七十二人,甲士三人,以二十五人为一甲,凡三
甲,共七十五人。'然则一丘所出,十有八人,积四丘而具一
乘耳。今作丘甲者,即丘出一甲,是一甸之中,共百人为兵

272

矣。则未知其所作者,三甸而增一乘乎?每乘而增一甲乎?鲁至昭公时,尝蒐于红,革车千乘,则计甸而增乘,未可知也。楚人二广之法,一乘至用百有五十人,则鲁每乘而增一甲,亦未可知也。赋虽不同,其实皆为益兵,其数皆增三之一耳。"陈《后传》:"丘甲何?丘自为甲也。二十五人为两,四两为卒,卒出长毂一乘也,于甸乎取之,于是有甲士。魏武《孙子注》"甲士三人,步卒七十二人,炊子守装之数,又二十五人",是一乘也。丘,十六井也,而自为甲,是丘赋一乘也。《大司马》之制,上地家可用三人,中地二家五人,下地家二人,皆胜兵也。必四丘之甸也,而后备一卒、出长毂一乘,则是从征少而休多也。作丘甲,休少而从征多矣。"黄氏《通说》:"从孙氏之说,则是一甸之地,增甲士一人,百甸所增者,百人尔。然鲁将伐齐,故作丘甲。鞌之战,四卿并将,盖前此所未有也,其势必大益兵,度其苛赋于民者,不止于一甸增一甲士也。或谓丘出甸赋,则什赋三四矣,何至哀公时方有二犹不足之叹耶?曰:鲁为伐齐,故作丘甲,一时暴民,非必以为常也。惟初税亩、用田赋为常制尔。故'作丘甲'不言'赋'。"案:如黄氏说,则作如《周礼》县师"作其众庶"、稍人"作其同徒輂辇"之"作",谓起而用之也。叶石林盖有是说。

秋,王师败绩于茅戎。

叶《传》:"茅戎,戎之别种也。何以不言战?王者无敌,莫敢当也。为之辞曰'败绩于茅戎',言王之自败,非败于戎云尔。叶子曰：鲁言战不言败，内辞也。言战而不言败某师，则我固败矣。败，所耻也。战，非所耻也。故以战见败。战者，诸侯之所宜有也。王言败不言战，天下辞也。言败绩，则固战矣。自败，可言也。战而败，不可言也。故以败见战。败者，虽王亦或有也。"陈《后传》："昔者伐郑，桓王不言败绩，讳之也。则葛不为定王讳？昔者讨不庭，则君子何忍言之？于是晋人平戎于王，既拜成矣，刘康公徼戎，遂伐之，败焉，是故不讳。书曰'败绩于茅戎'，而刘康公但称师。"

二 年

二年春，齐侯伐我北鄙。

胡《传》："初鲁事齐谨甚，虽易世而聘会不绝也。及与晋侯盟于断道，而后怨隙成；再盟于赤棘，而后伐吾北鄙。齐侯之兴是役，非义矣。鲁人为鞌之战，岂义乎？同曰愤兵，务相报复，而彼此皆无善者，则亦不待贬而罪自见矣。"

六月癸酉，季孙行父、臧孙许、叔孙侨如、公孙婴齐帅师会晋郤克、卫孙良夫、曹公子首及齐侯战于鞌，齐师败绩。

叶《传》："周衰，征伐自诸侯出，列国始各自为军，而以其卿将之。故晋初以一军为晋侯，至献公而作二军，与太子分将。文公之霸,遂增三行,以为六军,则他国盖可知也。然犹时出而用之,未尝立以为定制也。鲁之僭军,自隐公以来见于征伐,有自来矣。至是,季氏虽专国,而臧孙氏、叔孙氏与婴齐犹未尽听从,是以《春秋》因一见焉。逮成之六年,仲孙蔑、叔孙侨如侵宋,以二卿见,自是二卿将者九。昭之十年,季孙意如、叔弓、仲孙貜伐莒,以三卿见,自是三卿将者二。盖且三分公室以为三军,则时出而用焉者,固非其君所得制也。"陈《后传》:"凡帅,非卿不书。据传,文三年晋救江,书阳处父不书先仆;襄十七年卫伐曹,书石买不书孙蒯之类。虽卿也,非元帅,亦不书。据传,襄元年围宋彭城,书晋栾黡,不书荀偃;宣二年战大棘,书宋华元,不书乐吕之类。书四卿,是各自帅也。会伐不言帅师,此其言帅师何? 四卿并出,各自为帅也。自文之季年而无使介,至是而无将佐,鲁三家之势成矣。于是卫未有大夫将,书孙良夫;曹无大夫,书公子首。而赏鞍之功,晋于是有六卿。征伐在大夫,不独鲁也。以四国之臣战齐君,甚矣,鞍战之忿也! 齐桓合九国之师以临楚,屈完来盟于师。桓不欲以临楚盟屈完也,退而盟召陵。齐侯使国佐如师,进师于袁娄而后盟国佐。且夫屈完不言使,而国佐言使。屈完不言使,而退盟之于召陵,以礼于楚子。国佐言使,而进盟之于袁娄,以逼齐君。桓公之所不敢,而四国之臣敢为之,甚矣,鞍战之忿也!"黄氏《通说》:"鲁、卫、曹皆从霸令者也,然鲁独以四卿会之,何哉? 鲁自季友卒,政归仲氏。宣公薨,归父奔齐,故四卿专政,而惧归父因齐以入也,于是并力挫齐,始分公室而不相下,故舆尸之也。"

秋七月,齐侯使国佐如师。己酉,及国佐盟于袁娄。
《穀》作爰娄。

黄氏《通说》:"楚屈完来盟于召陵,不称使,见楚子之不屈也,夷狄强也。齐国佐来盟于袁娄,称齐使,见齐侯之屈也,大夫强也。"

取汶阳田。

叶《传》:"汶阳田,我田而齐侵之者也。齐既服于晋,以反鲁、卫之侵田,于是复归我,故曰'取'。不系之齐,非齐之所得有也。"吕氏《或问》:"汶阳田书'取',何也? 曰:石氏曰:'内取外邑,皆曰取,如取鄆、取邿、取根牟;外归鲁,皆曰归,如济西、龟阴及谨、阐是也。汶阳田,鲁地也。齐人以归于我,当曰归。今而曰取者,盖因晋之力而取之,易也。归者,其意也;取者,我也,非其志也。于后齐复事晋,故八年使韩穿来言,归之于齐。然此年齐归我田,书曰取;八年齐取我田,乃曰归者,取之自晋、归之自晋,以见鲁国之命,制于晋而已,故虽我田也,而不得僾然有之,其犹寄耳。故齐归我田,书曰取,犹若取之于外也;齐取我田,书曰归,犹若齐之所有也。'"案:汶阳虽鲁田,而其人服齐已久。取者,于鲁为外之之词,于其人,则以著非其所欲也。观他日侨如围棘,人心之不属鲁可知矣。且地者,附人者也,人不属,则

276

地非吾地矣。然则虽曰复其故土，与取非其有何以异哉！
此以见鲁公之泽微矣。

十有一月，公会楚公子婴齐于蜀。

陈氏《后传》："凡吾君会诸侯，有大夫，得称其大夫，_{僖二}
_{十五年莒庆、二十六年卫宁速}。苟无诸侯，则不以大夫敌吾君。
是故莒无大夫，则曰'莒人'_{浮来}；齐有大夫，则曰'齐大夫'
_葵。及高傒盟、及晋处父盟，始以大夫敌吾君矣，皆不言公，
以是为齐、晋之讥，则讳公焉耳。此其曰'公会楚公子婴
齐'，是公自与婴齐夷也。于楚之会盂，公后诸侯至；于楚之
会宋，公亦后诸侯至，鲁犹重从楚也。公与婴齐夷，楚何讥
焉？ 不足为公讳焉尔。是故自屈完以来，楚之大夫皆无氏
族也，而书'公子'自婴齐始。"胡《传》："按《左氏》：'鲁、卫受
盟于晋，从于伐齐，故楚为阳桥之役。'侵卫则书侵，我师于
蜀，致赂纳质，没而不书，非讳也。书其重者，则莫重乎其以
中国诸侯降班失列，下与夷狄之大夫会也。季孙行父为国
上卿，当使其君尊荣，其民免于侵陵之患，特起于忿忮，肆其
褊心，而不知制之以礼，辱逮君父，不亦憯乎！"

**丙申，公及楚人、秦人、宋人、陈人、卫人、郑人、齐人、曹
人、邾人、薛人、鄫人盟于蜀。**

孙《解》："《春秋》之义，公及大夫，则杀大夫而称人，不
与大夫而敌公也。公之罪，则书公。书大夫之名，言公之为
彼敌者，有以取之也。婴齐，蛮服之大夫，而公亲与之会，盖

公将去中国而从蛮服也。公将从蛮服,而会其大夫,则公之罪也,书曰'公会楚公子婴齐于蜀',罪公也。蜀之盟,婴齐在焉,不书之者,盖诸侯之大夫众多,其将去中国而附蛮服者,非独我公也,《春秋》之义,罪不专于我公,而与诸侯共之者,不以我公独当其责也。会则书名,我公独与之会,责无所分也。盟则不名,诸侯皆有罪矣,何独我公哉?"胡《传》:"盟而鲁与,必先书公,尊内也;次书主盟者,众所推也。此书'公及楚人',则知主盟者楚也。公子婴齐、秦右大夫说、宋华元、陈公孙宁、卫孙良夫、郑去疾,皆国卿也,何以称'人'? 楚僭称王,《春秋》黜之,比诸夷狄。晋虽不竞,犹主夏盟,诸侯苟能任仁贤,修政事,保固疆圉,要结邻好,同心择义,坚事晋室,荆楚虽大,何畏焉? 今乃南①向服从而与之盟,不亦耻乎! 经于鲁君盟会,不信则讳公而不书,不臣则讳公而不书,弃中国从夷狄则讳公而不书。蜀之盟,弃晋从楚,书公不讳,何也? 事同而既贬,则从同同,正始之义也。从荆楚而与盟,既讳公于僖十九年齐之盟矣,是以于此不讳,而人诸国之大夫以见意也。"黄氏《通说》:"《左氏》谓蜀之盟'卿不书,匿盟也',于是畏晋而窃与楚盟,曰'匿盟',非也。楚自得志于邲,横行于中国,诸侯之不附楚者,盖鲜矣。今其号召列国之君臣群至于蜀,而公然为之盟主,而列

---

① "南",胡《传》整理本作"西",钟作"南",从钟。

国之君臣,亦公然受楚之盟,是岂得谓之畏晋而窃盟哉！使列国窃与楚盟而晋莫之知,亦可谓涂塞耳目之甚矣。"吕氏《或问》:"公会公子婴齐,而同十一国之人以盟于蜀,岂鲁之得已哉？晋之不能却夷狄以安中国,亦明矣。晋不能却夷狄以安中国,而十一国之盟皆称人何？晋犹主夏盟也。盖至于晋赵武、楚屈建合诸侯于宋,而后晋、楚之势均;楚灵王求诸侯于晋,晋人许之,而后诸侯始皆从楚。此蜀之盟所以略之也。"陈《后传》:"此楚公子婴齐、蔡侯、许男、宋华元、陈公孙宁、卫孙良夫、郑公子去疾也,曷为贬称人？楚大夫初会盟也,是故诸侯之大夫复不序。晋大夫初会盟,则不言公;楚大夫初会盟,则其言公何？公固与婴齐夷矣,无足讳焉尔。"

三　年

三年春王正月,公会晋侯、宋公、卫侯、曹伯伐郑。

胡《传》:"晋侯称爵而以'伐'书,何也？初为是役,必以郑之从楚也。附蛮夷、扰中国,则盟主有词于伐耳。宋、卫未葬,何为称爵？背殡越境,以吉礼从金革之事也。"

甲子,新宫灾。三日哭。

黄氏《通说》:"三传皆谓宣公新主入庙,故曰新宫。非也。《春秋》书先君之宫,未有不书谥者,'丹桓宫楹'、'立炀宫'、'有事于武宫'之类是也。若曰先公新主之庙,故谓之新宫,则闵二年'吉禘于庄公'、文二年'跻僖公'者,可谓新主矣,何以不曰新宫,而曰庄公、僖公哉? 由此观之,则知新宫非宣宫,明矣。《春秋》于土木之功,逾越旧制,则以'新'言之,如'新延厩'、'新作南门'、'新作雉门及两观'是也。鲁成狃于战鞌之胜,侈欲横生,于是别为新宫,如晋之筑虒祁者,怨黩动于民,则天火之,故曰'新宫灾',明非旧制也,所以为后世人君崇侈宫室者之戒也。昭十八年郑灾,三日哭,国不市,盖为国与民哭之也。今新宫之灾,失侈欲之奉,何哭之有? 故书曰:'三日哭。'言不当哭也。《檀弓》以新宫为先君之宫,三日哭为得礼,盖汉儒沿三传之讹说尔。"案:此如黄氏之说,亦惟"禘于庄公"可云"禘于",不免有疑。若"跻僖公",则所跻者主,非宫也,于文固不得称"新宫"。若曰"跻新宫",成何说乎? 窃意三传必有所据,未可非也。

乙亥,葬宋文公。

胡《传》:"案《左氏》:'文公卒,始厚葬,益车马,重器备。君子谓华元、乐举于是乎不臣。'考于经,未有以验其厚也;数其葬之月,则信然矣。天子七月,诸侯五月,大夫三月,士逾月,以降杀迟速为礼之节,不可乱也。文公之卒,国家安靖,外无危难,曷为越礼逾时,逮乎七月而后克襄事哉? 故知华元、乐举之弃君于恶而益其侈无疑矣。夫礼之厚薄,称人情而为之者也。宋公在殡，而离次出境，从金革之事，哀戚之情忘矣，顾欲厚葬其君亲，此非有所不忍于死者，特欲夸耀淫侈无知之人耳。世衰道微，礼法既坏，无以制其侈心，至于秦、汉之间，穷竭民力以事丘陇，其祸有不可胜言者。《春秋》据事直书而其失自见，此类是也，岂不为永戒哉！"

夏，公如晋。

吕《集解》："襄陵许氏曰：著鲁受田之重如此，而晋轻夺之，有以知晋之无以令天下矣。"

郑公子去疾帅师伐许。

吕《集解》："襄陵许氏曰：前此外志唯霸国有卿帅师，至是诸侯书卿帅师，霸统微也。"陈氏《后传》："郑初著大夫将也。"

秋，叔孙侨如帅师围棘。

胡《传》："按《左氏》：'取汶阳之田，棘不服，故围之。'复故地而民不听，至于命上将，用大师，环其邑而攻之，何也？鲁于是时，初税亩，作丘甲，税役日益重矣，棘虽复归故国，所以不愿为之民也欤？成公不知薄税敛、轻力役，修德政以来之，而肆其兵力，虽得之，亦必失之矣。"黄氏《通说》："汶阳，鲁故地。棘，汶阳邑也。昔夺于齐，今归于鲁，则其故邑人民宜怀其旧主，愿附于鲁也。今棘乃不服，至勤用师以围之，何哉？胡氏谓：'鲁于是初税亩，作丘甲，赋役繁重，棘虽复归,而不愿为之氓也。成公不知行仁政、去苛征,以起人愿附之心,而区区恃兵威以加之,则其叛自若也。'他日汶阳之田复归于齐,虽出于晋侯之命,然亦其人民携叛,鲁不得而留之尔。有国家者可不戒哉!"陈氏《后传》:"不言叛。内言围,皆叛也。"

晋郤克、卫孙良夫伐廧咎如。

吕《集解》:"襄陵许氏曰:晋灭潞氏,书师。灭甲氏,书人。而伐廧咎如书卿者,从诸侯之兵也。从诸侯之兵以伐夷狄,《春秋》书卿始此。"

冬十有一月,晋侯使荀庚来聘。卫侯使孙良夫来聘。丙午,及荀庚盟。丁未,及孙良夫盟。

吕《集解》:"泰山孙氏曰:此公及荀庚、孙良夫盟也。不言公者,二子亢也。二子来聘,不能以信相亲,反要公以盟,非亢而何? 故言聘、言盟以恶之。吕氏曰:先晋后卫,视强弱云尔,非以其至有先后也。当是时,诸侯之班序先后例如是。"

郑伐许。

孙《解》:"外郑之说,诸儒论之多矣,盖皆以郑附蛮服而伐中国,叛去年之盟,一岁而再伐,又乘其丧也。董仲舒曰:伐丧无义,叛盟无信,无信无义,故大恶之也。"叶《传》:"郑何以举国狄之也? 郑自邲之役,叛晋而从楚,不复与中国交。许灵公之弱,前既屈于公子婴齐,失位而不得列于诸侯矣,郑方以公子去疾伐之,未知许之为罪也。曾未三时而再伐焉,此其为冯弱犯寡,必有中国所不为者,而史失之矣。"陈氏《后传》:"狄郑也。其狄之何? 楚之伯,郑人为之也。由齐桓以来,争郑于楚。桓公卒,郑始朝楚。诸夏之变于夷,郑为乱阶也。至辰陵,郑帅诸夏而事楚矣。败晋于邲,盟十四国之君大夫于蜀,皆郑为之。是故狄秦而后狄郑,微秦、郑,中国无左衽矣。"吕氏《或问》:"案《春秋》,文十年秦伐晋、成三年郑伐许、昭十二年晋伐鲜虞,先儒皆曰'狄之'也。以愚观之,是皆深于求《春秋》者也。尝窃以为,事有小大,辞有详略。其书人、书氏、书爵者,详辞也。其直书国者,略辞也。秦、晋之争,自令狐而后,其事微矣,故略之。晋伐鲜虞亦然。《春秋》固不可尽以阙文视之,而亦岂可字字而求其义乎? 善乎吕本中之言曰:'先儒以为,不称人者,皆狄之。恐未必然。记事有远近,有详略,有小大,不可以一概论,褒贬之实则不在是焉。秦之伐晋,事小而地远,故略之,特罪其诸侯自相侵伐、杀生自恣耳。如加人而中国之,则遂合于礼乎?'又曰:'事有小大,则记有详略,史家常法。《春秋》特以是褒贬垂训后世尔,所谓吾无隐乎尔也。晋伐鲜虞,罪在伐人之国,以天子在上,而诸侯放恣,擅行征讨也。其事则微,故其书亦略。"晋伐鲜虞",略辞也。其罪则自见矣。以"晋伐鲜虞"为狄之,则"荀吴帅师"何以不狄之也? 以此知详略之异,非褒贬所系。'"

四 年

冬,城郓。

叶《传》:"郓,内邑也。冬城之,节矣。何以书?不正其所以城也。前季孙行父帅师城之,虽时亦书,畏齐也。今公欲叛晋而求成于楚,城之以为备,虽时亦书,畏晋也。叶子曰:晋筑蒲与屈,士劳曰'无戎而城,仇必保焉';楚囊瓦欲城郢,沈尹戌曰'苟不能卫,城无益也'。夫城,虽以为守,而非恃以为守者也。故城之非其道,以仇则不能拒,以己则不能卫,而况介于齐、晋二大国之间者乎!君子以是为非守国之道也。"

郑伯伐许。

胡《传》:"前此郑襄公伐许,既狄之矣。今悼公又伐许,乃复称爵,何也?丧未逾年,以吉礼从金革之事,则忘亲矣。称爵非美辞,所以著其恶也。"

五 年

梁山崩。

孙《解》:"《春秋》灾异及于天下者,不以国言,以其异不

主于一国也,故不曰'晋梁山崩'。"吕《集解》:"襄陵许氏曰:
山崩之岁,定王崩,周室日微。又二年,吴兵始犯中国,卒与
晋争盟于黄池,王霸道尽。"

六 年

二月辛巳,立武宫。

吕《集解》:"常山刘氏曰:礼《王制》曰'诸侯五庙',二
昭、二穆与太祖之庙而五。《祭法》曰:'诸侯立五庙,一坛一
墠。曰考庙、曰王考庙、曰皇考庙,皆月祭之;显考庙、祖考
庙,享尝乃止。去祖为坛,去坛为墠。坛、墠,有祷焉祭之,
无祷乃止。去墠为鬼。'然则诸侯宗庙,古有彝制,过则毁
之,不可复立也。武宫之毁已久,而辄立之,非礼明矣。书
立者,不当立也。定元年九月立炀宫同。"叶《传》:"周衰,先
王之礼乐尽废矣。古者师出,必于庙受命,而春秋诸侯,盖
有各于其先而私祷者焉,功成则为之立宫,其为说则吾不知
也。故季孙意如逐昭公,祷于炀公,因为之立炀宫。武公,
伯禽之九世孙敖也,谥之曰武,其必有称此名者,岂鞍之战
季孙行父亦私有以请之欤?是盖以为周有文武二祧,故以
武公配伯禽,亦已僭矣。记礼者不知,遂曰'鲁公之庙,文世
室也,武公之庙,武世室也'。使诚如记礼之言,以为天子之

285

礼而成之赐之,亦安能遽先其九世而名之欤? 儒者之妄每如是,不可以不察也。"

卫孙良夫帅师侵宋。

吕《集解》:"苏氏曰:晋将复会诸侯,宋人辞以难,故使卫与鲁更侵之。"

秋,仲孙蔑、叔孙侨如帅师侵宋。

胡《传》:"鲁遣二卿为主将,动大众焉。有事于宋,而以'侵'书者,潜师侵掠,无名之意,盖陋之也。于卫孙良夫亦然。上三年尝会宋、卫同伐郑矣;次年宋使华元来聘,通嗣君矣;又次年,鲁使仲孙蔑报华元矣;是年冬,郑伯背楚,求成于晋,而鲁、卫与宋又同盟于虫牢矣。今而有事于宋,上卿授钺,大众就行,而师出无名,可乎? 故特书'侵'以罪之也。《左氏》载此师,'晋命也'。后二年,宋来纳币,请伯姬焉,则此师为晋而举,非鲁志明矣。兵戎,有国之重事;邦交,人道之大伦。听命于人,不得已焉,将能立乎?《春秋》所以罪之也。"吕《集解》:"襄陵许氏曰:晋景不务弥缝诸侯之阙。去年与宋会盟,而今年鲁、卫伐之,此必有晋命矣。前书宋、鲁之聘,后书宋、鲁之婚,则知侵宋非鲁志也。御寇之利,务顺相保,而晋景反使诸侯构怨如此,则楚必有以量中国矣。"

楚公子婴齐帅师伐郑。

吕《集解》:"襄陵许氏曰:前此,外志诸侯有卿帅师者矣。至是书楚卿帅师者,霸统几亡也。"陈《后传》:"楚初书大夫将也。自是,必围、灭也,而后贬人之。"

冬,季孙行父如晋。

吕《集解》:"襄陵许氏曰:仲孙蔑、叔孙侨如、公孙婴齐、季孙行父有如必书,相望于春秋者,大夫张也。"

晋栾书帅师救郑。

吕《集解》:"襄陵许氏曰:楚伐郑丧而悼公不葬,则晋救虽至,郑已苦兵矣。志救,犹恃救也。正书'栾书帅师',以楚师遇之而退,不无功也,存霸统也。"陈氏《后传》:"晋尝救郑矣,不书。<small>宣十年士会救郑。</small>于是书救何?郑不服也。郑自辰陵,无役不从楚,败晋于邲,盟诸侯之大夫于蜀,再伐许,《春秋》于是狄郑。虫牢之盟,郑始服,而楚人争郑未已也。今年救郑,明年合九国之众以复救郑,而郑伯会楚公子成于邓。于是执郑伯,杀行人伯蠲,而郑不急君,晋于是归郑伯,使钟仪合晋、楚之成矣。"

七 年

七年春王正月,鼷鼠食郊牛角,改卜牛。鼷鼠又食其角,乃免牛。

吕《集解》:"襄陵许氏曰:小害大,下贼上,食而又食,三桓子孙相继之象也。宣公有虞三桓之志,至成始弗戒矣,乱象已著,国将无以事天也。"

吴伐郯。

胡《传》:"称国以伐,狄之也。案《国语》云:'命圭有命,固曰吴伯,不曰吴王。'然则吴本伯爵也,后虽益炽,浸与中国会盟,进而书爵,不过曰'子',亦不以本爵与之,故纪于礼书曰'四夷虽大,皆曰子',此《春秋》之法,仲尼之制也。而以为'不敢擅进退诸侯乱名实'者,误矣。"黄氏《通说》:"楚之始见也,曰'荆败蔡';吴之始见也,曰'吴伐郯'。其不以爵氏人名称者,虽《春秋》贱夷狄之法,亦以见其势之犹微也。方其势之犹微,使为中国者能深思远虑,抑遏其锋,则用力不难而遗祸不烈矣。奈何楚之始见也,当齐桓之初霸,方欲养其患以张己之功;吴之始见也,当晋景之不竞,方欲资其力以为己之助。于是涓溜不塞而成川,爝火不扑而燎原。其始事也简,其将毕也巨。故吴、楚之祸至于盟宋、盟黄池,以中国而奉夷狄,首顾居下,足乃居上,此岂一朝夕之故哉!《易》坤之初六曰'履霜,坚冰至',盖言顺也,由辨之不早辨也。圣人于《易》示其象,于《春秋》著其事,所以为诸夏之戒明矣。"吕《集解》:"襄陵许氏曰:吴自寿梦,得申公臣而为楚患。夷狄相攻,不志也。伐郯之役,兵连上国,于是始见于《春秋》,志'入州来',著十五年之所以会于钟离也。"

不郊，犹三望。

叶《传》："凡免牛、免牲，不书'不郊'，免牲与牛，则不郊可知矣。此何以再见'不郊'？为'犹三望'起也。"吕《集解》："襄陵许氏曰：用是知鲁郊或以五月，非特定公也。"

公会晋侯、齐侯、宋公、卫侯、曹伯、莒子、邾子、杞伯救郑。八月戊辰，同盟于马陵。

胡《传》："前此晋遣上将，诸国不与焉；此则其君自行，而会合诸国，则楚人暴横凭陵诸夏之势益张，亦可见矣。故盟于马陵而书'同盟'者，同病楚也。"

吴入州来。

陈氏《后传》："吴、楚之交兵不书，据传伐楚、伐巢、伐徐，子重七奔命。至是始书之，传曰：'是以始大，通吴于上国。'晋人为之也。盟于蒲，景公将始会吴，吴不至，于钟离而后至。盟于鸡泽，悼公又逆吴子，吴不至，于戚而后至。吴之为蛮久矣，其不敢自列于诸夏，而晋求之急，将以罢楚也。楚罢，晋亦不复伯矣。'入州来'，不可以不录其始也。"黄氏《通说》："州来，楚邑也。晋通吴于中国，而资之以挠楚，故吴为之入州来也。他日，吴为中国之患，有甚于楚者，盖自晋之通吴始矣。"

八 年

八年春,晋侯使韩穿来言汶阳之田,归之于齐。

叶《传》:"汶阳,我之旧田也。晋为霸主,可使齐人反我之侵田,不可使我复以与齐。名不正,则言不顺;言不顺,则事不成。韩穿之言,不可以为顺也,故辞皆容'之'。'之',缓辞也,不与其正之辞也。"胡《传》:"'来言'者,缓词也。'归之于'者,易词也。为国以礼者,无惮于强,而鲁侯微弱,遂以归齐而不能保,罪亦见矣。"

晋栾书帅师侵蔡。

吕《集解》:"襄陵许氏曰:侵蔡,报伐郑也。大国争衡,而小国受败,《春秋》矜焉。"

宋公使华元来聘。

吕《集解》:"襄陵许氏曰:录伯姬始此。"

夏,宋公使公孙寿来纳币。

叶《传》:"纳币不书,此何以书?以宋公使公孙寿为得礼也。昏礼,无父则母命之,无母则己命之。公孙寿言'使',无母之辞也。无父则母命之,不以母命而己命之,则非正,故纪裂𦈏不言'使',以母命之,得礼,一见正也。无母则己命之,不以己命而以诸父兄命之,则非正,故公孙寿言

'使'，以己命之，得礼，一见正也。叶子曰：昏礼不称主人，然欤？非也。礼，国君求婚之辞曰：'请君之玉女与寡人共有宗庙之事。'其父母纳女之辞，于天子则曰'备百姓'，国君则曰'备酒浆'，大夫则曰'备洒扫'，未尝不亲命之。不称主人，于礼未之闻也。为是说者，特出于《公羊》，盖以纪裂繻不言'使'而云尔。然'公子遂如齐逆女'，内之言'如'，则外之言'使'也。婚姻之道一，在我，则得言'如'；在彼，则不得言'使'，可乎？夫公羊氏既以无母则当称诸父师友矣，宋公无母，又安得以辞而言'使'？弟称其兄，礼，为支子之无父者，非宗子也。乃师友，则非礼之所见，安有合二姓之好以奉宗庙社稷而受之于他人者？其亦何辞以见祖考？是皆不可行于春秋，则公羊氏不学礼之罪也。"孙《解》："纳币，礼之小者，无事则不书。宋公纳币特书之，所以起伯姬之贤也。妇人不与外事，其行事不闻见于人，惟备书之，可以见其贤尔。纳币、致女、二国来媵、卒、葬，无遗焉，圣人乐人之善如何也！"案：《春秋》纪伯姬之详，与《卫风·硕人》之诗道庄姜不容口正相类，《春秋》之通于《诗》，于此可悟。

冬十月癸卯，杞叔姬卒。

孙《解》："《春秋》内女之大归者，卒、葬不书，以其见绝于夫，贬之，郯伯姬是也。叔姬五年来归，而卒特书者，盖明年杞伯来逆其丧，将有其末者，先录其本也。"叶《传》："叔姬已出于杞矣，何以复系之杞？虽出而未许其绝也。曷为未许其绝？我将胁杞而复归之也。"吕《集解》:"陆氏《纂例》:杞叔姬虽出犹书者,为丧归杞故也。"

晋侯使士燮来聘。叔孙侨如会晋士燮、齐人、邾人伐郯。

吕《集解》:"襄陵许氏曰:吴伐郯,晋弗救,至郯成而伐之,则郯有辞矣。聘而召师,霸统衰也。内讨如杀赵同、赵括,外讨如伐郯,则何以为政于天下?"

卫人来媵。

吕《集解》:"伊川先生解:媵,小事,不书。伯姬之嫁,诸侯皆来媵之,故书之以见其贤。女子之贤,尚闻于诸侯,况君子乎! 或曰:鲁女之贤,岂能闻于远乎? 曰:古者庶女与非嫡者,则求为媵,因为之择贤小君,则诸侯国之女贤,自当闻也。"叶《传》:"《礼》称'世妇献茧于夫人,夫人副袆而受之',祭祀,'夫人副袆立于房中'。副袆,王后之服也。先儒皆以为二王后之夫人,得从后之服,则三夫人之数,宜亦备焉,《昏义》:后立六宫、三夫人、九嫔。天子后,三国往媵,三夫人者,王后之媵也。此宋所以得三国之媵欤?《公羊》乃以三国媵之为非礼,此知诸侯之制而不知宋之礼也。"陈《后传》:"媵何以书? 公亲与为礼也。媵,细故也。人,微者也。以微者行细故,而公亲受之,则不可不书也。是故苟不亲,虽改葬惠公,隐弗临,不书。苟亲之,虽卫人、晋人、齐人来媵,书。然则媵者无讥欤? 媵必以同姓,齐人悖矣。"案:如陈说,则《春秋》特鲁君之起居注尔，疑未可从。

九　年

九年春王正月，杞伯来逆叔姬之丧以归。

胡《传》："夷考杞叔姬之行，虽贤不若宋共姬，亦不至如
鄫季姬之越礼也。杞伯初来朝鲁，然后出之，卒而复逆其丧
以归者，岂非叔姬本不应出，故鲁人得以义责之，使复归葬
乎？"叶《传》："既以杞夫人卒之矣，则胁杞伯而归其丧者，非
正也。故辞间容'之'。'之'，缓辞也，不与其正之辞也。"

晋人执郑伯。

吕《集解》："襄陵许氏曰：向使晋能制楚，使之不能危
郑，讨郑可也。今楚溃莒入郓，晋不能救，而禁郑之贰于楚，
郑独能无惩于牵羊衔璧之祸乎？故晋景之执郑伯，愧于汉
武之遣楼兰也。《春秋》之义，自反以尽其道而后责人矣。"

晋栾书帅师伐郑。

胡《传》："案《左氏》：'楚人以重赂求郑，郑伯会公子成
于邓。秋，郑伯如晋，晋人讨其贰于楚，执诸铜鞮。栾书伐
郑，郑人使伯蠲行成，晋人杀之。楚子重侵陈以救郑。'杀伯
蠲不书者，既执其君矣，则行人为轻，亦不足纪也。楚子重
侵陈，与处父救江何异？削而不书者，郑亦有罪焉耳。夫背

夷即华,正也。今以重赂故,又与楚会,则是惟利之从,而不要诸义也。故郑无可救之善,楚不得有能救之名。"

楚公子婴齐帅师伐莒。庚申,莒溃。楚人入郓。

胡《传》:"案《左氏》:'楚子重自陈伐莒,围渠丘。城恶,众溃。楚师围莒,莒之城亦恶。庚申,莒溃。楚遂入郓。'孟子曰:'凿斯池也,筑斯城也,与民守之,效死而民弗去,则是可为也。'夫凿池筑城者,为国之备,所谓事也;效死而民不去,为国之本,所谓政也。莒恃其陋,不修城郭,浃辰之间,楚克其三都,信无备矣。然兵至而民逃,其上不能使民效死而不去,则昧于为国之本也,虽隆莒之城,何益乎?"案:围渠丘不书而入郓书者,郓近鲁,见楚师之逼也。其意深矣。

秦人、白狄伐晋。

胡《传》:"经之所谨者,华夷之辨也。晋尝与白狄伐秦,秦亦与白狄伐晋,族类不复分矣。其称'人',贬词也。中国友邦,自相侵伐,已为不义,又与非我族类者共焉,不亦甚乎!"

城中城。

叶《传》:"中城,公宫之城也。楚既入郓,公惧其来逼,故修中城以备之,不正其卫己而外民也。"

十　年

十年春，卫侯之弟黑背帅师侵郑。

胡《传》:"案《左氏》:'卫子叔黑背侵郑，晋命也。'其曰'卫侯之弟'者，子叔黑背生公孙剽，孙林父、甯殖出卫侯衎而立剽，亦以其父有宠爱之私，故得立耳。此与齐之夷仲年无异。其特书'弟'以为后戒，可谓深切著明矣。"叶《传》:"卫侯之弟云者，母弟也。何以称弟？兵，凶器;战，危事。不以其可将者将焉，而私其弟，非爱其弟之道也。"

秋七月，公如晋。

吕《集解》:"刘氏《传》:葬晋侯也。曷为不言'葬晋景公'？不与葬晋侯也。曷为不与？天子之丧动天下，属诸侯;诸侯之丧动通国，属大夫;大夫之丧动一国，属修士;修士之丧动一乡，属朋友;庶人之丧动州里，属党族。公之葬晋侯，非礼也。以谓惟天子之事焉，可也。"叶《传》:"景公不书葬，以公亲会为耻也。"

十有一年

十有一年春王三月,公至自晋。晋侯使郤犨来聘。己丑,及郤犨盟。夏,季孙行父如晋。

黄氏《通说》:"晋人止公,九月而后归之。然犹亟于聘鲁者,岂复有亲鲁之意哉?疑其叛而要结之也。鲁侯被晋之辱,然犹继朝而聘晋者,岂复有德晋之心哉?畏其威而诡事之也。晋以要结为信,鲁以诡事为礼,二者皆小人之相与者尔。"

秋,叔孙侨如如齐。

吕《集解》:"襄陵许氏曰:鲁盖激于晋之德礼不施,将贰于齐而未能者欤?"

十有二年

十有二年春,周公出奔晋。

孙《解》:"《春秋》之义,自周无出,盖曰:'天下一周也,何往而非周乎?'王子瑕、王子朝之奔不言出是也。天子居郑,周公奔晋,特异之者,孔子之意也。王之所以为王,以有

其位,而天下皆其有也。王得言出,则是自绝其位,而不能
有天下也。天下非其所有,则虽居郑,不可不言出也,故曰:
'天王出居于郑。'周公之所以为公,以其左右天王,而与王
共治也。为三公而得罪天王,至于奔晋,则是自绝于王,而
不能有三公之位也。三公之位非其所有,则虽止奔于晋,犹
若出于四海之外也,故曰:'周公出奔晋。'天下一王,而王有
三公,天子不能有天下而出居矣,周公不能有其位而出奔
矣,其下其如何哉!《春秋》书之,用见天下无王,而王无三
公也。"叶《传》:"王大夫奔未有言'出'者,此何以言'出'?
以周公也。三公,论道经邦,与王同德,故系之周。此宰周
公楚也。自周无出,言宰楚则可出,言周公则不可出,故言
周公不言宰,恶楚也。叶子曰:坐而论道,谓之王公;作而
行之,谓之士大夫。三公之为德,上有同于王,而下有别于
士大夫,则天下之大,盖有共当其任者矣。天下有道,有会
朝,无出居,'天王出居于郑',耻也。三公有道,有经邦,无
出奔,'周公出奔晋',恶也。'王子瑕奔晋','尹氏、毛伯、召
伯以王子朝奔楚',皆不言'出',周非卿大夫之所得任也。
是以诸侯之大夫奔言'出',以其国别也;王卿士、大夫奔不
言'出',不以其国别也。必有不可出者,而后言'出',即出
者上下之所病也。《公羊》以为自其私土出,误矣。"吕《集
解》:"常山刘氏曰:周室衰微,《黍离》变为《国风》,号令不
行乎天下,则畿外皆非王有,故始于周公之奔特书曰'出'。

以王者无外，'溥天之下，莫非王土'之义也，故后于子朝、子瑕之奔而止书曰'奔'。襄陵许氏曰：平、桓之诗，夷于《国风》，是以《春秋》王公书'出'也。虽然，各一见之而已，后不复书，以存周也。"

夏，公会晋侯、卫侯于琐泽。

吕《集解》："襄陵许氏曰：晋厉之会始此，略之不致，则以见厉公之德不能谨始，诸侯解体焉。"吕氏《或问》："琐泽之会，何也？曰：《左氏》云：'华元克合晋、楚之成。''郑伯如晋听成，会于琐泽，成故也。'刘敞云：'琐泽之会，本以合楚、郑也。今楚、郑不至，鲁、卫自盟，何邪？合晋、楚者，宋也，宋亦不与，又何邪？然则传之言未足信也。'愚意琐泽之会，为伐秦起文耳。今年会于琐泽，明年春使郤锜来乞师，而后五月暨诸侯伐秦。比事而观之，可见矣。"

秋，晋人败狄于交刚。

陈氏《后传》："中国败夷狄，皆不书，唯晋特书之。特书晋者，病晋也。楚方聘鲁平宋，合诸侯之大夫于蜀，讨陈夏征舒，观兵于雒，而晋区区争地于群狄。是故宣、成之《春秋》，晋有事于秦、楚或略不书，而其详于灭狄，以是为晋衰也。晋之衰，诸夏之忧也。"

十有三年

十有三年春,晋侯使郤锜来乞师。

陈氏《后传》:"外乞师不书,必盟主也而后书。乞,卑辞也,见晋之无以令与国也。"吕《集解》:"襄陵许氏曰:自齐桓以来,霸者征伐,召兵诸侯。至于晋景,始使士燮来聘,以济伐郑之役。厉公承之,始乞师矣。当此之时,晋固盛强,唯忠信之厚不崇,而伪饰之文弥盛,是以召兵而曰乞师,谦辞也,霸体贬矣。"案:求车、求金,天下无王矣;乞师,天下无霸矣。春秋之至于战国也,岂一朝一夕之故哉!

三月,公如京师。

吕《集解》:"刘氏《传》:公如京师不书,此何以书?讥。何讥尔?公非如京师也,为伐秦故如京师也。"叶《传》:"公朝京师不书,此何以书?不正其伐秦而道朝京师也。"黄氏《通说》:"公如京师者,假道于京师也。《左氏》僖三十年:'秦将袭郑,过周北门,左右免胄而下,超乘者三百乘。郑商人弦高将市于周,遇之。以乘韦先、十二牛犒师。'以此观之,秦兵东出自道自周,故晋帅东诸侯西向以伐秦,亦必假道于周明矣。"孙《解》:"晋文公实召天王,而经书'狩于河阳',成公实会诸侯,而经书'公如京师',惟其无礼,是故以礼正之,圣人之意远矣。"

夏五月,公自京师,遂会晋侯、齐侯、宋公、卫侯、郑伯、曹伯、邾人、滕人伐秦。

吕《集解》:"伊川先生解:以伐秦为遂事,明朝为重。"叶《传》:"此伐秦也,何以言公自京师遂会诸侯伐秦?以公为不足于恭,故为之辞而以遂言之也。"陈氏《后传》:"于是战于麻隧,秦师败绩,则其但书伐何?略之也。自狄秦以来,秦晋之相加兵,皆略之。是故战于麻隧,秦师败绩,但书伐秦;战于栎,晋师败绩,但书伐晋,以为不足详焉尔。"

秋七月,公至自伐秦。

吕《集解》:"泰山孙氏曰:不以京师至者,明本非朝京师。"案:既书"遂会诸侯伐秦"矣,则当以后事至,不必求之过深也。

十有四年

十有四年春王正月,莒子朱卒。

叶《传》:"莒未有书卒者,此何以书?始来赴也。何以不书葬?辟其名也。叶子曰:莒子以爵见于隐公,自是不复与我通,盖其实夷也。至文而庶其以弑见,襄而密州以弑见,昭而展舆以奔见,外此,则朱与去疾以卒见而已。以传考之，朱之号曰'渠丘公'，去疾之号曰'著丘公'，而非谥也。盖朱之辞曰：'辟陋在夷，其孰以我为虞?'则朱之自安于夷久矣。葬从主人。卒，我所可正其爵为子；葬，我不可从其号为夷，故与吴、楚不言王，皆不得以葬见也。"

夏，卫孙林父自晋归于卫。

吕《集解》："泰山孙氏曰：林父七年奔晋，其言'自晋归于卫'者，由晋侯而得归也。卫大夫由晋侯而得归，则卫国之事可知也。襄陵许氏曰：人臣不唯义之即安，而介恃大国，使之返己，此能为逐君之恶者也。唯其辨之不早，是以卫献至于出奔，祸兆此矣。归，易辞也，自晋奉之故也。"

九月，侨如以夫人妇姜氏至自齐。

叶《传》："侨如何以不氏？一事而再见者，卒名之。妇，有姑之辞也。"陈氏《后传》："'夫人妇姜氏'，有姑之恒称也。若妾姑，则不书氏。是故有成风，则出姜不氏；有敬嬴，则穆姜不氏，所以别嫡姑也。"黄氏《通说》："《春秋》内大夫或称族、或舍族者，以前后一事，故从省文尔。如前书'叔孙豹及晋赵武、楚屈建会于宋'，故后书'豹及诸大夫盟于宋'；如前书'晋人执季孙意如以归'，故后书'意如至自晋'。其称族、舍族者，岂复有意义存乎其间哉？《左氏》以侨如称族为尊君命，舍族为尊夫人者，妄也。"吕氏《或问》："石氏曰：妇，有姑之辞，时穆姜存焉。与宣元年'遂以夫人妇姜至自齐'之义同。"

十有五年

晋侯执曹伯归于京师。

孙《解》："《春秋》执诸侯者多矣，未尝有书爵者。'晋侯执曹伯归于京师'，特书以爵。《公羊》僖四年传曰：'称侯而执者，伯讨也。'盖谓执得其罪，又归于京师，则以伯讨书之。"

楚子伐郑。

吕《集解》："襄陵许氏曰：郑逼许，楚困郑，以国大小、兵力强弱更相吞噬，夷夏一道，而人理尽矣。"

宋华元出奔晋。宋华元自晋归于宋。宋杀其大夫山。

吕《集解》："苏氏曰：华元之奔晋也，未至而复，其书曰'华元出奔晋'，且书'自晋归于宋'，何也？元将讨山，而知力之不能，故奔。奔而国人许之讨，故归。故其讨山也，虽其族人莫敢救之者，故书曰'宋华元出奔晋'，'宋华元自晋归于宋'，言其出、入之正，是以能讨山也。使元怀禄顾宠，重于出奔，则不能讨山矣。郑子产为政，丰卷将祭，请田。弗许。卷退而征役，子产奔晋。子皮止之，归而逐卷，亦犹是也。"陈氏《后传》："于是华元使华喜、公孙师帅国人攻荡氏，杀子山，则何以称国？称国，杀无罪之辞也。荡泽弱公室,则曷为例之以无罪? 不氏,所以别其非无罪也。不氏,所以别其非无罪也,则称国,有司法守之辞也。"黄氏《通说》:"即经意考之,如曰'华元出奔晋'、曰'自晋归于宋',可以见其结晋霸之援,而求得志于其国也。既得晋援而返国,于是杀荡泽、逐五大夫,举宋国庆赏刑威之柄惟己之所欲为。其所谓强公室者,实弱之;所为靖国乱者,实乱之也。此而不治,则世之奸臣,挟外援以求专其国者,皆得借是以逞矣。"叶《传》:"《左氏》记大夫名氏,多欲与经参见,经以山为名,则泽当为字。"

宋鱼石出奔楚。

陈氏《后传》:"于是鱼石、向为人、鳞朱、向带、鱼府出奔楚,则其但书鱼石何? 凡奔,必有罪也。众不可以胜罪,则罪此甚焉。鱼石以楚师伐宗国,入彭城,为宋患之日久,是以甚鱼石也。"案:"华元出奔晋",鱼石则出奔楚,"华元自晋归于宋","宋鱼石复入于彭城"则在"楚子、郑伯伐宋"之下。比事以观,华元党晋,鱼石党楚,皆挟外援以争国政者也。然而晋,中国也,党晋之罪,杀于党楚,故书之不能无异词也。

冬十有一月,叔孙侨如会晋士燮、齐高无咎、宋华元、卫孙林父、郑公子鳛、邾人,会吴于钟离。

孙《解》:"钟离之会,再言会以殊吴者,《春秋》外吴也。《春秋》之于吴、越,书之有渐焉,非进之也,蛮服益强,则中国益衰，《春秋》书之，所以伤中国之衰也。"胡《传》："殊会有二义，会王世子于首止，意在尊王室，不敢与世子抗也；会吴于钟离、于柤、于向，意在贱夷狄，而罪诸侯不能与之敌也。成、襄之间，中国无霸，齐、晋大国，亦皆俯首东向而亲吴，圣人盖伤之，故特殊会，可谓深切著明矣。"叶《传》："春秋夷狄之强，莫大于吴、楚。楚自庄公以后始见，至僖而浸强。然召陵之盟，齐小白一起而正之，虽成王之强，不敢不服。及晋重耳继败成王于城濮，楚卒不得肆，盖齐与晋犹有与之敌者也。故申之会，灵王合十二国，晋与我虽不能拒，亦不复从，《春秋》犹以中国之会书焉。成王之末，楚浸衰而吴骤强矣，天下所恃以主盟者，晋而已。厉公之暴、悼公之贤，皆不能少振，反率诸侯而从之。一会而合七国，再会而合十三国，三会而合十二国，我皆与之俱，天下无不听于吴焉。于是伐郯、伐陈、入州来，无不如志。及其久也，破楚柏举而入郢，几以灭楚，败顿、沈、陈、蔡之师，杀二国君，我遂舍中国而从之。昭公不耻同姓而与之昏，哀公始以叔还会吴于柤，已而身为鄫与橐皋之好，则不被发而左衽者，几希矣。故钟离与柤与向，皆殊会，夫岂以楚申之会与此为异哉？楚有与敌，吴无与敌，君子之所忧也。"黄氏《通说》："殊会者，往会之也。往会之者，尊之而不敢屈致之也。王世子在首止，而诸侯往会之，故曰'会王世子于首止'。吴在钟离，而诸侯之大夫往会之，故曰'会吴于钟离'。以中国尊夷狄如诸侯尊王世子者,可谓'首顾居下,足反居上'矣。"吕《集解》:"襄陵许氏曰:会列书卿,君道微而臣行彰也。"吕氏《或问》:"戚之会,乃诸侯会,而吴人来会,故序吴于诸侯之下。钟离之会,乃吴未通中国,而晋欲会吴,故特以'会吴'为文。'然则曷为不与首止之文同义?'曰:首止之文曰'公及晋侯会王世子于首止',若世子在此,而诸侯往会之,然尊世子也。会吴之文曰'叔孙侨如会晋士燮,会吴于钟离',是其会晋士燮也,为会吴尔。"

许迁于叶。

吕《集解》:"襄陵许氏曰:凡书迁,皆逼也,书以刺之。时晋迁于新田,不书,无所为书也。"

十有六年

甲午晦,晋侯及楚子、郑伯战于鄢陵。楚子、郑师败绩。

孙《解》:"《春秋》之法,举重言之。韩之战,实获晋侯,不言晋师之败,君获则师败矣。鄢陵之战,楚师败绩,而楚子伤焉,不曰楚师,君伤则师败也。"

秋,公会晋侯、齐侯、卫侯、宋华元、邾人于沙随,不见公。

黄氏《通说》:"'不见公'者,矜胜楚之功,日骄诸侯也。

其侈益甚,不待反自鄢陵而后见矣。小夫浅人不能居成功者如是哉!"

公会尹子、晋侯、齐国佐、邾人伐郑。

陈《后传》:"会伐未有书王人者,此其书尹子何? 初以王卿士与伐也。《春秋》不以诸侯用王师,虽齐桓不得与单伯序也。阳处父之救江也,王叔桓公不书。虽前年伐秦之役,刘子、成子犹不书也。于是厉公恣矣,初以尹子与齐国佐、邾人序,甚矣,厉公之无道也!"

曹伯归自京师。

胡《传》:"曹伯不名,其位未尝绝也。不绝其位,所以累乎天王也。其言'自京师',王命也,言天王之释有罪也。善不蒙赏,恶不即刑,以尧为君,舜为臣,虽得天下,不能一朝居也。负刍杀世子而自立,不能因晋之执,置诸刑典,而使复国,则无以为天下之共主矣。"叶《传》:"何以不言'曹伯归于曹'? 以天子命之见正也。负刍杀世子而篡其位,霸主执而归于王。王不能诛,反使归焉,则何以谓之正乎? 以子臧之故而曹人之请,不归负刍,曹之乱或未已,视纳赂而私与之者犹有间,且曰'自我命之使君也'。故不言'复归',不与其复也。何以不名? 子臧不取为君,则内无君也。何以言归? 易辞也,以王命反之,易辞也。"案:《左氏传》晋侯谓子臧:"反,吾归而君。"则执之、反之,权皆在晋。王一听命于晋而已,岂得自置诸刑典乎! 胡氏之说虽正,然亦未察诸当时之事势矣。黄仲炎《通说》曰："'曹伯归自京师'，正也。何以书？盖晋侯挟天子以令诸侯，虽置曹伯于京师，而操纵在己也。"此可谓一针见血矣。

九月，晋人执季孙行父，舍之于苕丘。

孙《解》："《春秋》流他国之大夫，皆书曰'放'，'楚师入陈。执公子招，放之于越'是也。《春秋》鲁史，其记鲁事，有内辞焉。行父，我大夫也。虽为晋人执而放之，不可曰放也。故变文而书之曰'舍'，若曰：执而舍之，释其罪也。实则流放之耳。"案：舍当训止，不训释也。案《左传》先言晋人执季文子于苕丘，后言"乃许鲁平，赦季孙"，与经下文"盟于扈"正合，明执而止之于苕丘，历时而后释之，不得以舍为释也。

十有二月乙丑，季孙行父及晋郤犨盟于扈。

孙《解》："行父见执于苕丘，于是始盟而释之。不书释而书晋大夫与之盟，则释之可知矣。单伯见执，反而言至，行父之至不书，以从公归，可以知其至也。"

十有七年

夏，公会尹子、单子、晋侯、齐侯、宋公、卫侯、曹伯、邾人伐郑。六月乙酉，同盟于柯陵。

吕《集解》："伊川先生解：诸侯同病楚也。又苏氏曰：

齐晋之盛,天子之大夫会而不盟,尊周也。柯陵之会,尹子、单子始与诸侯之盟,自是习以为常,非礼也。"叶《传》:"王大夫前未有二人临诸侯者,此何以言尹子、单子? 郑恃楚而不服晋,复请于王而益之也。王命而行,一人可矣;命而不行,虽益何补? 晋为霸主,不能服郑,而假王人。王临诸侯,不能服郑,而益以大夫。交失也。"陈氏《后传》:"不指言诸侯何? 二子与盟也。言诸侯,则疑于葵丘。狄泉之盟,讳王子虎,于是不讳,曷为不讳? 会伐未有书王人者,唯晋厉公特书之,会盟不足讳焉尔。是故书'同盟',其尹子之盟欤? 抑厉公之盟欤? 莫适为主之辞也。"

齐高无咎出奔莒。

吕《集解》:"襄陵许氏曰:齐灵不公其听,自沉帷墙,奔其世臣,以长祸乱。《诗》曰'萋兮斐兮,成是贝锦','哆兮侈兮,成是南箕'。悲夫! 唯巧言能使闭门索客为将不能纳君也。"

九月辛丑,用郊。

孙《解》:"王者一岁而再郊,故春郊正月,以祈谷;秋郊九月,以报功。春曰'员丘',秋曰'明堂'。后稷,员丘之配;文王,明堂之配。《孝经》曰:'郊祀后稷以配天,宗祀文王于明堂以配上帝。'后稷、文王不可一时而同配也,故曰郊、曰明堂焉。《豫》之象曰:'先王以作乐崇德,殷荐之上帝,以配祖考。'亦曰祖、考异时而各配也。王者之郊,岁再行焉,故有正月、九月之二时，郊祀、明堂之异处。鲁郊，非礼也。而成王赐之，鲁公受之，《诗》曰'皇皇后帝，皇祖后稷'，鲁之郊配后稷，而不曰文王焉，盖其郊止于祈谷，而报功之郊不行也。春秋卜牛，必于正月。三月在涤，则春秋之正月，夏时之十一月也。十一月而养牛，则二月可以郊矣。然则鲁之郊用夏时之二月，不敢并天子之时，又杀之也。春秋之九月，夏时之七月，以为祈谷则已晚，以为报功则太早，又鲁礼不当行，书曰'用郊'，用者，不宜用也。《公》、《榖》之说，皆得其粗。"叶《传》："凡祭祀，有为而行之者，皆曰'用'。僖公八年'禘于太庙，用致夫人'，此用禘也。以九月辛丑而郊，此用郊也。禘目事，郊不目事。禘，宗庙之祭，用之以致夫人，犹可言也。郊天，祭不施之天，而假之以为用，不可言也，以成公为无天矣。"黄氏《通说》："用郊者，以郊为用也，盖谄神以求福尔，如后世秦苻坚因王猛疾病，特为亲祈南北郊之类是也。"

晋侯使荀罃来乞师。

叶《传》："晋何以三乞师于我？陵我也。叶子曰：鲁在晋、楚之间为弱国，僖公尝乞师于楚矣，未闻二国而乞师于我也。今晋为盟主，有求于诸侯之师，则令之而已，何独于我乞师焉？盖厉公无道，暴虐诸侯，畏我之从楚，故多方以挠之。方我往吊景公之丧，固已止公而使送葬；沙随之会，复以侨如之谮而不见公，已而遂执季孙行父，则其所以陵我

者可知矣，是故连年以郤犨、栾黡、荀罃来乞师。且厉公执
曹伯而会吴子，败楚师而伤其王，内尸三郤，其力孰与之抗？
奚少于我哉？君子以是知其情，独申之曰'乞师'，使之欲为
强而不可得也。"吕《集解》："吕氏曰：春秋之世，霸主之令
小国，其强大恣横，有甚于平世天子之令诸侯者，而犹以'乞
师'为名，则是先王之礼意，犹有仿佛存者。惜乎其君臣上
下习之而弗著，行之而不察，不能袭其号以求其意，而反人
道之正也。"

冬，公会单子、晋侯、宋公、卫侯、曹伯、齐人、邾人伐郑。

吕《集解》："泰山孙氏曰：郑与楚比周，晋侯再假王命、
三合诸侯伐之，不能服郑，中国不振可知也。"案：书"乞
师"，固以见晋之屡劳于鲁，亦以见鲁之事晋，时时有欲叛之
心，而霸业似强而益衰也。

壬申，公孙婴齐卒于貍脤。《公》作轸，《穀》作蜃。

孙《解》："经书'九月辛丑'、'十二月丁巳朔'，则十一月
无壬申矣。《公羊》以为公许然后卒之，则是于十一月然后
录十月壬申之日也。《穀梁》以为《春秋》先君后臣，故公既
许之，而后书婴齐之卒也。二传之意，盖皆以孔子大圣人，
不应不辨壬申之日当在十月，其书之必有义，故从而为之说
也。殊不知孔子不苟知所不知以为智，其于《春秋》也，疑则
阙之尔。壬申当在十月，而孔子录之于十一月，为《公》、
《穀》者犹知之，孰谓孔子而不知乎？二传不知阙疑之意，故

妄为之说尔。"叶《传》："貍脤鲁地，内大夫卒于竟外，地；卒于竟内，不地。此何以地？录婴齐也。婴齐从公伐郑而道卒也，卒后致公，至而后卒之也。十一月无壬申，经成而误也。叶子曰：壬申，十月之日也。或曰：致公而后录，是日可得而错也。或曰：故史也，《春秋》所不革。是事可得而易也，以是言《春秋》，过矣。"吕《集解》："刘氏《传》：十一月无壬申，其以壬申卒之何？《春秋》，故史也，有所不革。子曰：'其事则齐桓、晋文，其文则史，其义则丘窃取之矣。'"

晋杀其大夫郤锜、郤犨、郤至。

吕《集解》："泰山孙氏曰：君之卿佐，是谓股肱。厉公不道，一日杀三卿，此自祸之道也，谁与处矣？故列数之，以著其恶。明年，晋杀州蒲。"

十有八年

十有八年春王正月，晋杀其大夫胥童。庚申，晋弑其君州蒲。

陈氏《后传》："晋侯孰弑？栾书、中行偃也。晋侯一日而尸三卿，又执书、偃将杀之，而以自祸，是故称国。楚商臣杀斗勃而后弑君，晋栾书、中行偃杀胥童而后弑君，《春秋》

不列于孔父,以是为不能与其君存亡者也。然则书晋杀胥童,不书楚杀斗勃,何也?书杀胥童,以累州蒲也;不书杀斗勃,不以累頵也。州蒲称国以弑,而弑頵斥商臣,二君之所以异也。是故弑不言故,弑而言故,有自来者矣。'晋杀其大夫郤锜、郤犨、郤至','晋杀其大夫胥童','晋弑其君州蒲';'蔡杀其大夫公子驷','蔡放其大夫公孙猎','盗杀蔡侯申'。《春秋》书弑,未有详于此者也。"黄氏《通说》:"《左氏》载:晋栾书、中行偃使程滑弑厉公,而《春秋》不名首弑者,盖厉公得罪于诸大夫,而弑之者众,首从难分,故称国以弑也。"

夏,楚子、郑伯伐宋。宋鱼石复入于彭城。

吕《集解》:"刘氏《传》:伐宋以纳鱼石也。伐宋以纳鱼石,则其不曰'纳宋鱼石于彭城'何?不与纳也。曷为不与纳?诸侯失国,诸侯纳之,正也,诸侯世也。大夫失位,诸侯纳之,非正也,大夫不世。诸侯托于诸侯,礼也;大夫托于诸侯,非礼也。其言复入何?大夫无复。复者,位已绝也。已绝而复,恶也。吕氏曰:不言纳,楚、郑以兵胁宋,而鱼石自入焉尔。或曰:不言纳,不与纳也。然则言纳者,是与之乎?"陈氏《后传》:"奔大夫复不书。据文十一年宋荡意诸、昭五年秦后子之类。庄、闵而上,有书'归'若'入'者矣,则皆不书奔者也。郑突、曹赤、齐小白、蔡季、许叔、鲁季子之类。奔而言归,自卫元咺始。元咺,讼其君者也。虽然,归犹言自也。若宋鱼石、晋栾盈,是贼而已矣。是故鱼石不言自楚,栾盈不言自齐。"吕氏《或问》:"伐宋以纳鱼石也,而不曰'纳鱼石',何也? 曰:'纳公孙宁、仪行父于陈',则纳之者楚子耳,非公孙宁、仪行父之能为也。今曰'宋鱼石复入于彭城',则纳之者虽楚子,而复入者则鱼石也。其诸晋栾盈之俦乎?"孙《解》:"鱼石奔楚,为楚乡导,诱楚、郑以伐宋。楚于是取宋彭城之邑,复鱼石于彭城。明年,华元与诸侯之大夫围宋彭城,以鱼石复入而叛也。然则鱼石之仕宋,尝食邑于彭城,十五年出奔楚,遂舍彭城以去,至是借楚取之,而复入焉。书曰'复入',明鱼石之尝有彭城也。鱼石入彭城而宋围之,则是入以叛也。不曰'叛',经书楚、郑伐宋而鱼石入,鱼石入而宋围彭城,不待书而义可见也。"

公至自晋。晋侯使士丐来聘。

吕《集解》:"襄陵许氏曰:公朝始致,而聘使绍至,晋悼之下诸侯,肃矣。此列国之所以睦,而叛国之所以服也。"

筑鹿囿。

吕《集解》:"襄陵许氏曰:大夫擅国,威福日去,而公务自虞于鸟兽草木,是谓'冥豫在上,何可长也'。"

晋侯使士鲂来乞师。

吕《集解》:"襄陵许氏曰:悼公之时,霸业复兴,而乞师以救宋,犹遵厉公故事。元年以后,遂无乞师,则召兵而已矣。"

十有二月,仲孙蔑会晋侯、宋公、卫侯、邾子、齐崔杼同盟于虚打。

吕《集解》:"襄陵许氏曰:襄公不会,当丧故也。悼之所以仁诸侯也。"陈氏《后传》:"崔杼尝奔卫,不言归,其再见何?齐纳以为大夫也。向也曰'崔氏',今曰'崔杼',则已为大夫也。齐之祸,灵公为之也。前年逐高无咎,今年杀国佐,而杼当国。已而杀高厚,齐无世臣矣。于是伐莒、伐鲁,皆杼帅师焉。而后弑齐之祸,灵公为之也。"